장자,
고뇌하는 인간과 대면하다

장자, 고뇌하는 인간과 대면하다

정용선 지음

이 책을 쓰는 내내 마음에서 함께 한

내 생애 최대의 스승,

故 김형효 金烱孝 선생님,

젊은 시절 동지적 신뢰로 함께 했던,

故 김영준 金榮俊
박말희 朴末姬
한경혜 韓景惠
정현태 鄭炫台

등 다섯 분께 이 책을 바칩니다.

차례

들어가는 말
• 9

만남 1 프리모 레비
이상한 미덕, 거울같이 비추는 고결한 눈
• 18

만남 2 알퐁스 도데
아름다움을 캐내는 눈
• 64

만남 3 가브리엘 마르케스
꿈같은 세상, 꿈처럼 풀어내는 이야기 마술사
• 106

만남 4 엔도 슈사쿠
이해하고 또 이해하려는 깊은 마음의 눈
• 164

만남 5 알베르 카뮈
부조리한 세상에서 의미를 찾아 고뇌한 영혼
• 222

후기, 혹은 변명
• 280

들어가는 말

　나만 그런지 다른 사람들도 그런지 잘 모르겠지만, 평생 나에게 구원이 되어준 것은 책이었다. 어린 시절 글자를 알게 되면서 이런 저런 책들을 가리지 않고 읽어대면서, 만화책에서 시작하여 이야기책으로, 머리가 좀 커지면서는 좀 더 어렵고 복잡한 책들로 옮겨 갔는데, 단조로운 일상을 뛰어넘는 책속의 이야기가 주는 그 재미에 나는 오랜 세월 정신이 홀려 살았다. 책이 귀했고 변변한 도서관이 없었던 시절. 친구의 집에라도 놀러갈라치면, 먼저 친구 집의 책꽂이부터 휙 둘러본 후, 보고 싶은 책을 꺼내 읽다가 저녁 먹을 시간이 되었음을 알려주는 친구 말에 서둘러 집으로 돌아왔던 기억이 지금도 생생히 남아 있다.

　어떤 의미에서 책은 나에게 세상을 내다보는 창문의 역할을 해준 것 같다. 다양한 세상과 다채로운 인간에 대한 이야기에 울고 웃으며 행복해했던 기억이 지금까지 많이 남아 있는 걸 보면, 이른바 '자의식'이라는 것을 가지고 세상과 마주하던 20대 이전의 세월은 주로 책을 통해 세상을 알아왔던 것 같기도 하다. 하지만 또 세상을 몸으로 겪었다고 생각했던 20대 이후의 삶에서도 그 경험을 다시 정리하고 소화하는 과정에 또 다시 구원이 되어준 것은 책들이었다. 나를 구원해준 책을 쓴 작가들. 지금의 나에게 영향을 준 것은 바로 그 작가들의 삶과 정신이 아닐까. 작가들. 얼마나 나는 그 이름을 위대하다고 생각했던가.

얼마 전, 어떤 문화재단에서 〈장자〉 강의를 청하면서, 주최자가 나를 '작가'라고 소개한 적이 있는데, 그 말을 들으며 나는 깜짝 놀랐다. 작가라니. 그 위대한 칭호를 이렇게 함부로 사용하다니. 나는 황송한 마음에 몸 둘 바를 몰랐다. 그러면서 생각해 보았다. 내가 위대한 작가라고 생각한 사람들에는 누가 있던가. 유난히 나 자신과 근친성이 느껴지는 노신이나 카뮈 같은 작가도 있고, 깊이 공감하고 느끼게 되는 톨스토이나 고리키 같은 작가도 있고, 내가 몰랐던 인간 내면에 대해 복잡하게 서술해 나를 놀라게 한 도스토옙스키 같은 작가도 있으며, 역사를 살아낸 인간들의 다채로운 내면에 대해 깊이 있는 통찰을 보여주며 심금을 울린 박경리 같은 작가도 있다. 사실 이들 정도는 되어야 작가라고 말할 수 있지 않겠는가. 그런데 나 같은 사람에게 '작가'라는 칭호를 사용하다니, 놀라는 것은 어찌 보면 자연스러운 일이다. 여전히 나에게 '작가'라는 이름은 다가서기 어려운 위대한 존재에 대한 '칭호'로 남아 있는 모양이다.

   7년 전, 어떤 동호회에서 무크지를 만들면서 원고를 청해왔다. 무엇에 대해 써야할지 물으니, 그냥 사는 이야기를 써달라고 했다. 하지만 나는 생활상의 문제에 대해 길게 말하는 능력을 갖고 있지 않다. 누가 말을 시키면 주로 머릿속 생각이나 어떤 느낌을 꺼내놓는 스타일이고, 입을 열 당시 무언가를 읽고 있었다면 바로 그 책 이야기를 주로 하는 사람인지라, 딱히 '사는 이야기'를 하라면 책 읽고 공부하며 생각한 이야기밖에는 할 게 없었다. 그래서 한참 동안 궁리한 끝에 당시 내 마음을 울렸던 어떤 책에 대해 쓰기로 했는데, 쓰다 보니 개인적인 이야기가 많이 들어간 문학에세이가 되어버렸다. 그렇게 쓴 것이 이 책의 첫 꼭지인 '프리모 레비'에 관한 것이다. 그러고 나서 그 원고는 잊고 있었다.

몇 년이 흐른 뒤 어느 날, 어찌어찌해서 함께 공부하는 도반들과 함께 그 원고를 꺼내어 읽게 되었는데, 도반들이 뜻밖의 평을 해주었다. '수채화같이 잔잔하고 읽기 편한 글'이라는 것과 '계속 장자적 관점에서 다른 작가들에 대해서 써보라'는 것이었다. 하지만 나는 좀 자신이 없었다. 이런 개인적인 이야기가 들어간 글이 책이 될 수 있을까. 별달리 할 일이 있는 것도 아니어서 써볼까 하는 생각이 언뜻 들기는 했지만 그냥 생각에만 머물고 있었다. 게다가 당시 나는 어떤 마음의 문제를 만나 깊은 생각에 빠져있던 차라 거의 반 년 동안 문자공부는 전혀 하지 못한 채 매일 가까운 절의 법당에 앉아 부처님과 마주하고 있었다.

그러던 어느 날이었다. 그날 나는 앞 유리와 옆 유리가 모두 시커먼

자동차를 사이드 미러와 후사경만 보고 운전하고 있는 것과 같은 그런 답답한 상태에 있었는데, 그 때 저 멀리 아주 작은 하얀 점이 보였다. 그 점은 너무 작고 흐릿해서 그게 빛인지 뭔지도 잘 인식할 수 없는 그런 것이었는데, 한참 후 그것이 검고 긴 터널의 출구인 것처럼 느껴졌다. 그러던 중 갑자기 검은 바탕에 하얀 글씨가 지나갔다. 오른쪽에서 왼쪽으로 향해 가는 글자가. 처음에는 '장자, 제자백가를 소요하다'가 지나갔다. 그래서 당시 출판준비를 하고 있던 책의 제목을 이것으로 하라는 것인가 보다 하고 있는데, 차례로 또 글자가 지나갔다. '장자, 금강경을 만나다' 그리고 '장자, 고뇌하는 인간과 대면하다'가. 그래서 아마도 내면에 있던 아이디어가 이런 식으로 나타나는 모양이라고 생각했다.

  그러고 나서도 기운을 못 차리고 흐리멍덩한 상태로 간신히 살고 있었는데, 어느 날 갑자기 책상에 달라붙어 무언가를 쓰기 시작하고 있는 나 자신을 보았다. 아무런 계획도 의도도 없이, 주제나 글의 플롯에 대한 구상도 전혀 없이 그저 쓰고 있었다. 오묘한 기분을 느끼며 써지는 대로 한 꼭지를 마쳤는데, 묘하게도 한 꼭지를 마친 바로 그 날 다음 꼭지를 또 쓰고 있었다. 그런 식으로 한 달 반 동안 집중된 상태를 유지하며 스스로 이해할 수 없는 속도로 마지막 꼭지를 마쳤다.

늘 앞일은 알 수 없는 것, 인연 따라 살면서, 다가오는 인연사는 '다만 겪을 뿐'이라고 생각하며 사는 나에게 이 경험은 스스로 납득하기 힘든 오묘한 일로 다가왔다. 두고두고 되새겨 보아야 하는 그런 경험이라고 생각하면서.

얼마 전 『전등록傳燈錄』이라는 책에서 한 조사祖師에 대한 글을 보다 이런 구절을 보았다.

> 땅으로 인하여 넘어진 이는 若因地倒,
> 땅을 딛고 일어나야 한다. 還因地起
> 땅을 떠나서 일어나려 하면 離地求起,
> 끝끝내 일어설 수 없다. 終無其理

땅에서 넘어진 자란 무엇을 의미하겠는가. 바로 마음에서 넘어졌다는 말이 아닐까. 그러니 마음에서 넘어진 자, 마음을 딛고 일어서야 한다는 것. 그렇게 마음을 딛고 일어서기 위해 우리는 세상과 우리 삶에 대해 고뇌하게 되는 것이 아닐까. 법당의 부처님이 보여주신 제목이라고는 하지만, 『장자, 고뇌하는 인간과 대면하다』라는 제목에는 그렇게 정한 까닭이 있다. 고뇌한다는 것의 의미가 이 책에 담겨 있기 때문이다. 이 책을 쓴 작가와 작품속의 인물들은 사실 고뇌하는 자들이다. 마음에서 넘어져, 마음을 딛고 일어나기 위해 노력한 자들이고, 일어나기 위해 애쓰는 고뇌의 과정에서 영혼을 맑힌 자들이다. 내가 그들의 고뇌에 편승하여 사실상 나 자신의 삶을 정리하면서 얻었던 위로와 깨달음을 독자들도 함께 경험할 수 있었으면 좋겠다.

이 책을 쓰는 동안 지도교수이신 김형효 선생님이 작고하셨다. 내가 공부하면서 만난 최대의 스승이시고, 감히 우리 시대 최고의 철학자라고 개인적으로 생각하는 분이다. 돌아가시기 2주 전에 뵙고 올 때, 선생님의 해탈하신 듯한 맑은 표정을 보며 재미있고 유쾌하게 이야기를 나누고 돌아왔는데 소식을 듣고 매우 갑작스러웠다. 선생님과 나는 정치적으로는 반대의 입장을 지니고 있었지만 개의치 않고 서로 좋아하며 공부했다. 그리고 지난 번 책(『장자, 제자백가를 소요하다』)을 쓰는 동안 줄곧 나는, 선생님으로부터 얼마나 많은 것을 배웠는지 새삼 깊이 느끼지 않을 수 없었다. 학문적으로나 인격적으로 깊이 존경하고 좋아하던 선생님께 이 지면을 빌어 존경과 추모의 마음을 전하고 싶어 헌정사에 넣었다.

  그리고 이 책에는 나의 젊은 시절 이야기가 제법 나오는데, 젊은 시절을 돌아볼 때마다 내 삶에 깊숙이 들어와 영향을 주고 도움을 준 네 명의 벗들이 계속 마음속에 떠올랐다. 나에게 구원의 의미로 다가왔던 이들. 그래서 이들 역시 헌정사에 넣었다.

  꽃 피는 사월을 정신없이 집중해 있던 탓에 올해는 제대로 화사한 꽃을 즐기지 못했다. 얻는 것이 있으면 잃는 것도 있는 법. 언제나 빛과 그림자는 함께 다닌다는 것을 새삼 느끼게 한 시간이었다. 한 꼭지의 글을 중간쯤 썼을 때, 가까이 지내는 김미경 작가의 피드백을 받았고, 그녀의 풍부한 감성에 기초한 충고는 큰 격려가 되었다. 그리고 빈빈책방의 박유상 대표는 편안하게 글이 되어가도록 진행을 지켜봐주며 진심어린 격려를 해주었다. 두 분께 깊은 감사의 인사를 전한다.

2018년 5월 10일 정용선

| 만남 1 |
프리모 레비

이상한 미덕,
거울같이 비추는 고결한 눈

나에게는 늘 마음에 위로가 되거나 자극이 될 만한 책들을 찾아다니는 일종의 독서벽 혹은 활자중독 같은 게 있다. 지금 돌이켜보면 아마도 심심해서 그랬던 것 같은데, 시간이 지나면서 일종의 습벽 같은 것으로 굳어져 버리게 되었다. 어린 시절에는 재미있고 흥미진진한 이야기책이나 동화책을 주로 끼고 살았고, 마치 세상을 다 알아버린 듯한 기분에 사로잡혀 있었던 사춘기에는 뭔가 생각하게 만드는 작가들과 친해지게 되었다. 당시 루이제 린저와 헤르만 헤세는 나에게 먼 데서 나를 불러주는 선지자 같은 작가들이었다. 그 어두운 듯, 고뇌하는 듯한 분위기가 가슴에 와 닿았고, 마음에 큰 위로가 되었다. 대학에 들어가고 나서는 독서에 방향이 생겼다. 나의 취향이나 의지에 의한 것이 아니라 시대적인 상황에 의해 부여된 문제의식에 따른 것이었는데, 이때에 처음으로 나는 매우 무겁고 어려워 보이는 책들을 붙잡게 되었고, 그 결과 인식의 지평에 큰 변화가 생기게 되었다.

이후 학문에 뜻을 두고 공부를 하면서는 책을 보는 게 일이 되어버렸다. 그리하여 낮 시간에는 공부와 관계된 무거운 책들을 주로 보고, 밤 시간에는 말랑말랑하고 보드라운 책들을 주로 보는 것이 오랜 일상이 되었는데, 주로 내 가슴을 울렸던 것들은 밤 시간 독서에 의한 것이었다.

한 이삼 년쯤 전인 것 같다. 난 어떤 계기로 프리모 레비라는 유대계 이탈리아 작가를 만나게 되었는데, 그를 만나고 처음 든 생각은 '이렇게 고결한 사람도 있구나!'라는 것이었다. 그런데 왜 그런 생각이 들었는지 이유는 명확하지 않았다. 사실 왜 '고결'하냐고 누군가 묻는다면 조목조목 들어가며 이야기를 할 자신이 없다. 다만 그의 책을 읽는 내내 나는 매우 깊이 공감했고, 편안한 행복감 같은 것을 느꼈을 뿐이다. 하지만 나에게 그런 편안함을 느끼게 해준 작가의 실제 삶은 그리 편안하지 않았다. 아니 오히려 정반대의 삶을 살았다. '살았다'기 보다는 '살아졌다'고 해야 옳을지도 모르겠다. 브레히트의 말에 따르면, 행복한 사람만이 다른 사람을 행복하게 해 줄 수 있다고 하는데, 그러면 이 작가는 행복했던 것일까. 행복했던 순간들도 있었겠지만 그의 삶의 자취나 삶의 마감 ─ 그는 자살이라는 형태로 자기 삶을 정리했다 ─ 을 보면 꼭 그런 것 같지는 않다. 그러면 내가 남의 불행을 보면서 행복감을 느낀 것일까. 내 성격이나 평소의 인간관을 보면 그것 또한 아닌 것 같다. 그래서 나는 줄곧 왜 내가 이 작가에게 이렇게 깊은 흥미를 느끼게 된 것일까, 그리고 왜 이렇게 이 작가에게 깊은 자기 투사를 하게 된 것일까를 생각했다.

── 레비, 인간을 이해하기 위한 화학을 공부하다

퍽이나 잘 생긴 이 작가는 유대계 이탈리아인이다. 하지만 그가 살았던 당시는 파시즘(나치즘)의 광풍이 몰아치던 격동의 시기였으므로, 이탈리아계 유대인이라고 하는 게 더 정확할지 모르겠다. 실제로 그는 유대인이라는 이유로 자기 삶을 송두리째 압수당한 채 살았고, 자기 삶을 되찾은 후에도 그렇게 살게 만든 역사에 대해 증언하며 살았지만, 사실 그는 자신이 유대인이라는 사실을 그리 크게 의식하고 살지는 않았던 것 같다. 남의 눈을 피해 그들에게 금지된 '돼지고기 햄'을 사서 슬기던 아버지 밑에서 성장했고, 자신 역시 유대인이라는 것을 그저 '얼굴에 난 주근깨' 정도로 사소하게 생각하고 있었던 것을 보면 말이다.

프리모 레비 본인의 말에 따르면, 자신은 '이상한 미덕'을 가진 사람이라고 한다. 그 미덕이란 '남의 고백을 잘 들어준다는 것'이고, '이상하다'는 것은 그는 가만히 있는데도 사람들이 그에게 찾아와서는 묻지도 않은 이야기를 숨김없이 털어놓곤 하였다는 점이다. 자신의 삶을 이야기하는 『주기율표』라는 책의 상당히 많은 부분은 자신이 만난 사람들 그리고 사람들이 자신을 찾아와 행한 고백들을 따뜻한 목소리로 다시 옮겨 놓은 듯한 느낌을 준다. 내가 이 이야기들에서 먼저 주목한 것은 상대를 바라보는 그의 시선, 그 시선의 맑음이었다.

이 책의 제목은 화학시간에 배우는 멘델레예프의 주기율표의 바로 그 '주기율표'이다. 그는 화학과 사랑에 빠져 토리노 대학 화학과를 최우등으로 졸업한 뛰어난 학자답게 화학 원소를 표제로 하여 이야기를 시작한다. 흥미로웠던 것은 그가 화학을 사랑하게 된 이유가 자연과학을 연구하는 사람이 아니라 예술이나 문학을 공부하는 사람 같다는 점이었다. 그는 자신이 화학을 사랑하게 된 이유를 이렇게 말한다. '인간이 수만 년 동안 시행착오를 거치며 얻은 고귀함은 바로 물질을 정복한 데 있는데, 자신이 화학을 전공하게 된 이유는 그 고귀함에 충실하기 위함이지만, 그러나 물질을 정복한다는 것은 그것을 지배하는 것이 아니라 그것을 이해하는 것이며, 물질을 이해하는 것은 우주와 우리 자신, 즉 인간을 이해하는데 반드시 필요한 것'이라고.

그리고 덧붙이기를, 멘델레예프의 주기율표는 한 편의 시처럼 아름다우며, 그 어떤 시보다 고귀하고 경건하며, 게다가 주기율표는 압운까지도 들어맞는 시라고 높인다. 물질의 정복을 물질에 대한 이해로 규정하고, 그것이 인간을 이해하는 데 반드시 필요하다는 그의 관점은 나에게 매우 새롭고 부드럽고 겸손하고 고결해 보였다. 뿐만 아니라 내가 늘 공부해온 동양철학적 사유와 교차되는 어떤 지점을 명료히 드러내고 있는 것 같았다. 그는 책에서 화학 지식을 풀어내긴 했지만 그것은 화학을 가르치기 위한 것이 아니라 인간을 구체적으로 이해하고 수용하는 하나의 '눈'으로 삼기 위한 것이었다. 하나하나 화학원소의 성질을 논하면서 그는 그 화학원소의 성질에 해당하는 속성을 지녔다고 생각되는 사람들의 이야기를 잔잔히 풀어내고 있었다. 이 참신한 접근은 책에 대한 흥미를 더욱 배가시켰지만, 그 이야기 속에는 그의 지독한 아픔과 슬픔이 짙게 배어 있었다.

─ 유대인, 아르곤 같은 사람들

책은 첫 장부터 마음을 끌었다. 이야기는 '아르곤'이라는 원소로 시작한다. 작가에 따르면 우리가 숨 쉬는 공기 속에는 비활성 기체라는 것이 있다고 한다. 그 중의 하나가 아르곤인데, 이 기체는 정말로 활성이 없어서, 다시 말해 자신들의 처지에 그대로 만족하고 있어서 어떤 화학적 반응에도 개입하지 않고 다른 원소와도 결합하지 않는데, 바로 그런 이유 때문에 오랜 세월 사람들의 눈에 띄지 않고 존재할 수 있었다고 한다. 프리모 레비가 이 아르곤 이야기를 하는 이유는 바로 그의 선조들, 즉 유대인들이 그런 기체들과 비슷한 점이 있기 때문이라는 것이다. 유대인들이 본래 활발하지 않은 것이 아니지만, 활발하게 세상에서 활개 치며 사는 것이 세상에서 허용되지 않았기 때문이라는 것이다. 하지만 그렇다고 게으르게 사는 것이 허용된 것은 아니었다. 먹고 살아야 했기 때문에 반대로 아주 활동적이어야 했지만, 내면의 정신만큼은 세상사와 무관한 생각, 재치 있는 대화, 고상하지만 대가 없는 토론에 열중할 수밖에 없었다는 것이다. 그래서 자발적으로 큰 강처럼 흐르는 삶의 대열의 가장자리로 물러서는 태도를 취할 수밖에 없었다는 것이다. 이 아르곤 같은 유대인들에 대한 이야기를 하면서, 그는 자신의 고향, 이탈리아 피에몬테 지방에 살던, 담배 냄새 풍기던 현명한 가부장들과 집안 살림의 여왕들이었던 아주머니들의 이야기, 즉 자신의 선조들에 관한 이야기를 풀어간다.

파이프의 빨부리를 좀 더 편안하게 물 수 있도록 돌팔이 의사에게 자기 아래 앞니 두 개를 빼달라고 했다는 모세 아저씨에 대해 읽을 때 나는 책장을 덮고 한참동안 눈물을 흘려가며 웃어댔다. 희극인지 비극인지 분명치 않지만 무언가 웃을 수밖에 없도록 만든 레비의 묘사가 감탄이 날 만큼 절묘하게 느껴졌다.

  하나님이 너무나도 견딜 수 없는 아내를 주셨기 때문에 스스로 세례를 베푼 후 가능한 한 아내에게 멀리 떨어져 있으려고 선교사가 되어 중국으로 떠났다는 보나파르트 아저씨. 아저씨에 대한 삶을 묘사한 이 문장이 잘 읽히는 것만큼 그의 삶이 실제로 잘 나간 것일까. 어떻게 한 사람의 생애를 짓누르는 이 엄청난 삶의 무게를 이렇게 경박하지 않으면서도 가볍게 묘사할 수 있는 것일까. 표현의 문제일까, 수용의 문제일까. 나는 이 부분을 읽으면서,

  마음에 무거운 돌덩이를
  굴려 올리면서도
  걸음이 가볍고 가벼운
  저 사람

이라는 나희덕의 시 구절이 생각났다. 비를 맞으며 날아가는 나비를 보면서, 자기 날개보다 천배나 무거운 빗방울을 튕겨내는 나비를 보면서, 시인은 무거운 삶을 무겁지 않게 수용하며 감당하는 인간의 모습을 떠올린 것 같다. 그런데 누가 나비인 것일까. 보나파르트 아저씨일까, 그것을 묘사한 프리모 레비일까.

  연극무대에 칼을 차고 등장한 아들에게, 도대체 무슨 짓을 하고 있

는 거냐며, 어서 그 칼을 내려놓으라고 객석에서 소리쳤다는 아론 아저씨의 어머니. 무대 위의 공간과 무대 밖의 공간, 실제 현실과 가상의 현실을 구분하기 거부하는, 어떤 공간에서든 폭력이나 불의는 용납할 수 없다는 저 순박하고 정직한 마음의 결이 나는 매우 마음에 들었다.

겉으로는 아무런 질문도 하지 않고, 남을 불편하게 하지도 않으면서 모든 사람들에 대해 알아내는 능력이 있었던 여자 동료 줄리아. 무슨 이유 때문인지 레비 자신에게는 그런 능력이 없었을 뿐 아니라, 자신은 결단력도 없고 문제를 만나면 달아나 버리고 말기 때문에 손을 잡고 하나하나 해결해 나갈 수 있게 해줘야 하는 사람이었다고 고백한다. 그래서인가, 레비는 줄곧 그녀를 좋아하면서도 그녀에게로 다가가지 못했다. 사랑하는 여자를 자전거로 태워다 주고, 사랑에 빠질 수 없도록 그녀에게 멀리 떨어져 있어야 했으며, 그녀가 다른 남자의 여자가 될 수 있게 도와주기 위해 그녀를 에스코트해 주고 자신의 인생에서 그녀를 사라지게 해야만 했던 유대인 청년 프리모 레비. 약혼자가 있다는 사실과 인종법은 어리석은 변명에 불과할 뿐이라고, 사랑하는 여인에게 다가가지 못하는 자신의 무능력은 용서될 수 없는 것이라고 생각하면서도, 그녀와의 관계를 동창생으로, 직장동료로서의 추억으로밖에 남기지 않은 것을 평생 후회할지도 모른다고 생각하면서도, 어쩌지 못하는 자신의 바보 같음을 그는 무척이나 책망했다. 줄리아는 결혼한 후 수많은 역경을 겪었고 자식들을 많이 두었으며, 그들은 친구로 남아서 가끔 밀라노에서 만나 화학과 그 밖의 이성적인 이야기를 나누었다고 한다. 그리고 레비 자신은 그렇게 엇갈린 인생의 선택을 원망하지도 불만을 갖지도 않았으며, 두 사람의 인생이 이렇게 저렇게 서로 비껴가게 된 것이 이상하게 생각되긴 하지만 불쾌하게 생각되지는 않았다고 회상한다.

—— 있는 그대로 보고 이해하는 눈

이 이야기를 읽으면서 나는 '레비'와 나의 닮은 점을 '조금' 보았던 것 같다. '하나하나 가르쳐주어야 하는 사람'이라는 지점이 바로 그것인데, 나 역시 사람에게 관심은 많아도 사람에 대한 행동이 그다지 적극적이지 못하고, 매양 똑똑하고 야무지게 세상살이의 문제를 해결하는 데는 영 서툴렀기 때문이다. 문제에 부딪치면 한참 잊고 있다가 정신을 차리고 돌아오곤 했고, 해결하기 힘든 문제에 부딪치면 허둥지둥 절절매면서 늘 하나씩 포기하거나 체념하는 데 익숙해져야 했다. 경쟁이 치열할 것 같으면 먼저 알아서 물러나고, 나보다 더 필요한 사람이 있는 것 같으면 손에 든 것도 슬그머니 내려놓기가 일쑤였다. 돌이켜보면 나의 이런 구멍을 퍽이나 열심히 막아준 분은 나의 '어머니'이셨던 것 같다. 어머니는 나와 달리 매우 현실적이고 문제해결에 매우 능한 분이셨다. 레비의 말대로 '하나하나 손을 잡고 가르쳐 줄 수 있는' 어머니 밑에서 성장할 기회를 가진 덕에 지금 이 정도로라도 설 수 있었던 것이 아닐까 하는 생각을 나이가 들면서 더 많이 하게 된다.

여러 인물들 중 가장 눈길을 끄는 인물은 바르바리쿠 아저씨였다.

그야말로 '비활성 기체'의 면모를 유감없이 보여준 아저씨는 의학을 공부해 훌륭한 의사가 되었지만, 세상을 좋아하지는 않았다. 여자와 초원과 하늘을 좋아했지만 출세를 위한 음모나 일용할 양식을 얻기 위해 아옹다옹 사는 것을 싫어했고, 의무와 일정과 마감을 싫어했다. 누가 부르러 오기 전에는 환자를 찾아가지 않았으며, 거의 한 번도 환자에게 돈을 내라고 요구한 적이 없었기 때문에 전차를 탈 돈이 없어서 환자에게 걸어서 왕진을 다니면서도 여자를 좋아했던 탓에 주위에 아가씨의 모습만 잡히면 곧장 다가가 주위를 빙빙 돌며 유심히 살피는 통에 사람을 혼비백산하게 했던 아저씨. 인간적 지혜와 진단의 직관이 풍부한 훌륭한 의사였고, 주의 깊고 기억력 좋고 다방면으로 읽어대는 지칠 줄 모르는 독서가로 별다른 욕구 없이, 분별력과 위엄을 지닌 채 아흔에 생을 마감했던 아저씨.

바르바리쿠 아저씨 대목에서, 나는 책을 읽는 내내, 그리고 책을 읽은 후에도 느끼고 있었던 한 가지 문제가 해명되는 것 같았다. 내가 왜 이 작가의 이야기를 들으면서 이렇게도 '깊은 공감'의 즐거움을 누리고 있었는지, 왜 이 책에 눈을 박고 있는 내내 편안한 행복감을 느낄 수 있었는지 그 답을 조금 찾아낼 수 있었다. 강요하지 않는 눈, 해석하지 않는 눈, 평가하지 않는 눈, 있는 그대로 보고 이해해주는 눈, 바로 그것이었다. 내가 이 유쾌한 사람들과 만날 수 있었던 것, 그들의 온전한 모습과 만날 수 있었던 것은 프리모 레비의 눈이라는 맑은 거울―자신의 잣대로 사람을 평가하지 않고 있는 그대로 묘사하는―을 통해서였다는 것을, 그리고 레비의 눈을 통해 '나 자신'을 들여다보고 있었다는 것을.

　내가 프리모 레비에게 깊이 빠져든 것은 아마도 이점 때문이었던 것 같다. 사람에 대한 깊은 관심, 그리고 사람을 있는 그대로, 고유의 모습 그대로 보아주는 맑은 이해의 눈. 사실 이렇게 하나하나의 사람에 대해서 자상스럽고 깊이 있는 이해를 통한 묘사가 가능한 것은 레비 자신이 사람에 대해 깊은 관심과 애정을 가지고 있기 때문이 아닐까. 그저 있는 것만으로 족한 존재로 대상을 바라보는 것, 있는 것 그 자체에서 의미를 찾아내는 깊은 눈을 가진 사람을 만나는 것은 참 어려운 일이지만 어려운 만큼 퍽 즐거운 일이기도 하다. 아마도 이러한 미덕은 내가 몹시 닮고 싶은 점이기 때문이기도 하고, 또 실제로 조금은 닮았기 때문인 것 같다.

　'이상한 미덕'까지는 아니어도 '나' 역시 사람에 대해 관심이 많다. 책을 읽어도 책 속의 사건이나 배경묘사보다는 '인물'과 '인물의 성격'에 더 관심이 가고, 실제 생활에서도 직간접적으로 접하게 되는 수많은 것들 중에서도 유독 사람들에게 저절로 관심이 향한다. 그런데 이 관심은 외면에 드러나는 모습보다는 내면의 것, 즉 그 인물의 견해나 행동의 방향이나 심리, 그리고 삶의 가치, 그 가치를 드러내는 현실에서의 삶의 방식 등에 더 치우쳐 있고, 책속의 인물이든 현실의 인물이든 그들의 아픈 사연에 마음을 앓기도 잘하고 눈앞이 부옇게 되는 경우도 많다. 그래서인지 모르겠으나, 나에게도 역시 묻지도 않았는데 와서 자신의 이야기를 털어놓는 사람들이 많고, 그래서 알고 있는 사연들도 많다. 이런 닮은 점 때문인지도 모르겠다. 내가 그토록 프리모 레비에게 끌리고, 적지 않은 시간이 흐른 뒤에도 작가에 대한 인상이나 감동을 오래 가지고 있었던 것은.

── **왕태, 거울 같이 비추는 마음**

레비의 이런 눈은 '왕태'를 닮았다. 왕태는 『장자』에 등장하는 가공의 인물이다. 장자가 자신의 메시지를 전하기 위해 만들어낸 허구적인 인물이다. 그러나 허구적이라고 해서 진실이 담겨 있지 않은 것은 아니다. 하여튼, 왕태라는 인물은 일단 평범한 인물이 아니다. 그는 발 하나를 잘린 불구인데, 그 이유는 형벌을 받았기 때문이다. 이 부분부터 심상치 않다. 형벌을 받았다는 것은 법적인 어떤 부분에 저해되는 행동을 했다는 의미일 터, 사회적으로 순응형의 인물은 아닌 듯싶다. 그런데 특이한 점은 그가 무언가를 가르치지도 않고, 다정하게 어떤 문제에 대해 상담해주지도 않는데, 그를 따르는 사람이 수도 없이 많아서, 그 추종자들의 수가 공자와 노나라를 반분할 정도였다는 것이다. 게다가 더 놀라운 것은 그를 따르는 자들은 텅 비어 그를 찾아갔다가 가득 차서(무언가 충만해서) 돌아왔다고 하는데, 바로 이 점이 매우 의문스러운 부분이다. 위엄 있는 태도로 사람들에게 고원한 가르침을 베푸는 것도 아니요, 자신의 주장을 설득력 있게 내세우지도 않으며, 또 사람들의 세세한 원정冤情을 들어주고 위로해주지도 않는데, 사람들이 그를 보고 스스로 무언가를 얻어 가는 것은 도대체 왜일까.

장자의 철학을 주제로 논문을 쓰면서, 이 왕태 부분은 오랜 시간 생각해야 하는 부분이었다. 무엇을 보고, 무엇을 얻은 것일까, 하는 것이었는데…… 한참 뒤에야 나 자신이 경직된 사고를 하고 있음을 깨달았다. 꼭 누가 무언가를 주어야만 받는 것은 아니지 않은가? 또 꼭 누가 채워주어야만 자신이 충만해지는 것은 아니지 않은가?

공자는 기쁨이나 즐거움을 표현할 때 락樂과 열悅을 구분한다. 락은 밖으로부터의 어떤 자극에 의해 얻어지는 즐거움이지만, 열은 안으로부터 일어나는 어떤 깨달음에서 얻어지는 기쁨이다. 예컨대 학문을 하며 느끼는 즐거움은 열學而時習之不亦說乎이지만 먼 데 사는 벗이 찾아와주는 것은 락有朋自遠方來不亦樂乎이다.

불가에서는 안에서 얻은 깨달음의 기쁨을 법열法悅이라고 하는데, 왕태의 추종자들이 얻은 것은 일단 락樂이라고 보기는 어려울 것 같다. 왜냐하면 왕태는 아무런 자극도 주지 않았으니까. 그러면 사람들은 왕태를 보고 무슨 깨달음을 얻은 것일까. 이렇게 생각하는 과정에서 나는 이런 결론에 도달했다. 아마도 사람들은 왕태를 보면서 마치 거울을 보듯 왕태를 통해 자신의 모습을 본 것이 아닐까. 거울은 그대로 비출 뿐 칭찬하거나 무시하거나 차별하지 않으며, 또 왜곡하거나 과장하지도 않는다. 그저 있는 그대로의 모습을 고스란히 받아들이고 인정하며 비춘다. 그래서 사람들은 왕태라는 거울 앞에서 그 모습이 아름답든 추하든 잘났든 못났든 그 누구도 대신할 수 없는 고유한 삶을 살아가는 자신의 모습을 발견한 것이 아닐까. 그리하여 자신의 모습을 인정하고, 그 자신의 모습과 가치를 자연으로 수용하면서 자신이 우주 안에서 숨 쉬며 생을 영위하는 근거를 발견한 것이 아닐까.

그러나 여기까지 생각해도 나에게는 한 가지 문제가 여전히 석연치 않은 채로 남아 있었다. 거울 같이 대상을 비춘다는 것이 대상의 고유성을 구경한다는 것과는 어떻게 다른 것일까, 어떻게 해야 거울같이 비추는 것이 대상의 고유성을 구경하는 차원을 넘어 장자가 권하는 '상호 소통의 연대'를 이룰 수 있는 것일까, 하는 것이었다.

그런데 인간을 바라보는 레비의 관심어린 이해의 시선은 바로 이 문제를 석연하게 해주는 실마리를 제공한 것 같다. 대상의 각득기의(各得其宜: 모든 존재자가 각기 고유의 마땅한 길을 가지고 있다는 철학용어)는 그대로 비출 뿐인 거울 같은 마음에서 드러나게 마련이 아닐까. 비추는 거울의 주관이나 가치가 상대에게 가해지지 않는 마음일 때 우리는 대상과의 편견 없는 연대를 이룰 수 있는 게 아닐까. 섣불리 충고하거나 판단하지 않는 마음, 상대가 스스로 해결책을 찾아내고 마음이 지시하는 대로 따르도록 용기를 주는 마음, 이것이 바로 레비의 시선이 보여준 거울 같음이고, '고백을 들어주는 이상한 미덕'이 아니었을까.

그리고 그 거울 같은 시선에 비친 이 세상은 그 자체로 연대를 이루고 있는 것이 아닐까. 예컨대 팔짱을 끼고 대상을 구경하는 것은 구경하는 대로의 연대를, 대상과 서로 먹씨름하며 얽혀드는 것은 그것대로의 연대를, 좋아하며 달라붙어 하나 되고 싶어 하는 것은 또 그것대로의 연대를 이루는 것이 아닐까.

하여간 내가 프리모 레비에게서 발견한 것은 단지 구경하는 시선이 아니라, 진정어린 관심과 세심한 이해를 통해 각득기의를 찾아내고 수용하는 능력이었던 것 같다. 그것이 타고난 것인지 수양된 인격의 향기인지는 확실치 않으나 분명히 그에게는 그런 맑고 고결한 '눈'이 있다. 그는 어쩌면 내가 그렇게도 애쓰며 찾던 진정한 고수였는지도 모른다. 세상의 아픔과 어울림을 있는 그대로 수용하고 기술하면서 그 속에서 아름다움을 찾아내던 이 작가에게도 '우울한 파시즘의 발흥'은 '인간'임을 포기하고 싶도록 만드는 지독하게 수용하기 힘든 만행이었다.

── 레비, 시대의 폭력에 시달리다

독일의 히틀러가 총 한 방 쏘지 않고 프라하에 입성하고, 스페인의 프랑코는 바르셀로나를 정복하고 마드리드에 눌러 앉았으며, 삼류 해적 파쇼 이탈리아(레비의 표현에 따르면)는 알바니아를 점령하여 당장이라도 큰 재앙이 닥칠 것 같은 상황에서 레비는 자신이 좋아하는 화학 공부를 하며 대학을 다녔다. 이 스무 살의 청년이 유대인이라는 이유로 외톨이가 되어 생활할 때 만난 한 친구가 산드로이다. 그는 유대인이 아니면서도 무리들에서 떨어져 외톨이로 지내고 있었는데, 레비는 그를 만나자마자 알 수 없는 유대감을 느꼈다. 통이 크고 날카로우며 끈기 있고 대담해서 조금 무례하기까지 하지만 속을 알 수 없고 길들여지지 않는 성격의 소유자, 냉소적이었지만 레비의 말을 주의 깊은 태도로 귀 기울여 들었고, 레비의 말이 너무 번드르르해지면 점잖

고도 짤막한 몇 마디로 레비의 기세를 꺾기도 하면서 극도로 말을 아끼던 산드로. 함께 산을 타면서, 산에 있는 산드로를 보면 세상과 화해할 수 있었고 유럽을 짓누르고 있는 악몽을 잊을 수 있었다는 레비. 그러나 산드로는 파시스트들에게 체포되어 살해당함으로써, 이탈리아 반파시즘 지하운동 단체인 행동당에서 가장 먼저 전사한 사람이 되어버렸다. 파시스트들이 그를 땅에 묻는 것을 금지했기 때문에, 그의 시신은 오랫동안 길거리에 방치되어 있었다.

    레비 역시 파시즘에 굴복하지 않고 빨치산에 참여했다. 희망보다는 절망이 훨씬 더 많은 상황에서 '이 세상에서 가장 무장이 안 된 빨치산'으로 활동하다가 누군가의 배신으로 파시스트 군에게 포위되어 그 역시 체포되고 만다. 그런데 흥미롭게도 레비는 이런 극악한 상황에서도 자신을 심문하는 사람들에게조차 거울 같은 시선을 보낸다. 그리하여 긍정적인 시선으로 또 한 명의 사람을 찾아낸다. 포사라는 심문관이다. 그는 직업군인으로, 어리석고 용감한 교과서적인 파시스트였지만, 부패하거나 비인간적인 사람은 아니었다. 순진한 정치적 견해에 기초하여 자신이 하는 일이 진정 '조국'을 위한 것이라고 여기며, 레비가 친구를 잘못 사귀어서 인생을 망친 운 나쁜 사람이라며 교화하려 들었지만, 당황스러운 질문은 던지지 않았다. 하지만 또 다른 심문관은 뼛속까지 첩자기질이 배어 있는 무시무시한 자였다. 유약해 보이는 창백한 낯빛을 가진 30대의 이 남자는 레비의 눈에는 파시즘의 신념이나 이해관계 때문에 첩자가 된 게 아니라 타고난 첩자로 비쳤다. 동물을 쓰러뜨릴 때 쾌감을 느끼는 사냥꾼과 같은 사디즘으로 충만한 자였으며, 상냥함과 분노를 번갈아 사용해가며 심문했다. 그는 레비에게 유대인이면 유대인 수용소로, 이탈리아인이면 이탈리아 수용소로 보내질 것이니 선택하라고 했다. 레비는 유대인임을 시인했다. 지쳤기 때문이기도 하고, 자존심을 지키려는 비이성적인 고집스러움 때문이기도 했다고 레비는 고백한다. 그리고 감방 안에서 레비는 쉴 새 없이 독서한다. 시간이 얼마 남지 않았다고 생각했기 때문이었는데, 그러면서도 만일 자유의 몸이 된다면 돌아가서 할 수 있는 눈부시게 아름다운 일들을 생각한다. 목이 메어오는 것을 느끼면서.

갇혀 살며 만난 사람들

레비의 상황에는 댈 수 없을 정도로 사소한 상황이었지만, 나 역시 학생운동 건으로 감방 안에서 몇 달 간 생활한 경험이 있다. 무료함 때문에 레비처럼 쉴 새 없이 읽어대긴 했지만, 레비와 같은 깊은 절망 속에서 목이 메어오는 암흑 같은 상황은 아니었다. 일본 전국시대의 오다 노부나가로부터 도요토미 히데요시를 거쳐 도쿠가와 이에야스의 에도막부 설립까지를 다룬 20권짜리 『대망』이라는 흥미로운 것 같으면서도 별로 흥미롭지 않은 책을 읽었고, 『토지』를 다시 한 번 읽었으며, 일본 열도를 울렸다는 『오싱』이라는 책도 보았고, 지금은 잘 기억나지 않는 이런 저런 책들을 소중하게 아껴가며 읽었다. 차입되는 도서의 검열이 심한 탓에 별 수 없이 구치소 도서관을 애용할 수밖에 없었기 때문에 읽을 수 있는 책들은 매우 제한적이었다. 한 겨울에도 난방을 하지 않았기에 독방 신세를 면했고(얼어 죽을까 봐) 물경 열 명도 훨씬 넘는 사람들이 보글거리며 한 방에서 지냈다. 서로가 서로에게 온기를 전하는 관계가 되어, 아침에 눈을 뜰 때부터 잠이 들 때까지 사람들은 이런저런 이유로 끊임없이 다툼을 벌였다.

폭력을 휘두르는 남편을 홧김에 과도로 여러 차례 찔러 죽게 해서 들어온 한 아줌마는 감방 안에서도 미모와 몸매를 유지하기 위해 열심히 미용체조를 하였다. 엄마를 때리는 의붓아비가 곰으로 보여서 칼을 들고 가 찔렀다는 십대 아이는 정신이상 판정을 받기 위한 재판을 기다리며 이 사람 저 사람 일에 간섭하며 다녔다. 얌전하고 예쁘장한 용모의 23살의 한 아가씨는 '언니, 언니' 하며 나만 졸졸 따라다니며 자신의 슬픈 사연을 구구절절이 털어놓았는데, 그 사연이 참으로 놀랍고 안타까웠다. 먼 남해의 한 낙도에서 중학교를 졸업한 후 상경하여 간호조무사학원을 마치고 조무사로 일하던 그녀는 부모의 허락을 얻어 사귀던 남자와 동거를 하다가, 그 남자에게 본처와 아이가 있다는 사실을 알게 되었고, 나아가 다른 여자도 있다는 사실을 알게 되었다. 이 아가씨는 이 두 여자에게 여러 차례 머리채를 휘어 잡히는 고초를 겪은 후, 어느 날 퇴근해 돌아와 본 그 남자의 잠든 얼굴이 너무나 평화롭게 보여서 그 남자를 먼저 마취주사를 놓아 죽게 하고 자기 역시 그 옆에서 독극물을 먹고 죽고자 했으나 불행히도 살아남아 감방에 들어오게 되었다는 것.

또 중학교 시절 사귀던 남자와 부모의 눈을 피해 야반도주하여 상경했으나 곧 어떤 사정으로 헤어진 후, 어찌어찌하다가 매춘업계에 발을 들여 놓게 되고, 그것이 평생의 생업이 되어 인신매매로 들어온 한 아줌마는 자신의 예쁜 딸을 자랑하며 명랑하고 씩씩하게 생활하면서 하루를 보냈고 밤이 되면 구성지게 노래도 멋지게 불러제끼며, 매일 밤 식빵을 우유에 적셔 만든 공깃돌로 나와 챔피언 자리를 놓고 겨루었다.

그리고 방 안에서 가장 높은 비율을 자랑하는 것은 역시 '간통죄'로 들어온 사람들이었다. 20대부터 50대까지 다양하게 있었는데, 그 사연은 제각기 달랐다. 그저 인생을 재미있게 누리고 싶었다는 '향락파' 아줌마들도 있었고, 아내가 있는 줄 몰랐지만 진정으로 사랑했다고 말하며 배가 만삭이 되어 들어온 '순정파' 아지매도 있었으며, 지금 사는 남편이 싫어서 이혼하기 위해 일부러 옆집 남자를 유혹했다는 '전략파' 여인도 있었다. 그리고 가장 인상적이었던 사람은 어떤 고관의 아내라는 50대 아주머니. 그녀는 동창들과 춤을 배우러 갔다가 그 남자를 만났는데, 그가 자기에게 새로운 인생을 주었으며 진정으로 여자가 되게 해주었다고 의젓하게 말했다. 그 말을 들으며, 당시 나는 '아! 남녀관계에 대해서는 어떤 경우라도 입을 대어선 안 되겠구나!'라는 생각을 했던 기억이 지금도 선명하게 남아 있다. 나는 이 아줌마들을 '통 아줌마'라고 불렀는데, 이들은 하나같이 식사할 때마다 '우리 그이도 지금 같은 밥을 먹고 있겠지'라는 얼굴로 강한 유대감을 표현했기 때문이다.

그 다음으로 많은 부류는 '사기죄'로 들어온 자들이었다. 친동생에게 돈을 빌려 쓰고 갚지 못해 들어와서는 자신이 본래 부잣집 마나님이었으나 남편이 병이 드는 바람에 이렇게 되었다고 아침부터 밤까지 신세한탄을 하고 있던 아줌마, 빚을 갚을 수 없게 되자, 아니면 빚을 갚기가 싫어서 남편 앞으로 재산을 옮기고 나서 그 재산을 지키기 위해 형식적인 이혼을 하고 들어와, 식사 때마다 고기를 상추에 싸서 먹는 흉내를 내며 나가기만 하면 남겨 놓은 재산으로 이렇게 먹을 것이라며 우리를 웃겨 준 미용사 아줌마 등등.

── **옳음과 그름의 기준**

그런데 주목되는 점은 내가 보기에 이 모든 사람들 가운데 자신이 잘못했다고 생각하는 사람들은 거의 없었다는 것이다. 이들은 설사 잘못된 점이 있었어도 그건 어쩔 수 없었다고, 살기 위해서 불가피한 것이었다고, 혹은 자신의 팔자는 이렇게 살도록 되어 있었던 것 같다고, 이 고생만 끝나면 곧 행복하게 대우받으며 살 것이라고 생각하는 것 같았다. 뉘우치고 뉘우치지 않고의 문제가 아닌 것 같았다. 생각해 보면, 우리 모두는 누구나 자신이 옳다고 생각하거나, 해야 된다고 생각하거나 아니면 하고 싶은 일을 하는 것이 아닐까. 하고 싶은 일과 해야 하는 일, 해도 되는 일과 해서는 안 되는 일 사이의 모순과 갈등, 그리고 옳고 그름의 가치와 기준이 사람 수만큼이나 다르기 때문이어서 그렇지, 자신이 하는 행동이 애초부터 그릇된 것이라고 생각하는 사람을 나는 그 감방 안에서는 만나보지 못했다. 그리고 출소한 후에도 마찬가지로 만나보지 못했다. 나 역시 현행법을 위반한 죄로 그 방

안에 함께 있으면서 스스로 잘못했다고 생각한 적은 없지 않은가. 후에 레비는 아우슈비츠 경험을 통해 어떤 원칙 하나를 급하게 익혔다고 한다. 그 원칙은 바로 '인간의 첫째 의무는 모든 가능한 수단을 이용해 자신의 목적을 추구하는 것'인데, 지금 돌이켜보건대, 그 때 함께 감방 안에 있던 사람들은 오히려 이 원칙에 충실했던 사람들이라고 할 수 있지 않을까. 이런 원칙에 충실한 방식의 차이로 인해 인류 공동체는 수천 년 간 다툼을 중지한 적도 없고, 역사적으로 개인적으로 이런저런 상처를 서로 주고받는 것이 아닐까. 그렇기 때문에 더욱더 법과 규율이, 염치와 양심이, 보편적인 공동선의 추구가 필요함과 동시에, 언제나 그 한계를 넘어서지 못하는 것이 아닐까. 하지만 이 문제는 너무 어렵고 복잡하다. 이천 년 넘게 공동체의 윤리와 개인적 삶의 구원을 추구해온 현인과 철학자들의 산더미 같은 지혜에도 불구하고, 이것은 여전히 나에게 중요한 화두로 남아 있다.

어쨌든 나와 달리 레비는 침상이 두 개 있는 방안에서 혼자 쥐와 친구가 되어 지냈다. 쥐로부터 빵을 지키기 위해 나름 애를 써보지만 결국 지키지 못하고 빵부스러기만 주우면서 자신이 '쥐보다 더 쥐 같다'는 생각을 하며, 자신의 앞날과 목숨을 기약할 수 없는 나날을 보내며 자신을 죽이고 있었다.

갇혀 있다가 나오면 땅이 울렁거리고 사람들이 바삐 어디론가 향해 가는 것이 무슨 영화 속 장면처럼 비현실적으로 느껴진다. 걸음을 걸어도 붕붕 나는 듯 하고, 양념이 잘 된 음식을 보면 매우 낯설게 느껴진다. 그리고 저녁밥만 먹으면 바로 취침을 시키고 새벽에 깨우는 생활에 익숙해진 탓에, 동트기 전에 일어나 식구들을 놀래기도 한다. 나는 출소 후 가족들에게 돌아가 이런 현상을 한 달가량 겪었지만, 레비는 유대인 수용소가 있는 아우슈비츠로 향했고, 이후 상상하기도 힘든 만행을 겪고 극소수의 생존자 중 하나가 되어 살아 나왔다. 아우슈비츠에서 레비는 무엇을 생각했던가. 결론부터 이야기하자면 그는 계속 거울 같은 시선을 유지하며, 자신을 지키는 데에 죽을 만큼의 힘을 기울였다.

── 상처와 기억, 그리고 새로운 기쁨을 위한 청소

무슨 이유에선지, 어릴 적부터 나는 마음의 상처를 오래 기억하거나 되새기지 못하는 일종의 기억상실증 같은 것이 있다. 왜 그런지는 잘 모르겠지만, 늘 그런 일이 있을 때마다 잘 기억해두었다가 받은 만큼 돌려주기보다는 나도 모르게 마음에서 지워버리는 경우가 대부분이었다. 상대나 상황을 이해하고 납득하게 되면 아무리 아픈 일이라도 흔연히 받아들이게 되지만 도저히 이해할 수도 받아들일 수도 없는 상황에 봉착하게 되면 거의 예외 없이 이런 기제가 발동된다. 무의식적인 방어기제나 도피기제가 작용했다고나 할까.

그런데 나이가 들면서 조금씩 달라지기 시작했다. 아무리 이해되지 않는다 해도, 그 상처의 기억을 무조건 지워버리기보다는, 그것을 사람들 간의, 혹은 시대상의 업業에 따른 인연으로 받아들이게 된 것이다. 사실 '상처를 줄 의도'를 가지고 남에게 상처를 주는 경우가 과연 얼마나 있을까? 연약하고 부족한 인간이기에 우리는 자기도 모르게 남에게 상처를 주기도 하고, 남이 주지도 않은 상처를 스스로 받았다고 생각하는 것이 아닐까. 그렇기 때문에 가까운 사이일수록 애와 증으로 복잡하게 얽히고, 그런 애와 증의 업장으로 인해 우리의 삶이 더욱 무거워지는 것은 아닐까 하는 생각이 들었기 때문이다. 그래서인지 언제부터인가 잠자리에 들 때마다 나는 누구를 향한 것인지도 모를 모호한 기도를 올리곤 한다. "오늘 하루 알고 지은 죄, 모르고 지은 죄 모두 용서하소서."

그러나 상처를 오래 되새기지 못한다 해서 그 상처가 흔적 없이 소멸되는 건 아닌 것 같다. 한번 깨진 유리가 온전히 복구되는 것이 어찌 쉬운 일이겠는가. 무언가 그 상처를 건드리고 부득이 상기시킬 때면, 아무리 머리에서 지웠다 해도 가슴에서는 칼에 베인 것 같은 생생한 통증을 피하기가 어렵다.

그래서인가. '눈에는 눈, 이에는 이'를 선포한 함무라비 법전이나, "어째서 일본 문학에는 이리도 복수가 많은가"하고 한탄한 나쓰메 소세키, 시종일관 '부모나 스승의 원수를 찾아 복수의 여정을 걷는' 중국 무협소설의 고수들, 자신이 받은 작은 모욕에 대해서 철저한 복수를 감행하고야 마는 '그리스의 올림포스 신'들을 보면, 받은 자의 주관적인 계산에 따라 '받은 만큼 돌려주는 것'을 인류 생존을 위한 공정거래 원칙이라고 여기는 것이 일반적인 생각이 아닌가 하는 생각이 든다.

그러나 가끔 나는 이런 일반적인 생각을 넘어서는 영혼을 만나기도 한다. 바로 프리모 레비가 바로 그런 영혼 가운데 한 사람이다. 그는 아우슈비츠에 수용되어 상상을 초월하는 나치의 국가적 폭력을 당했으면서도, 자신이 받은 상처에 대해 이렇게 말한다.

> 그 때의 일은 신의 섭리에 의한 것이겠지만, 단 한 번뿐인 운명의 선물이라고 생각했다.

그리고 더 나아가 그는 수용소 생활에 대해서도 이렇게 말했다.

> 물론 고통스러웠지만 그 고통은 매력적인 사람들과의 만남, 그리고 아우슈비츠라는 병에서 회복되면서 느낀 감미로움으로 상쇄되었다.

어떻게 더할 수 없는 고통을 당하고, 자신의 존엄이 뿌리째 말살되는 그 끔찍한 상황을 '선물'로 생각할 수 있는 것일까. 언제 가스실로 향할지 모르는 죽음의 문 앞에서, 한 발을 관속에 들여 놓은 상태에서 그런 생각이 가능하다니. 세상에는 세상에 사는 사람 수만큼이나 다양한 생각과 진리가 있다고는 하지만, 이런 사람을 만나게 되면 뒤통수를 얻어맞은 것 같은 충격과 감탄을 금할 수 없다.

그러면서 이런 생각이 떠올랐다. 사실 무도하고 비극적 상황이라는 것이 피한다고 해서 피해지는 것이 아니지 않은가. 억울하다고 하늘을 향해 주먹을 휘둘러봤자 소용없는 일 아닌가. 그렇다면 받아들일 수밖에 없고, 기왕 받아들여야 한다면, 어느 시인의 말처럼 '그것이 가져다줄지도 모르는 어떤 새로운 기쁨을 위한 청소'로 여기는 편이 오히려 상황을 견디게 해주는 힘으로 작용하는 것은 아닐까. 그렇게 생각하다 보니, 오히려 레비의 말처럼 받아들이는 편이 합리적인 듯도 싶었다.

　그러나 그런 이해는 어디까지나 하나하나 따지고 헤아린 결과이지, 마음속에서 편안하고 자연스럽게 이루어진 것은 아니었다. 그런데 레비는 나처럼 따지고 헤아리는 기미도 없이, 수용소의 그 극한 상황에서 또 다시 예의 그 '이상한 미덕'을 발휘한다. 마치 인연을 따르되 인연에 매이지 않는 것처럼, 자신에게 주어진 혹독한 상황을 '고통스러운 선물'로 받아들이면서, 인간 행위에 대한 관찰과 인간 본성에 대한 성찰을 지속해나간다. 오히려 그것이 그에게는 인간 탐구의 새로운 장을 열어주기라도 한 것처럼.

　그래서 더욱더 그에 대한 궁금증은 커져 갔다. 그는 그 극악하고 무도한 범죄 상황을 '새로운 기쁨을 주기 위한 청소'로 받아들였다고 할 수 있을까. 스스로 그 일을 통해 더 성숙하고 청정한 영혼으로 거듭날 수 있었던 것일까. 그리하여 그들을 용서하고 받아들인 것일까. 아니면 한나 아렌트가 『예루살렘의 아이히만』에서 '악의 평범성'에 대해 말한 것처럼 그들의 범죄를 '조국의 숭고한 명령이라는 조직의 논리에 매몰되고, 사고가 멈춰버렸기thoughtlessness 때문'으로 이해하며, '생각하지 않는 인간은 누구나 악마가 될 수 있다'는 식의 보편적 인간에 대한 아렌트 식의 정의를 수용하게 된 것일까.

　앞으로 보게 되겠지만, 내 눈에는 레비의 경우 전자도 후자도 아닌 것처럼 보인다. 레비는 결코 그들을 용서하지 않았고, 또 '인간이란 누구나 악마가 될 수 있다'는 식의 이해로 인간에 대한 절망적 결론을 내리지도 않은 것 같다. 가볍진 않겠지만 이제 그의 고통스러웠던 경험을 함께 보면서, 그리고 그가 자기 경험을 소화하고 표현하는 과정을 보면서 이 문제를 같이 생각해 보기로 하자.

── **아우슈비츠로 가는 길**

1943년, 레비의 말을 빌면, 영리하지도 않고 경험도 없을 뿐 아니라, 인종법 때문에 거의 자기만의 세계에 갇혀 살던 24살의 청년 화학자 레비는 이탈리아 파시즘에 반대하는 빨치산 투쟁 중, 건강한 몸으로 체포되어 유대인 수송 열차에 오른다. 열차 안에는 마치 '싸구려 상품들처럼 무자비하게 포개진' 사람들이 갈증과 추위와 불안감으로 고통당하며 울부짖는데, 그는 극도의 불안을 견디면서 이런 생각을 한다. '위엄 있게 죽을 줄 아는 사람은 극소수에 불과하다. 그리고 침묵할 줄 아는 사람, 다른 사람의 침묵을 존중해 줄 수 있는 사람은 얼마 되지 않는다'고. 그리고 또 독일 병사들에게 이리저리 끌려 다니며 구타를 당하면서, 그는 너무나 생소하고 망연자실한 일이어서 몸도 마음도 아무런 통증을 느낄 수 없었으며, '어떻게 분노하지 않고도 사람을 때릴 수 있을까'하는 생각에 심오한 경이로움을 느꼈다고 한다.

레비의 이 술회를 들으면서, 나는 세 가지 점에 주목했다. 하나는 그가 위엄 있게 죽을 줄 안다는 것과, 스스로 침묵할 줄 알고 남의 침묵을 존중해주는 것을 중요하게 여긴다는 점이고, 다른 하나는 그러나 그럴 줄 아는 사람이 극소수에 불과하다는 인간 현실을 직시하고 있다는 점이며, 세 번째는 구체적인 폭력을 당하는 상황에서조차 일정한 거리를 유지하는 관찰자의 눈을 가지고 있다는 점이었다. 다시 말해 그는 기본적으로 인간을 존엄한 어떤 존재로 보고 싶어 하는 관점을 갖고 있으나, 그런 인간은 실제로 현실에서 그다지 찾아보기 어렵다는 것도 알고 있으면서, 현실에서 벌어지는 구체적 문제에 대하여 즉자적으로 대응하지 않고 성찰적으로 응시한다는 점이었다.

이 점은 확실히 레비의 거울 같은 눈을 이해하는 데 도움이 된다. 마치 거울이 대상과 일정한 거리가 유지되어야 비출 수 있는 것처럼 그의 눈은 현실문제에 달라붙어 있는 것이 아니라 늘 일정한 거리를 유지하고 있는 것 같다. 그러면서도 그는 거리를 두고 사태를 보지만, 구경하는 것이 아니라 상황을 충실히 안고 가면서 그것을 본다는 점에서 각별하다. 특히 자신과 타인을, 인간의 행동을, 더 나아가 그런 행동을 하는 인간의 내면을 바라보면서, 마치 세상과 인간에 대한 사랑은 그것을 이해하는 정도에 달려있기라도 하듯이, 깊이 관찰하고 공감하고 수용하고자 한다.

이런 그의 '눈'은 상대에게 깊은 관심을 갖고 이해하려 하지만, 결코 상대를 지배하거나 설득하려 하지 않기 때문에 우리가 거울을 보면 자기도 모르게 모습을 비춰보는 것처럼, 그를 만나는 사람들이 자기 이야기를 털어놓게 만드는 그 '이상한 미덕'을 발휘하게 하는지도 모른다. 레비의 한 동료는 이렇게 말한다. "넌 정말 무슨 얘기든 털어놓게 만드는 사람이야. 너 말고는 다른 누구에게도 해 본 적이 없는 얘기들 말이야."

어쨌든 이런 생각을 하며 레비는 마치 수세기에 걸친 분노를 방출하고 있는 듯 사납고 폭력적인 독일 병사들의 감독을 받는 거대한 '사자死者'의 수용소에 도착한다.

── 수용소에서 만난 사람들

수용소 초기 생활에 대한 증언을 하면서, 레비는 인생에 완벽한 행복이 불가능한 것처럼 완벽한 불행 역시 있을 수 없다고 말한다. 생존하기 위해 필요한 물질에 대한 근심이 행복을 가로막는 것만큼이나, 그 근심은 거대한 불행으로부터 생존으로 신경을 돌려놓음으로써 삶을 견딜만한 것으로 만들어 준다는 것이다. 그렇기 때문에 죽음을 갈망하면서도 자살할 수 있다는 생각을 해보지 못했고, 그 이전이나 이후에 자살할 생각에 가까이 간 적은 있었지만 수용소 안에서는 아니었다고 그는 술회한다.

수용소 생활을 시작하면서 그는 어떤 원칙 하나를 급하게 익히게 된다. 그 원칙이란 가능한 모든 수단을 이용하여 자신의 목적을 추구하되, 단 한번이라도 실수하게 되면 값비싼 대가를 치르게 된다는 것이었다. 그리하여 인간을 '영혼이 없는 텅 빈 벌레'로 만들어버리는 거대한 수용장치 속에서 벌레가 되지 않기 위해 처절히 노력하며, 나아가 인간적 따뜻함과 자긍심을 잃지 않고 사람들을 만나게 된다. 그 눈에 비친 '매력적인 사람들'을.

처음 수용소에 도착하여 막사를 향하는 길에서 죽을 것 같은 갈증에 시달리면서 악전고투하고 있을 때, 막사 앞에서 만난 16세 소년, 슐로메. 막사 앞에 기대 앉아 진지하면서도 부드러운 얼굴로 레비의 가족들을 걱정해주며 '거의 기쁨에 가까운 평온한 슬픔을 마음 가득 느끼게 한' 수줍은 포옹으로 그를 환영해준 폴란드 유대인. 그 후론 한 번도 다시 보지 못했지만, 평생을 잊을 수 없는 얼굴로 남아 있던 따뜻하고 순수한 인상을 안겨준 사람.

블록에 배속되고 침대를 배정받고 나서 만난 디에나. 여유가 있는 사람도, 참을성 있는 사람도, 상대의 말에 귀를 기울이는 사람도 없는 막사에서, 자신 역시 완전히 피로에 지쳤음에도 레비에게 자리를 만들어주고 따뜻한 말로 받아준 친구. 그리하여 삭막한 막사에서 레비로 하여금 따뜻한 인간의 기운을 느끼게 해준 친절한 사람.

모두가 살아남기 위해 수단과 방법을 가리지 않고 힘든 일을 피하고자 애쓰는 상황에서, 자기 기운이 완전히 바닥날 때까지 어리바리하게 일만 하는 눌아흐첸. 아무도 함께 일하려 하지 않는 바람에 레비가 자원하여 짝이 될 수밖에 없었던 고지식하고 마음 고운 사람.

수용소 생활의 속사정에 빠삭하면서도 신앙심 깊은 폴란드 유대인 시계공 카임. 율법을 공부한 풍부한 교양과 높은 지식을 가졌으며, 드물게 인간적 존엄성과 숙련공으로서의 자신감을 간직하여, 레비의 맹목적인 신뢰를 받았던 믿음직한 사람.

교양 있고 예의 바르며, 레비가 의무병동에서 치료 받을 때 곁에서 친절히 살펴주고 베풀어준 네덜란드 유대인 발터. 그리고 레비에게 순가락과 칼을 물려주고, 신체 허약으로 판정되어 곧장 가스실로 향해 사라진 슈물렉.

레비보다 두 살 어리지만, 삶은 곧 전쟁임을 재빨리 이해하고, 본능적으로 뛰어난 적응력과 지혜를 소지한 알베르토. 자신을 불쌍히 여기거나 타인에게 연민을 품느라 시간을 허비하지 않으며, 언제나 정확하게 사고하고 즉시 이해하며, 삶을 위해 온몸으로 투쟁하지만 늘 만인의 친구가 되는 사나이. 압도적인 불행 속에서도 씩씩한 기운을 내뿜으며, 필요할 때마다 누구를 매수해야 하는지, 누구의 동정을 사야 하는지, 누구에게 반항해야 하는지를 알아내는 무서운 통찰력을 가진 사람. 스스로 부패한 인간이 되지 않고, 강하지만 온유한 힘으로 어둠의 무기를 무디게 만드는 힘을 가진 소중하고 친근한 레비의 베스트 프렌드.

낮에는 굶주림과 구타, 추위와 노동, 두려움과 혼란으로 뒤범벅된 고통 속에서 지내고 밤이면 폭력으로 가득한 악몽에 시달리는 생활 속에서, 새로이 맞게 된 침대 동료 레스닉. 큰 키에 붉은 얼굴을 한 말수가 적고 공손하며, 때론 열일곱 살로 보이다가 때론 쉰 살로도 보이는 실제 나이 서른의 청년. 궂은일을 도맡아 하며 레비를 도와준 배려가 많은 사람.

누구 하나 가릴 것 없이 자기 방식대로 초조해하며 불안에 떨고 있을 때, 오직 한 사람 의연하고 침착하게 살아간 우크라이나 출신 랍비, 멘디. 일곱 가지 언어를 구사하며, '정말로 아는 것 많은' 침착하고 품위 있는 사나이. 시온 무장단체의 일원이자 비교 문헌학자이며 유격대원 출신의, 날카롭고 자그마한 몸집을 가진 강인하고 용감한 사람.

함께 '죽 배급통'을 들고 죽을 타러 다니며, 많은 이야기를 나눈 피콜로. 읽은 책과 공부 이야기, 그리고 어머니 이야기를 하다가 서로의 어머니가 너무 닮았다는 사실에 감탄을 하며, 늘 어머니에게 '주머니에 돈이 얼마나 있는지도 모른다'는 야단을 맞았지만, 지금 수용소에서 이렇게 잘 해내고 있는 것을 알면 어머니가 깜짝 놀랄 거라고 스스로 자랑스러워 한, 순수한 영혼을 가진 사나이.

늘 구덩이에서 일을 하던 엔지니어 레비(성이 같은 다른 레비). 한 번도 도덕적으로 비난받을 행동을 한 적이 없으며, 누구나 눈만 뜨면 먹을 것을 그리워하는 상황에서도 '먹는 것에 대한 이야기'를 절대로 하지 않는 용감한 사나이.

레비의 글을 읽다보면 참으로 인간다운 사람들이 많이 등장한다. 그런데 실제로 그 인물들을 내가 만나도 그렇게 보일까 하는 의문을 지울 수 없다. 어째서 레비 주변에는 이렇게 좋은 사람들이 많은 것일까. 그는 소위 인복이 많은 것일까.

하지만 레비의 말에 따르면, 실상은 수용소에게 보게 된 사람들은 '인간이 아니다'라고 말할 수 있는 자들이었다고 한다. 독일 병사이든, SS대원들이든 작업반장들이든 범죄자들이든 포로들이든, 그들은 모두 인간성을 땅에 묻어버린 존재들이었다고. 하지만 레비는 자신이 목도한 인간들의 모습을 가지고 인간 전체에 대한 회의와 절망으로 자신을 몰아가지 않는다. 희미하더라도 한 가닥 인간에 대한 희망의 끈을 잡으려고 노력한다.

레비의 이런 점은 나 자신을 돌아보게 만든다. 내면적 굴곡이 많았던 짧지 않은 시간을 살면서 나는 가까운 선배들에게 이런 말을 자주 들었다. '넌 사람의 긍정적인 점을 잘 보는 것 같지만, 그것이 실상을 못 보게 하는 수가 있다'고. 그리고 '좋은 점만 보다가는 크게 실망하게 되고, 큰 상처를 입기 쉽다'고. 말하자면 나이브하고 주관적이라는 질책일 것이다. 그런 말을 들을 때마다 인정하지 않을 수 없어 눈을 짯짯이 뜨고 사람과 일을 가급적 정확히 보려고 노력하지만 역시 잘 되지 않는다. 늘 장점과 미덕이 먼저 눈에 들어오고 단점과 문제는 장점과 미덕에 기초하여 감싸 안거나 극복해야 할 부분으로 보인다. 그런 까닭에 나 역시 인류의 역사가 처절한 투쟁의 과정이었으며, 늘 악에 더 가깝게 느껴지는 사람들이 역사의 주역으로 올라섰다는 점을 모르는 바 아니지만, 그럼에도 세상에는 좋은 사람들이 많고 그들 덕분에 세상이 돌아가는 것이며, 그래서 세상이 살 만한 곳이라는 생각은 좀처럼 포기할 수가 없다. 살면서 만나게 되는 맑고 착한 사람들은 적어도 나에겐 세상을 살아갈 힘을 주는 일종의 '보약'이 되는 것 같다.

하여간 이렇게 인간성을 땅에 묻어버린 사람들에 둘러 싸여 있으면서도 '매력적인 인간'들을 찾아내고 인간다운 면모를 불러내는 그를 보면, 그는 참으로 상황에 휘둘리지 않으면서도 자신을 종합적으로 성찰하는 사람이라는 생각이 든다. 개체로서의 자아를 잃지 않으면서도 역사적이고 보편적인 인간으로서의 자아도 잃지 않는다. 일단 그는 '가장 천대받는 유대인'으로서의 자아, 존엄을 알고 위엄 있게 죽을 줄 아는 고결함을 가진 자아, 개체로서의 인간이 아니라 역사적으로 존재했고 해석되어온 보편적 인간으로서의 자아⋯⋯ 등등 자신을 바라보는 '중층重層'적인 시각을 가지고 있는 듯하다. 존엄하지 않은 현실도 볼 줄 알지만, 그렇다고 해서 자신이 가지고 있는 '인간'에 대한 인식 자체를 변질시키지 않는다. 마치 날이불치(捏而不緇, 검은 물을 들여도 물들지 않는 것)하는 '군자'처럼 자신을 잃지 않는다.

이야기가 길어졌지만, 어째서 그의 주변에는 인간다운 사람들이 많을까를 궁리하다가 문득 『논어』의 한 구절이 생각났다. '덕불고 필유린德不孤必有隣'. 덕이 있는 자는 외롭지 않으니 반드시 이웃이 있다는 말이다. 덕이란 무엇인가. 글자 뜻 그대로만 보면 능력이다. 이해관계에 매이지 않고 자신의 양심을 곧바로 실행할 수 있는 능력이 아닌가. 진실하게 자신을 드러내고 상대의 진실을 볼 줄 아는 사람. 그런 사람이 덕 있는 자가 아닐까. 나이를 먹고 삶의 부피가 커지면서 이 말을 실감할 때가 참 많다. 삶의 고락을 함께 할 수 있는 진정한 이웃이나 친구가 많은 사람은 많은 대로, 적은 사람은 적은 대로 다 이유가 있는 것 같다.

마찬가지로 레비 주변에 좋은 사람들이 그토록 많은 것은 그의 주변에 좋은 인간들이 사태 나서가 아니라 그들을 대하고 맞이하는 그의 덕에서 기인한 결과가 아닐까. 그리고 그 덕은 그의 거울 같이 맑은 '눈', 바로 마음이 아닐까. 레비는 인간에게 내재해 있는 어떤 따스한 힘이나 미덕이 될 만한 것을 찾아내는 특별한 '눈'을 가지고 있는 듯한데, 주목할 만한 점은 그의 '눈'은 주변인물을 묘사하면서 도대체 평가나 심판을 하지 않는다는 점이다. 마음에 든다거나 안 든다거나 하는 낮은 수준의 평가에서부터, 내면이 훌륭하다거나 저속하다거나 하는 복잡한 것에 이르기까지 레비는 평가에 관여하지 않는 것 같다. 오직 깊은 이해의 눈으로 그 사람의 진정을 읽어내려고 노력할 뿐, 자기중심적인 이해관계나 호오好惡로 타인을 보지 않는 것 같다.

레비의 이런 눈을 보면 장자가 떠오른다. 장자는 지인至人은 마음을 거울같이 쓴다用心若鏡고 했다. 거울은 보내지도 맞이하지도 않으며, 응하되 저장하지 않는다. 말하자면 어떻게 비출지 미리 계획하지 않고, 비추고 나서 얼마나 마음에 들었는지 기억해 저장하지 않는다. 분분한 세상을 비추어도 거울 자체가 분분해지지 않는 것처럼, 거울 같은 마음은 모든 사태를 감당하지만 마음이 상하지 않는다는 것이다勝物而不傷. 오는 대로 맞이하고 가는 대로 보내는 이 거울 같은 마음은 세상의 변화에 대한 최대한의 수용력을 갖는다는 것인데, 레비야말로 그렇게 마음을 쓰는 것이 아닐까.

── 수용소, 인간 탐구의 장

수용소 시절 내내, 레비는 수용소 자체가 배고픔이고, 그들 자신이 배고픔 자체, 살아 있는 배고픔이었다고 말할 정도로, 죽을 것 같은 허기에 시달렸다. 또 온몸을 얼어붙게 하는 추위에 시달렸고, 하루 종일 허리를 휘게 하는 노역에 시달렸다. 독일 병사들의 닦달과 협박에 시달리며, 언젠가는 가스실로 선발되어 종말을 맞게 될 것이라는 생각을 하고 있었지만, 그에게는 '저항하는 소질이 전혀 없었고, 너무 공손하고, 생각이 많으며, 노동으로 지쳐 있었기 때문에' 아무것도 할 수 없는 무기력한 상태로 지냈다고 술회한다.

하지만 그러면서도 레비는 놀랄 만한 기억력으로 수용소에서 스쳐 간 많은 사람들의 이름과 성격, 특징, 그리고 각 인물에 얽힌 사건 등을 매우 상세하고 정확하게 기억하여 서술한다. 그러면서 스스로 이렇게 하는 것, 즉 특수한 인간 상황에 대한 세세한 기억들이 과연 간직할 만한 필요가 있는지를 자문한다. 그리고 결론 내리길, 인간의 모든 경험은 의미가 있고 분석할 만한 가치가 있다고 확신하며, 이 특별한 경험 안에서 근본적 가치를 도출할 수 있다고 믿는다. 그러면서 그 경험의 의미와 분석을 통한 가치를 이렇게 정리한다.

우선 그는 자신이 있던 수용소를 거대한 생물학적 사회학적 실험실이라고 본다. 그 실험실의 첫째 조건은 나이, 사회적 지위, 출신, 언어, 문화, 습관이 전혀 다른 수천 명의 개인이 철조망 안에 갇힌다는 것이다. 이 부분을 읽으면서 나는 여태까지 해명되지 않았던 한 가지 문제가 납득되었다. 유대인 홀로코스트에 관한 여러 자료를 볼 때 늘 가졌던 의문이 한 가지 있었다. 우리의 경우 일제 강점기에도 저항이 끊이지 않았고, 6·25 전쟁 직후 거제도 수용소에서는 극단적인 충돌과 저항이 줄을 이었는데, 그리고 그런 저항들이 새로운 세상에 대한 확신과 기다림으로 자라났는데, 어째서 유대인들은 엄청난 규모로 줄줄이 끌려가면서 저항다운 저항 한번 하지 않고, 이렇게 무력하게 구는 것일까 하는 것이다. 그런데 레비의 말에 따르면 유대인이라는 공통점만 있었을 뿐 언어도 문화도 습관도 모두 달라서, 서로 간에 의사소통조차 가능하지 않았다고 한다. 심지어 같은 블록 안에서도 최소한의 소통을 위해 손짓 발짓 등을 동원해야 할 정도였다고 한다.

그리고 다음 조건은 그곳에서 규칙적이고 반복적으로 통제당하는 만민에게 동등한 삶인, 어떤 욕구도 충족되지 않는 삶에 종속되는 것이며, 세 번째 조건은 이 삶은 생존을 위한 투쟁 상태에 놓인 인간이라는 동물의 행동에서 본질적인 것이 무엇인지, 후천적으로 습득되는 것이 무엇인지 정확하게 입증해주는 현장이라는 것이다.

그러면서 레비는 이런 결론을 내린다. 궁핍과 지속적인 육체적 고통 앞에서는 사회적 습관과 본능은 침묵에 빠져버리고, 오직 구조되느냐 익사하느냐의 갈림길에서의 삶만이 부각된다고. 그리하여 구조된 자와 익사한 자라는 두 가지 범주의 인간 유형이 뚜렷이 나타난다. 수용소처럼 '모두 절망적일 정도로, 잔인할 정도로 혼자'이며, '생존을 위한 투쟁을 한시도 쉴 수가 없는' 상황에서는, 그 어떤 완충장치도 없이 적나라한 자기 모습을 보일 수밖에 없기 때문이다.

예를 들어, 힘든 노동에서 빠져나올 수 있는 방법이나 빵을 조금이라도 더 얻어낼 수 있는 기술을 발견한 자라면, 그는 높은 평가와 존경을 받고, 강해질 것이며 구조된 자가 될 가능성이 높은 자다. 이들은 적응이 빠르고 강한 사람들로서, 수없이 다양한 방법을 통해 힘겨운 생존 투쟁에서 살아남을 후보자들이다. 그들 중에는 영리함과 재능을 지닌 사람도 있고, 특별히 잔인하고 비인간적인 사람들도 있고, 강한 인내심과 의지력을 발휘하는 사람들도 있다. 그러나 생존의 방법이야 어떠하든 한 가지 공통점이 있다면, 자신의 도덕 세계를 한 부분이라도 포기하지 않고서는 살아남기가 극히 어렵다는 것이다.

반면에 한탄이나 하며 옛날에 먹던 음식이야기를 늘어놓은 사람들은 몇 주 후면 한 줌 재로 변해 번호만 남게 될 신세의 사람들, 즉 익사자가 될 가능성이 높은 자들이다. 이들은 힘없고 무능력하며, 굴복하고 명령을 따르기만 하는 무기력한 사람들, 끊임없이 교체되면서 가스실로 향하고 침묵 속에서 행진하는 익명의 군중, 즉 비인간인 것이다.

구조되느냐 익사하느냐의 상황에 놓인 레비에게 그의 영혼을 울리며 구원할 인물이 등장한다. 그의 이름은 로렌초. 1944년 8월, 멀리서 연합군의 노르망디 상륙, 러시아의 공격에 관한 소식이 들려 왔지만 그것은 수용소 포로들에게 너무나 먼 이야기였다. 배고픔과 절망이 너무나 구체적이었던 탓에 그 외의 것들은 너무나 비현실적으로 느껴졌기 때문이다. 게다가 나치 독일군들은 더욱 포악해지고 두 배로 잔혹해졌으며, 레비는 증오하는 광포한 노예 생활을 변함없이 하고 있었다. 바로 그 때 레비는 로렌초를 만나는데, 이례적으로 아주 길게 이야기한다.

레비에 따르면 그와 로렌초의 관계 이야기는 길면서도 짧고, 평범하면서도 불가사의하다고 한다. 말하자면 내용은 간단한데, 그것이 레비에게 준 의미는 매우 크고 심장하다는 것이다. 로렌초는 이탈리아 민간 노동자로, 6개월 동안 레비에게 매일 빵 한 쪽과 먹고 남은 배급을 나눠주었으며, 누덕누덕 기운 자신의 스웨터를 선물로 주었다. 그러면서 그는 어떤 보답도 바라지 않았고, 스스로 선행을 베풀었다고 생각하지 않았다. 이것은 얼핏 사소해 보일 수도 있는 일이지만 레비에게는 이런 일이 결코 사소한 것이 아니었다.

레비는 자신이 살아 있게 된 것은 로렌초 덕분이라고 한다. 그런데 그것은 그가 베푼 물질적인 도움 때문이 아니라 그의 존재 자체가 그에게 상기시켜준 어떤 가능성 때문이라는데, 그는 이에 대해 이렇게 말한다. "선행을 행하는 너무나 자연스럽고 평범한 그의 태도를 보면서 나는 수용소 밖에 아직도 올바른 세상이, 부패하지 않고 야만적이지 않은, 증오와 두려움과는 무관한 세상이 존재할지 모른다고 믿을 수 있었다. 정확히 규정하기 어려운 어떤 것, 선善의 희미한 가능성, 하지만 이것은 충분히 생존해야 할 가치가 있는 것이었다."

레비의 이런 말을 들으며 나는 깊이 감동했다. 무언가 인간에게 희망의 끈을 발견한다는 것, 추상적인 인간의 본질을 들먹이며 인간론을 펴는 것이 아니라 구체적인 인간에게서 구체적인 미덕과 사랑을 발견하는 것, 이것이 삶에서 가장 큰 힘이 되는 것이 아닐까 하는 생각이 들었기 때문이다. 나 역시 그랬던 것 같다. 단지 다정하고 친절하기 때문이 아니라, 그 사람 자체가 갖는 아름다운 덕, 쉽게 말하면 '착한 마음'이 주는 울림은 그대로 가슴을 때리는 감동으로 다가온다. 그러면서 마음에서 '이어진다.' 부조리의 세상에서 어떻게 의미 있고 정직한 사람으로 살 것인지에 대해 고뇌한 카뮈 역시 『페스트』에서 레비와 비슷한 말을 한다. '인간에게는 찬탄할 것이 경멸할 것보다 많다'고.

어쨌든 당시 레비가 마주한 수용소의 대다수 사람들은 독일군들이 만들어놓은 광적인 위계질서 속에서 모두 하나같이 내적 황폐함으로 서로 모욕하고 괴롭힘을 줌으로써 인간성을 땅에 묻어버린 상황이었다. 하지만 그런 세계 속에서 로렌초는 인간이었고, 순수하고 오염되지 않은 인간성을 보여준 로렌초 덕분에 레비는 자신이 인간이라는 사실을 잊지 않을 수 있었다는 것이다.

후에 레비는 "어떤 요인들 덕에 생존할 수 있었다고 생각하느냐"는 질문에 대해 우선 운이 좋았다는 점을 든 후, 다음의 세 가지 요인을 언급했다. 첫째, 지칠 줄 몰랐던 인간에 대한 관심, 둘째, 살아남아야 하겠다는 의지뿐 아니라 꼭 살아남아 자신이 목격하고 참아낸 일들을 정확하게 증언해야 하겠다는 의지, 그리고 마지막으로 암흑과 같은 시간에서 자신과 동료들에게서 사물이 아닌 인간의 모습을 보겠다는 의지, 그렇게 함으로써 수용소의 포로들을 정신적 조난자로 만들었던 굴욕과 부도덕으로부터 자신을 지키겠다는 의지였다고.

── 귀환, 그리고 증언

독일군이 물러나고, 1945년 1월 18일에 러시아 군이 아우슈비츠에 도착했다. 그리고 몇 달 뒤 레비는 귀환한다. 그리고 집에 돌아오자마자 글을 쓰기 시작했다. 참을 수 없을 만큼 이야기를 해야 할 필요성을 강렬히 느꼈고, 또 그럴 수밖에 없을 정도로 그때의 기억들이 마음속에서 뜨겁게 타올랐기 때문이다. 그러나 그는 희생자의 한탄 섞인 어조나 복수심을 품은 사람의 날선 언어가 아니라 침착하고 절제된 증언의 언어들을 사용했다. 그의 목적은 보복이나 처벌이 아니라 증언하려는 것이었기 때문이다.

그러나 그렇다고 해서 레비가 그 범죄자들을 무분별하게 용서하고자 한 것은 결코 아니다. 그는 범죄자들은 한 사람도 용서하지 않았고, 앞으로도 용서할 생각이 없다고 말한다. 그들이 말로만이 아니라 행동으로, 그리고 너무 늦지 않게 이탈리아와 그 외의 파시즘이 범죄였고 잘못이었음을 인정하고, 그것을 진심으로 비판하고 파시즘적 의식을 뿌리째 뽑아버릴 때 비로소 그들을 용서할 수 있다고 말한다. 왜냐하면 자신의 잘못을 깨닫고 고치려는 적은 더 이상 적이 아니기 때문이라고.

레비의 특별한 점은 바로 이 점, 보편적 인간에 대한 신뢰가 아닐까 싶다. 로렌초를 통해 자신의 인간다움을 잃지 않고자 애쓰는 것을 넘어, 반성하고 고치려 한다면 극악한 범죄자들이라도 용서할 수 있다는 것은 인간에 대한 근본적 믿음과 애정이 전제되지 않는 한 결코 가능한 일이 아니다. 이런 믿음이 있었기에 어떤 상황에서도 맑고 또렷한 정신으로 사람들을 비추고 품는 '이상한 미덕'을 발휘할 수 있었던 것이 아닐까. 마치 『장자』에 등장하는 왕태처럼, 아무것도 가르치지 않고 아무것도 주장하지 않지만, 그를 찾는 사람들이 텅 비어 갔다가 꽉 차서 돌아오게 만드는 그런 거울이 아니었을까. 레비는 마치 모든 인간은 실수하게 마련이며, 용서받지 못할 그 어떤 실수도 없다는 듯이, 사람을 있는 그대로 존중하고 수용하는 놀라운 힘을 보여준다. 바로 이것이 사람들의 마음을 더 평안하고 편편하게 만들어주는 것이 아닐까.

여하튼 그렇게 하여 쓰인 그의 책 『이것이 인간인가』는 우여곡절을 거친 끝에 크게 성공했는데, 레비는 자신의 책에 대해서 개인적으로도 만족했다고 한다. 글을 쓰는 동안 스스로 즐거웠으며, 특히 글을 쓰기 시작한 뒤부터 마치 등장인물들이 살아나 그의 주위를 맴돌면서 직접 자신들의 모험을 이야기하고 대화를 나누는 듯한 인상을 받았기 때문이라고 한다. 그리고 객관적인 성과와는 무관하게 스스로가 해방을 맛볼 수 있었다고 한다.

이후 그는 여러 권의 책을 내면서 아우슈비츠의 주요한 증언자가 되었고, 결혼하고 아이를 낳아 키웠으며, 어머니와 장모를 모시고 화학공장의 책임자로 살았다. 그리고 그 공장 덕택에 그리고 그곳에서 해야 했던 일 덕택에 진짜 현실적인 세계와 동떨어지지 않을 수 있었던 것 같다고 말한다.

---- **죽음**

이처럼 진지하고 놀란 만한 수용력으로 인간에 대한 믿음을 놓치지 않으려 애썼던 레비는 1987년 4월 11일, 자신이 태어나고 평생 살았던 자신의 아파트 엘리베이터 통로 계단에서 추락한 채로 발견되었다. 향년 67세. 많은 이들이 그의 죽음을 확실한 이유도 없이 자살로 이해했지만 이에 대해 단순사고사로 보아야 한다는 반론도 만만치 않다.

자살이라고 보는 입장은 그의 죽음을 정치적 역사적으로 해석한다. 레비는 일관되게 아랍세계에 대한 이스라엘의 '공격적 내셔널리즘'을 비판하고 반대했다. 아울러 디아스포라를 겪은 유대인들이야말로 역사적 체험에 근거한 관용의 사상적 전통을 지켜야 할 책임이 있다고 주장했다. 그런데 1986년 독일의 우파 역사학자들이 학문의 외피를 쓰고서 독일 파시즘의 불가피성을 노골적으로 옹호하기 시작한 '역사가 논쟁'이 벌어졌다. 그러니 레비는 40년에 걸친 자신의 증언에 대해 절망적으로 회의하지 않을 수 없게 되었을 것이고, 자신의 증언을 지탱했던 믿음, 즉 인간은 불행한 경험 속에서도 살아가야 할 의무와 그 경험을 전해야 할 의무가 있다는 믿음이 뻔뻔한 역사 왜곡 앞에서 좌절되었을 것이라는 주장이다. 그러므로 그의 죽음은 그 자체로 하나의 발언이며, 아우슈비츠가 결코 끝난 것이 아님을 만천하에 보여주기 위한 것이라는 해석이다.

이에 반해 단순 사고로 보는 입장은 그가 자살했다는 확실한 증거도, 자살할 만한 이유도 없다는 점을 주요한 근거로 든다. 일단 유서가 없고 그의 죽음을 목격한 사람도 없다. 아내는 쇼핑을 위해 외출 중이었다. 게다가 그가 죽은 지 3일 후에 친구 카몬에게 도착한 레비의 편지는 자살설의 신빙성을 더욱 떨어뜨린다. 레비가 추락하던 날 아침에 부쳐진 그 편지에는 자신의 프로젝트에 대한 기대감과 열정으로 가득 차 있었다고 한다.

한 이탈리아 작가는 '그 사건이 있기 전까지 나는 레비야말로 세상에서 가장 침착한 사람이라고 확신하고 있었다'고 한다. 나 역시 이에

동의한다. 그의 저작들은 인간이 최악의 상황에서도 고결한 인간성을 지켜나갈 수 있다는 희망을 보여주었고, 아우슈비츠 기록은 그 모든 만행을 저질렀던 이들에 대한 사려 깊고 문명적이고 영적인 응답인 것처럼 보인다. 그런데 그런 그가 어떻게 그 힘을 잃어버리고 죽음으로 뛰어내렸다고 생각할 수 있는가. 나는 이런 의구심을 떨칠 수 없고, 사실 그가 자살했는지 실족했는지 사태를 확실하게 알 수 없다. 그의 신중함과 사려 깊음, 좀처럼 포기하지 않는 인간에 대한 신뢰와 삶에 대한 경건성은 그런 주장을 더욱 받아들이기 어렵게 한다.

내 삶이 힘들고, 마음이 뒤흔들릴 때 그는 나에게 많은 도움을 주었다. 그는 나에게 (상상을 초월하는) 불행일지라도 '의미 있는 하나의 사건'이 될 수 있음을 보여주었다. 그리고 절망하지 않는다는 것이 아니라 절망에 그치지 않는다는 것, 절망에 잡아먹히지 않고 그 절망을 딛고 자기 삶을 더 깊게 만들 수 있다는 것을 보여주었다. 우리는 지금 불행을 느끼기도 하고, 앞으로의 불행을 염려하기도 한다. 불행을 어떻게 받아들이고 소화해낼 것인가. 한 선사는 이렇게 말한다.

> 한 차례 추위가
> 뼈에 사무치지 않는다면
> 코를 찌르는 매화 향기를
> 어찌 얻을 수 있으리오.
> 不是一番寒徹骨
> 爭得梅花撲鼻香
>
> ─ 황벽黃檗

| 만남 2 |

알퐁스 도데

아름다움을 캐내는 눈

이십 년도 더 된 아주 오래전에 이런 말을 들은 적이 있다. '좋은 영화를 보러가는 것은 마치 애인을 만나러 가는 것 같다.' 어떤 영화평론가의 말이다. '그렇구나!' 하면서 뒤에 한 마디 덧붙여 두었던 기억이 난다. 나에게 '좋은 문학작품을 읽는 것은 그 작가와 연애를 시작하는 것과 같다.'고

　　그런 의미에서 나에게는 애인이 퍽 많은 것 같다. 나이 들어 학문의 길로 들어선 후 만나게 된 여러 철학서의 저자들은 애인이기보다는 '스승'이거나 나를 자극하는 지적인 '친구'의 느낌이지만 좋은 작품을 만나게 해준 작가는 그들과는 전혀 다른 의미로 다가온다. 철학자들이 머리를 자극해준다면, 작가들은 가슴을 울린다고나 할까. '나 혼자만이 그대를 알고 싶소.'라는 어느 유행가 가사처럼 나 혼자만 알고 싶은 건 아니지만 '그대(작가)'를 알고 싶다는 생각에 몰두되어, 작가의 생애를 비롯해서 그 작가가 쓴 작품을 모조리 찾아 읽는 그런 버릇이 나에게는 있다. '관심'이 가면 '이해'하기 위해 알고 싶은 것이다. 나에게 '사랑한다는 것'의 의미는 아마도 '관심과 이해'인 모양이다.

그 가운데 애인 삼고 싶은 작가의 반열에 단연 우뚝한 자들이 있다. 까뮈, 노신, 채만식 그리고 알퐁스 도데. 까뮈와 노신에게는 그 무겁고 깊은 심연에 공감하며 모종의 근친성을 느꼈다. 답답하고 암울한 상황에서도 인간에 대한 깊은 이해와, 세상을 포기하지 않고 껴안고 가는 채만식은 그 넓은 품이 멋져서 같은 시공간에 있었다면 연애하자고 따라다녔을 것 같았다. 알퐁스 도데, 그에게서 나는 맑고 투명한 시심詩心을 느꼈다.

나는 어떤 이를 시인이라 생각하고 어떤 마음을 시심이라 여기는 것일까. 학창시절 교과서에서 배운 시들은 대체로 나에게는 힘든 것들이었다. 서정주나 김소월, 박재삼 같은 이들의 시가 그랬는데, 그 멋진 시 구절에도 불구하고 나는 도무지 그들이 무슨 말을 하려는 것인지를 알기 어려웠다. 나중에 나이가 들어서야 비로소 그들이 '무슨 말'을 하려고 한 것이 아니라 '어떤 감정'을 전달하고자 한 것임을 알게 되었고, 내가 이해하기 어려웠던 것은 그 감정에 따라가지 못했기 때문임도 알게 되었다.

산산이 부서진 이름이여!
허공 중에 헤어진 이름이여!
불러도 주인 없는 이름이여!
부르다가 내가 죽을 이름이여!
......
설움에 겹도록 부르노라.
설움에 겹도록 부르노라.

……
선 채로 이 자리에 돌이 되어도
부르다가 내가 죽을 이름이여!

라고 노래한 〈초혼招魂〉의 김소월이나,

눈물 아롱아롱,
피리 불고 가신 님의 밟으신 길은
진달래 꽃비 오는 서역 삼만 리,
흰 옷깃 여며 여며 가옵신 님의
다시 오진 못하는 파촉巴蜀 삼만 리
……
차마 아니 솟는 가락 눈이 감겨서
제 피에 취한 새, 귀촉도 운다.

고 노래한 〈귀촉도歸蜀道〉의 서정주나

마음도 한자리 못 앉아 있는 마음일 때,
친구의 서러운 사랑 이야기를
가을 햇볕으로나 동무 삼아 따라가면
어느 새 등성이에 이르러 눈물 나고나.
……
이제는 미칠 일 하나로 바다에 다 와 가는,
소리 죽은 가을 강을 처음 보았네.

라고 노래한 〈울음이 타는 가을강〉의 박재삼이나…… 그들의 그 크고 서러운 감정을 십대의 어린 마음이 무슨 수로 공감할 수 있었겠는가.

오히려 당시에는 우리나라의 대표적인 시인들은 왜 이리도 모두 색시 같은 것일까 라는 생각을 했던 것 같다. 그들이 가슴 가득한 슬픔을 노래한 것임을 이제는 알게 되었지만, 그들에게 '충실한 감정'의 표현이 오히려 나에겐 '과장된 감정'처럼 느껴졌다. 한 마디로 이들이 표현한 것은 '슬퍼서 죽는 감정의 미학'인데, 나에게 떨칠 수 없는 의문은, 슬픔이야 어쩔 수 없다지만 그 슬픔은 슬픔으로만 끝나야 하는 것일까, 그렇다면 그것은 '슬픔에 잡아먹힌 것은 아닌가!', 어떤 승화가 필요하지 않을까, 돌파는 불가능한 것일까, 슬픔과 서러움이 농익어 또 다른 차원의 의미로 나아갈 수는 없는 것일까 하는 것이었다.

그러다 한참 후 그 돌파의 실마리를 보여준 시인들을 만나게 되었다.

어느 가을 이른 바람에
이에 저에 떨어질 잎처럼
한 가지에 나고
가는 곳 모르겠구나.
……

라며 요절해버린 누이의 죽음을 슬퍼하다가,

아아, 미타찰(극락)에서 만날 나

도 닦아 기다리겠노라.

고 노래한 제망매가祭亡妹歌의 월명사나

매운 계절의 채찍에 갈겨
마침내 북방으로 휩쓸려오다.

하늘도 그만 지쳐 끝난 고원高原
서릿발 칼날진 그 위에 서다.

어데다 무릎을 꿇어야 하나,
한 발 재겨 디딜 곳조차 없다.

이러매 눈감아 생각해 볼 밖에
겨울은 강철로 된 무지갠가 보다.

 고 한 〈절정〉의 이육사 같은 시인들이 바로 그랬다. 슬픔이 슬픔에서 끝나지 않는 것, 슬픔의 바닥에서 그 슬픔을 모아 극락에서 다시 만날 희망으로 자신의 마음을 잡아나가는 모습이 그랬다. 하늘도 지쳐 끝나버린 극한 상황(강철)에서 자신을 무너뜨리지 않고 무지개를 꿈꾸며 나가는 그 마음이 왠지 힘차 보였다. 그리고 나중에 만난 〈감나무 그늘 아래〉의 고재종 시인도 그랬다.

이별까지 나눈 마당에
기다림은 웬 것이랴마는,
......
그 기다림 날로 익으니
서러움까지 익어서
저 짙푸른 감들, 마침내
형형 등불 밝힐 것이라면
세상은 어찌 환하지 않으랴.
하늘은 어찌 부시지 않으랴.

 기다림이 익어서 기다리는 서러움까지 덩달아 익어버리고, 그리하여 푸른 감들이 붉은 홍시가 되어 형형 등불 환하게 세상을 밝힌다는 것, 얼마나 아름다운 해석인가. 그러면서 알게 되었다. 이 두 부류의 시심의 차이는 '의미 찾기'에 있음을. 나에게 돌파의 실마리로 다가오는 것은 '의미'를 찾는데 있음을.

── 알퐁스 도데를 만나다

 젊은 시절의 나에게 인류의 역사는 적대감과 잔혹성의 끝없는 고리처럼 보였고, 내가 사는 세상은 무가치한 것을 손에 넣기 위해 끊임없이 싸우는 복잡하고 추잡한 모습으로 비쳐졌다. 그래서 사랑의 힘으로 세상을 구원할 수 있다는 굳은 신념을 가진 사람들, 인간에 대한 순수한 동정심으로 기꺼이 목숨을 내던지거나 봉사하고 희생하는 사람들을 추앙했다. 당시 옳음에 대한 수많은 서로 다른 주장에 대해서 나는 늘 혼란을 겪고 있었고, 혼란을 줄이기 위해 스스로 내면을 돌아봐야 했다. 논쟁을 싫어했을 뿐 아니라 그 논쟁에 정신을 집중시킬 수도 없었기 때문이다. 내 마음이 오래 머물 수 있었던 곳은 책뿐이었다.

세상은 누추하고, 인간의 삶은 고통으로 가득 차 있는 것처럼 보였다. 그래서 간절히 소망했다. 세상의 아름다움을 느끼고 인간에 대한 의미 있는 사랑을 실천하고 싶다고. 나에게도 돌파가 필요했다. 삶의 '의미'를 찾아내고 그것으로 세상의 복잡함을 '아름다움'으로 승화시킬 수 있는 힘을 찾는 것이 필요했다.

그런데 다행스럽게도 세상에는 시인이라는 존재가 있었다. '누추한 세상'에서 '아름다움'을 캐내고, 복잡하고 슬픔 많은 인간의 삶에서 '의미'를 찾아내는 그런 시심을 가진 이들. 세상을 포기하지 않고 자기 삶을 사랑했기에, 독자에게도 '자신을 버리지 않고 살아 갈 수 있는 용기'를 주는 그런 '시인의 마음'을 가진 이들이 적지 않게 있음을 알게 되었다. 이것은 나에게 큰 구원이 되었다. 알퐁스 도데, 그도 그런 의미로 나에게 다가왔다.

어떤 작가의 작품이 눈에 들어오면 나는 쉬지 않고 읽어 내리는 습관이 있다. 그 작가의 마음에 집중해버린 탓에 다른 곳에 신경을 쓸 수가 없기 때문이다. 하지만 도데의 작품은 달랐다. 너무 귀한 것은 조금씩 아껴가며 다루는 것처럼, 나는 그의 단편 작품들을 한 번에 한 편씩 천천히 아껴가면서 조금씩 읽었다. 그래서 오래 걸렸다. 그런데 왜 그랬을까. 그의 글을 보면서 처음 든 생각은 '이렇게 아름다운 것도 있구나!'하는 것이었다. 그러면서 마음이 맑아졌고, 그래서 생각해보았다. 나는 무엇을 아름답다고 이름하는 것일까. 그리고 그는 어떻게 그런 아름다움을 캐낼 수 있는 '눈'을 가질 수 있었을까.

내가 알퐁스 도데를 처음 만난 것은 아마도 초등학교 시절, 교과서에 실린 〈마지막 수업〉이라는 작품을 통해서였을 것이다. 머리가 조금씩 커지면서 식민지배의 아픔을 겪었던 역사에 분개하며 막 애국심을 키우고 있던 시절, 조선어를 배우지 못하던 조상들의 아픔을 헤아리며 퍽이나 공감했던 기억이 난다. 그래서 그를 그런 작가로 기억하고 있었다. 그러고 나서 한참이 지난 후, 상당히 다른 느낌을 주는 작품, 〈별〉이라는 단편을 만났다. 〈마지막 수업〉과는 전혀 다른 분위기를 지녔기 때문에 같은 작가의 작품일까 의아해했다. 그 작품의 마지막 문장 '하늘의 별이 내 어깨에 기대어 잠들어 있었다.'라는 양치기의 대사는 지금도 뇌리에 생생하게 남아 있다. 하지만 당시에는 도데와 연애하는 기분을 느끼지는 않았다.

그러다 강산이 두세 번 바뀌는 세월이 흐른 뒤, 인간과 세상과 내 자신의 삶에 대해 어느 정도 알 것 같다고 생각할 즈음 가까운 선배에게 책을 한 권 선물 받았다. 자신이 번역한 것이니 읽어보라고. 아담하고 예쁘장한 표지를 지닌 책을 열어보니 아직 우리나라에 번역되지 않은 새로운 작품들이 많이 들어 있었다. 그날 첫 장을 읽으며 나는 반해버렸다. 그리고 한동안 행복감을 느꼈고, 각 작품들을 보며 웃다 울다 몇 바퀴를 구르면서 마음은 한없이 너그러워지고 있었다.

─ 도데, 풍차 방앗간에 둥지를 틀다

  이야기는 도데가 증기 방앗간에 밀려 사람들에게 외면당한 풍차 방앗간을 구입하는 것에서 시작한다. (물론 픽션이다. 실제 도데는 풍차방앗간을 구입한 적도 없고 살았던 적도 없다. 작품에 등장하는 '도데'는 사실 도데가 아니라 도데 작품의 화자이다.) 소나무와 떡갈나무가 우거진 언덕에 20년 이상 버려진 상태로 있으면서, 더 이상 곡식을 빻는 방앗간 기능을 할 수 없는, 벽돌 틈에 잡초가 무성하게 자란 상태의 폐가 같은 건물. 그럼에도 도데는 이 풍차 방앗간에 만족하며 그의 시직詩作 활동에 도움이 된다는 점을 분명하게 표명하며 거래를 마무리 짓는다. 앞으로 흥미롭고 풍부한 그의 이야기가 여기서 쓰일 것임을, 우수 어린 섬세한 눈매를 지닌 이 잘생긴 작가의 〈풍차 방앗간 편지〉가 탄생할 것임을 알리는 대목이다.

  도데가 방앗간에 자리 잡기 위해 도착한 날, 그가 처음 만난 것은 놀란 토끼들과 부엉이였다. '거짓말 안 보태고 스무 마리쯤 바닥에 동그랗게 둘러앉아서 달빛에 발을 쬐고 있다가, 창을 열자마자 후다닥 덤불숲으로 줄행랑을 치던' 토끼들. 토끼들이 다시 돌아오면 좋겠다고 생각하며, 돌아서자 만난, 20여 년 넘게 방앗간에 살아온 음산한 늙은 부엉이들. 오만상을 찌푸리며 부엉! 부엉! 울부짖는 놈들이 마음에 들어, 자신은 아래층에서 머물고 부엉이들이 위층에 머물 수 있도록 서둘러 세입계약을 갱신해 준 도데, 그는 곧바로 그 작은 방에서 문을 활짝 열어놓고 쨍쨍한 프로방스의 햇빛을 받으며 독자들에게 편지를 쓰기 시작한다. '얼마나 예쁜 것들이 많은지! 여기에 자리 잡은 지 겨우 일주일 됐는데 벌써 머릿속이 느낌과 추억으로 가득하다'고.

발등에 달빛을 쬐고 있던 토끼들과 오만상을 찌푸리며 우짖는 부엉이들에 대한 묘사를 읽으며 나는 한참 쉬어야 했다. 그들과 허물없이 교감하고 있는 도데의 마음을 헤아려보아야 했기 때문이다. 그리고 '얼마나 예쁜 것들이 많은지!'라는 그의 대사가 며칠 동안 머릿속을 맴돌았다. 예쁜 것들. 얼마나 기분 좋은 말인가. 젊은 시절 〈요놈, 요놈, 요 이쁜 놈〉이라는 제목을 단 천상병 시인의 시를 보면서 마음이 한없이 누굿해졌던 기억이 난다. 누구나 그렇겠지만 나 역시 예쁜 것을 좋아한다. 하지만 무엇을 예뻐하는가는 사람마다 다른 것. 그러면 나에겐 무엇이 '예쁜 것들'이었을까. 언뜻 떠오르는 것들. 아침에 눈을 뜨면 옆에서 새근새근 숨소리를 내며 누워 있던 아기. 뽀얀 살결에 선명한 문양의 옷을 입고 의연히 자태를 뽐내고 있는 도자기들. 늘씬한 몸매를 지닌 사각사각한 감촉의 만년필. 그랬던 거 같다. 아기엄마 노릇을 하는 게 좋아서 늦은 나이에 아이를 둘이나 낳았고, 예쁜 도자기가 좋아서 한동안 그릇 수집에 열을 올렸으며, 골고루 사랑해줄 수도 없으면서 십 여 개가 넘는 만년필을 소장하기도 했다. 단지 '예쁘다'는 이유로. 이 '예쁜 것들'이 상처받고 피로에 지친 내 삶에 얼마나 큰 위로가 되었던가.

그런데 도데는 만나는 것들마다 죄다 예뻤던 모양이다. 토끼도, 부엉이도, 섬세한 알피유 산맥의 능선들도, 피리소리, 마도요새 우짖는 소리, 노새방울 짤랑이는 소리도. 산 위에 올라갔다가 언덕 기슭의 농장으로 돌아오는 양떼의 모습도. 그러면서 다시 생각해본다. 내가 그 자리에서 이것들을 보았을 때도 도데처럼 예쁘다고 생각했을까? 대상이 예쁜 것인가, 대상을 보는 마음이 예쁜 것인가. 그 무엇이, 그 어떤 경험이 그로 하여금 세상을 이토록 예쁘게 보도록 만든 것일까. 이런 생각을 화두처럼 물고서 나는 다음 이야기로 넘어갔다.

── 도데의 풍차 방앗간이 살아남은 이유

자리이타自利利他라고 했던가. 스스로 행복한 사람이 다른 사람도 행복하게 해주는 법. 마음이 맑은 사람은 어딜 가나 친구가 생기는 모양이다. 방앗간에 둥지를 틀고 혼자 지내던 도데에게 새 친구가 생긴다. 피리쟁이 노인 프랑세 마마이. 그는 가끔 찾아와 포도주를 앞에 놓고 그 지방의 여러 이야기들을 들려주며 함께 밤을 지새운다. 어떤 이야기들은 도데의 마음을 크게 때렸고, 그래서 자신의 상상력과 정감어린 문체를 더하여 이렇게 풀어냈다.

도데가 예쁜 것들 투성이라고 한 프로방스, 그곳에 사는 인간들의 이야기도 그렇게 예쁜 것들이었을까. 그렇지는 않았을 것 같은데, 그런데 신기하게도 도데는 비극적이고 파멸적인 인간사를 전하면서조차도 그 속에서 아름다움을 찾아내는 힘을 발휘한다. 말하자면 '캐내는 것'인데, 그는 대체 어떻게 그런 눈을 갖게 되었을까. 이야기는 도데의 풍차 방앗간이 어떻게 살아남게 되었는가에 관한 것으로 이어지는데, 이 이야기가 도데의 가슴을 울려 버렸다.

피리쟁이 노인의 말에 따르면, 증기 방앗간에 밀려 풍차 방앗간이 죄다 헐려버리고 포도나무와 올리브 나무가 심겨지는 상황에서, 도데가 둥지를 튼 방앗간이 굴하지 않고 꿋꿋하게 언덕 위 자리를 지킬 수 있었던 것은 한 영감의 명예로운 자존심 덕분이라고 한다.

60년째 밀가루에 푹 파묻혀 살며 오직 일밖에 모르는 늙은 방앗간 주인, 코르니유 영감. 미스트랄 바람에 풍차 날개를 돌리는 자신의 일을 사랑하며, 증기는 악마가 만들어 낸 것이니, 하느님이 보낸 자연의 바람으로 풍차를 돌리는 자신의 방앗간을 이용해야 한다고 미친 사람처럼 뛰어다니며 외쳐댄 영감. 하지만 아무도 귀 기울이지 않았고, 아무도 그에게 밀을 빻으러 가지 않았다. 그런데 이상하게도 그의 방앗간 풍차 날개는 전처럼 여전히 돌아가고, 커다란 밀 포대를 등에 실은 당나귀가 방앗간을 향했던 것. 사람들이 이상히 여기자, '다행히도 일거리는 늘 있다.'고 정정하게 답하는 영감. 하지만 곧 그의 비밀은 탄로 나게 되는데. 그 사연은 이렇다.

피리쟁이 노인의 큰 아들과 코르니유 영감의 작고 예쁜 참새 같은 손녀 비베트가 서로 사랑하게 되었는데. 혹여 사고라도 칠까 염려한 피리쟁이 노인이 결혼 문제를 매듭짓기 위해 영감을 만나러 갔다. 하지만 돌아가라는 고함소리만 들릴 뿐 방앗간 문은 열리지 않았다. 어쩔 수 없이 두 남녀가 직접 할아버지를 찾아갔지만 여전히 문은 잠긴 상태. 하는 수 없이 사다리를 타고 창문을 통해 들어가 본 방앗간 풍경은 그야말로 휑뎅그렁했는데, 포대자루 하나도, 밀 한 톨도 없었을 뿐만 아니라 거미줄에조차 밀가루는 흔적도 없었던 것. 오직 영감이 밀가루인 척 싣고 다니던 허연 석회가루가 든 뜯어진 포대자루만 있었던 것. 아들과 손녀는 울면서 자신들이 본 것을 전했고, 자신의 비밀을 들킨 영감은 자신의 신세를 한탄하며 '풍차 방앗간의 명예가 더럽혀졌으니 이젠 죽어야겠다'며 문 앞에서 울고 있었다는 것. 놀란 피리쟁이 노인이 마을이웃들에게 이 사실을 알리자, 당장 집집마다 남은 밀을 모두 코르니유 영감에게 갖다 주었고, 영감은 '풍차가 아무것도 못 먹은 지 아주 오래됐다'며 풍차에게 먹이를 주기 위해 이리 뛰고 저리 뛰고…… 그 모습을 보며 사람들의 눈에는 눈물이 그렁그렁해졌다는 것이다.

── **'이어져 있다'는 것**

이 대목에서 내 눈에도 눈물이 고일 뻔 했다. 가슴이 뭉클해지는 아름다움이 전해졌다. 그런데 도대체 무엇이 아름다운 것일까. 돌이킬 수 없는 세상의 변화 앞에서 아무것도 할 수 없는 나약한 영감은 절망할 수밖에 없었고, 그래서 죽어야겠다고 생각하며 울고 있지 않았던가. 영감은 왜 죽어야 한다고 생각했을까. 마을사람들이 밀을 가져오자 풍차 방앗간에 먹이를 줘야한다며 그토록 즐거워 한 까닭은 무엇일까.

이미 코르니유 영감과 풍차 방앗간은 오랜 세월 하나로 강고하게 '이어진 관계'였던 것은 아니었을까. 존재적으로 너무 깊이 이어져 있어서 떼어낼 수가 없는 그런 관계. 그런데 '하나로 이어져있다'는 것은 무엇일까. 아마도 도무지 대상화되지 않는 것이 아닐까, 한쪽이 무사하게 잘 존재하는 것만으로도 스스로 행복해지는 것, 어떤 상황에서도 함께 살고 있다고 느끼는 것, 그리고 생사를 함께 하고 싶어 하는 것, 나아가 한쪽이 배고프면 다른 한쪽도 배고픔을 느끼는 것 등등 그런 것이 아닐까. 풍차 방앗간에 먹이를 줘야 한다고 이리 뛰고 저리 뛰고 하는 영감을 보며 나는 그런 생각을 했다.

그런데 '이어져 있다'는 것과 '매여 있다'는 것은 어떻게 다른 것일까. 어찌 보면 코르니유 영감은 풍차 방앗간에 매여 있었던 것 아닌가. 이어져 있다는 것은 다른 한편으로는 '떼어낼 수 없는 구속'이기도 한 것이 아닌가. 동전의 양면 같은 것이 아닐까. 어떻게 같고 어떻게 다른 것일까. 이 생각을 하면서 나는 장자를 떠올렸다.

장자에 따르면 이 세계는 하나로 연속되어 있다고 한다. 세계는 마치 출렁거리며 운동하는 거대한 그물망과 같은 것인데, '나'라고 하는 개별자 역시 이 연속적인 그물망에 한 '코'로 연결되어 있다고 한다. 다만 스스로 '나'를 세우고 '마음으로 짓기成心'를 시작하면 단절이 일어나게 되는데, 장자는 실상에서 이어진 관계가 관념 속에서 단절될 때 우리가 얻게 되는 것은 '커지는 고통'뿐이라고 말한다. 왜냐하면 아무리 나를 세워 '단절'시켜도 실상에서의 '이어져있음'에는 변화가 없기 때문이다.

예컨대 실존적으로 가장 가까이 이어져 있는 부모 자식 간에 현실생활의 불화나 단절이 일어나게 되면 부모든 자식이든 겪게 되는 것은 다른 것에 견줄 수 없는 큰 '고통'이다. 왜 그럴까. 삼라만상이 멀든 가깝든 깊든 얕든 어떤 형태로든 이어져 있지만 그 가운데 핏줄의 이어짐은 태어나면서부터의 깊고 깊은 의미를 지니고 있는 것이어서 설사 아무리 다투고 불화한다고 해도 그 '이어져 있는 실상' 자체는 달라지지 않기 때문이다. 미워도 미워할 수 없고, 버리고 싶어도 버릴 수 없는 것이 바로 '이어진 관계들' 아닌가. 오죽하면 맹자가 자식을 서로 바꾸어 가르쳐야 한다는 역자이교易子而教를 주장했을까. 직접 자식을 가르치다 보면 잘 하라고 꾸짖게 되고責善, 그러다 보면 부모와 자식 간의 이어진 관계親親를 해치게 된다는 것이다. 그러므로 오로지 필요한 것은 서로를 이해하고 존중하는 것相尊, 그리하여 편안하게 '실상의 이어진 관계'를 회복하는 일일 뿐이다.

바로 실상에서 이어짐을 표현한 것이 '연속─'인데, 이 '하나 됨'의 경험은 동질성이 아니라 '이어져 있음'의 살아 있는 생생한 체험을 가리킨다고 한다. 그런 면에서 본다면 이 코르니유 영감과 풍차 방앗간은 이미 이어져 있는 '존재의 실상'을 회복한 마음을 지닌 관계였던 것은 아닐까.

그런데 어째서 코르니유 영감에게서는 '매여 있다'는 답답한 구속감보다는 하나 되어 흘러가는 '이어져 있음'의 행복감이 느껴지는 것일까. '이어져 있음'이 어떤 경우에 '매여 있음'으로 전화되고, '매여 있음'이 어떤 경우에 행복한 '이어짐'으로 바뀌는 것일까. 대상화할 수 없는 것은 대상화하려고 하지 않는 마음, 이를 위해 대상에 대해 '마음으로 짓지成心' 않는 마음, 소유하려 하거나, 지배하려 하거나, 자기 의지를 관통시키려고 하지 않는 마음, 있는 그 자체로 존중하고 아끼고 보살피고 사랑하는 마음, 그것이 바로 풍차에 대한 코르니유 영감의

마음이 아니었을까. 자유를 저당 잡히고 자유를 누리는 역설의 묘리妙
理를 코르니유 영감이 보여준 것은 아닐까. 그리고 그것을 보며 눈물
이 그렁그렁해진 마을 사람들 역시 코르니유 영감과 비슷한 마음으로
영감과 이어져있었던 것 아닐까. 그래서 그것을 나는 아름답다고 여
긴 것이 아닐까.

어쨌든 그날부터, 마을 사람들은 코르니유 영감의 방앗간에 일감이
떨어지는 일이 없도록 했다. 그러던 중 영감은 세상을 떠났고, 더 이
상 풍차 날개는 돌지 않게 되었다. 이번에는 영원히…… 아무도 뒤를
잇지 않았기 때문이다. 그래서 도데가 둥지를 틀 수 있게 되었던 것이
다. 도데는 이렇게 말한다. '어쩌겠는가. 풍차 방앗간의 시대도 이제
가 버린 것을.'

── 자유로운 영혼, 스갱 씨네 염소

도데에게 자유로운 영혼을 지닌 친구가 하나 있었던 모양이다.
이 친구, 그냥 조금 자유로운 것이 아니라, 퍽이나 튀는 영혼을 지
니고 있었던 것 같다. 그 친구는 '파리의 서정시인, 피에르 그랭구아
르.(Pierre Gringoire, 1495-1538)' 그런데 그는 도데와 무려 3백년 넘는
시대를 사이에 두고 살았으니 서로 얼굴을 맞대고 한 잔 하는 친구는
아니었다. 이 시인은 빅토르 위고의 『파리의 노트르담』이라는 소설에
서 가난하고 천하태평인 문인으로 등장한다. 아마도 도데는 이 인물
을 친구로 상정하고 편지를 쓴 모양이다. 도데의 픽션이다. 요컨대 이

편지는 자유로운 영혼을 가진 모든 문인들에게 도데가 애정을 담아 전하는 편지인 셈이다.

구멍 난 윗도리에 너덜너덜한 반바지를 입고는 배고프다 아우성이 절로 나오는 듯한 말라빠진 얼굴을 한 시인. 그에게 파리의 유수 일간지에서 고정칼럼 자리를 내주었다. 그런데 그가 간 크게도 그걸 거절하자, 도데는 이렇게 말한다. '이 바보 같은 인간아⋯⋯ 그런 것은 원치 않는다고? 끝까지 마음대로 자유롭게 산다고 우기네그려. 그럼 자유롭게 살다가 어떤 꼴이 나는지 스갱 씨네 염소 이야기를 들어보게.' 그러면서 자유로운 영혼을 지닌 염소에 관한 흥미롭기 짝이 없는 이야기를 시작한다.

스갱 씨는 염소들 때문에 도무지 행복할 날이 없었다. 여섯 마리를 모두 같은 방식으로 잃어버렸는데, 그 염소들은 어떤 대가를 치르건 탁 트인 곳의 공기와 자유를 원하며 줄을 끊고 도망을 가버렸던 것이다. 그러자 스갱 씨는 각별히 신경을 써서 잘 길들일 수 있도록 어린 놈을 골라 길렀는데 이 예쁘고 매력적이고 사랑스러운 새끼 염소는 행복하게 잘 살았지만 자라면서 산으로 가고 싶어 했다. 산에는 늑대가 있으니 안 된다고 했지만 늑대를 뿔로 받아버리겠다고 큰 소리 치는 염소. 또 줄을 끊고 도망할까 염려한 스갱 씨는 염소를 외양간에 가뒀다. 하지만 아뿔싸, 창문을 깜빡하고 잠그지 않았고, 염소는 그 창문으로 달아나버린 거다.

산이 베풀어주는 축제를 만끽하며 염소는 마음껏 뛰어다녔다. 맛나고 야들야들한 풀을 뜯어먹으며 행복해 하며 멋진 숫양 애인도 사귀면서 좋은 하루를 보낼 무렵, 밤이 되어 늑대를 만나게 되고, 새벽까지 장렬하게 늑대와 싸우던 염소는 마침내 피투성이가 된 채 쓰러져 잡아먹혀 버리고 말았다는 이야기다. 그러면서 도데는 이렇게 이야기를 마무리한다. '잘 들어두게. 그랭구아르, 그러다가 아침에 늑대에게 잡아먹혔다고'

이 이야기를 읽으며 심각해졌다. 슬그머니 웃었다가 다시 또 심각해졌다가 웃다가를 반복했다. 어떻게 이런 유머를 구사하면서 무거운 삶의 문제, 존재의 문제를 다룰 수 있었던 것일까. 혹시 도데 스스로가 자신에게 하는 이야기는 아닐까. 어쨌든 세상에 대한 순응주의를 권하는 것으로 읽히지는 않으니 말이다.

─ 제각기의 삶의 길

어찌할 것인가. 안전하고 질서정연한 세계를 떠나 큰 위험을 무릅쓰더라도 드넓은 자유 속으로 들어가고 싶어 한 염소의 갈망을. 스갱 씨의 염소는 그렇게 살지 않을 수 없었던 것을. 잡아먹힐 것을 알면서도 단 하루의 자유를 위해 결단을 내리고 자기 삶을 선택하는 자유로운 영혼이었던 것을.

그러면서 또 장자를 떠올렸다. 각득기의各得其宜를. 모든 존재에게는 각자에게 마땅한 어떤 길이 있다. 말하자면 모든 생명은 실존을 위한 자기만의 습성을 지니고 있고, 제각기 독특한 삶의 길을 가지고 있다. 그렇게 살지 않을 수 없게 만드는 바로 그것, 어쩌면 그것이 진정 각자의 본성인지도. 그 자체가 실존인지도 모르겠다. 실존 그 자체는 아무런 죄도 없고 문제도 없다. 다만 인간들이 선악으로 구분 짓고 이해로 결단한다. 이성으로 도덕을 규정하고, 영성靈性에 대한 끝없는 갈증으로 이런저런 문제를 일으키는 것인지도 모른다. 자연은 다만 균형을 잡을 뿐 시비하지 않는다. 그것이 자연의 다른 생명들과 인간과 인간들이 만든 사회의 다른 점이 아닐까.

몇 년 전인가 보다. 집에 돌아와 습관처럼 컴퓨터를 켜고 뭔가를 하려고 하는데, 화면에 '복구메시지'가 떴다. 문제가 있으니 복구시점을 선택하여 복구하라는 것이다. 화면의 지시내용을 따라 했더니 원래내로 복구되어 일을 할 수가 있었다. 그러고 나서 며칠 동안 어떤 생각이 뇌리에서 떠나지 않았다. 만일 내가 내 삶을 어떤 시점으로 복구할 수 있다면 어떤 지점을 선택할까. '며칠 동안' 그 생각에 몰두해 있다가 나는 이런 결론을 내렸다. 어떤 지점으로도 돌아갈 수 없다고, 설사 그 지점으로 돌아간다 해도 나는 여전히 그런 선택을 할 것이고, 그래서 결국은 그런 삶을 살 수밖에 없었을 거라고. 그러면서 한없이 오묘한 기분에 사로잡혔다. 젊은 시절에는 어지간히도 부모 속을 썩였으며, 평생 동안 '최선을 다해 생각하고', '생각한 것을 빠짐없이 실천하는 것'을 원칙으로 삼았고, 자유의지에 따라 살아왔다고 스스로를 생각하고 있던 차에 이런 생각이 든 것은 퍽이나 나에게 놀라운 사건이었다.

나는 스스로 '주체적으로 살았다'고 생각하지만 결국은 '살아진 것'이 아닌가 하는 생각이 들었다. 그러면서 헬레니즘 시대 그리스의 스토아 철학자, 에픽테토스의 말이 떠올랐다. '네가 바라는 대로 세상의 일이 되어가길 원하지 말고, 세상의 일들이 되어가는 대로 일어나기를 바라라.' 이 말을 처음 들었을 때, 나는 이것이 헬레니즘 제국을 이루는 과정에서 그 지역 거주민들을 복속服屬시키고 순응시키기 위해, 안심입명安心立命의 철학으로 내세운 전략이라 생각하며 별 주의를 기울이지 않았다. 우주에는 어떤 큰 필연법칙이 있으며, 한 개인이 그것을 원하든 원하지 않든 일어날 일은 일어나게 마련이라는 의미를 담고 있는 것 같았다. 그런데 나이든 지금에는 이 말은 다른 의미로 다가온다. 게다가 스토아 철학자들은 우주와 인간에게는 공통적인 것이 있으니 그것이 바로 '이성'이라고 주장한다. 그러니 우주의 필연법칙에 자신의 '소망'을 이성적으로 일치시키는 것이 지혜로운 것이라는 게다.

스피노자는 여기에서 한발 더 나아가 인간에게 자유의지는 없다고 한다. 다만 '있다고 착각할 뿐'이라고. 오직 이성으로 우주의 필연적 법칙을 관조할 때 비로소 자유로워질 수 있다고 주장한다. 그런데 흥미로운 것은 스피노자야말로 '자유의지'에 따라 살아온 자유로운 영혼이 아닌가. 부유한 유대인 상인의 아들로 태어나, 공부 잘하는 아들을 랍비로 만들기 위한 아버지의 뜻을 어기고 철학자의 신神을 세우고 범신론을 주장하다가 유대교에서 파문당하고, 아버지로부터 절연당한 스피노자. 그야말로 세상이 어떻게 평가하든 자신의 길을 찾아 '자유의지'로 살아온 사람이 아닌가.

게다가 하이델베르크 대학에서 '국왕은 당신이 자유를 남용하여 국가의 공인된 종교에 문제를 제기하지 않을 것이라 믿고, 철학하는 완전한 자유를 약속'한다며 스피노자를 철학교수로 초빙했을 때, 그가

'각하, 당신도 아시다시피 저는 제가 지금 누리고 있는 것 이상의 높은 세속적 지위를 바라지 않으며, 조용한 생활을 사랑합니다'라고 하며 교수직을 거절한 것을 보면, 그랭구아르 씨 못지않게 영혼의 '자유'를 고집한 듯하다.

그런 면에서 스피노자가 말한 '인간에게 자유의지란 없다'에서의 '자유의지'란 세속적인 측면에서 '개인의 자유로운 뜻'에 따른다는 의미는 아닌 것 같다. '자유' 자체가 다른 차원의 의미를 갖는 것 같다.

── 재전(才全)의 덕, 산목(散木)

사실 나는 잘 알 수가 없다. 역사와 개인의 삶을 주되게 이끌어가는 어떤 필연법칙이 있는지에 대해서는. 다만 천명天命이나 섭리攝理, 알라야식의 업력, 존재자의 존재성 등등, 어떻게 이름하든 그런 것들이 이런 사태를 지시하는 것이 아닌가 하는 생각을 해볼 뿐이다. 하지만 명료하게 인정되는 것이 있다. 개인의 힘으로는 어찌해 볼 수 없는 어떤 것이 있다는 것을. 일어날 일은 일어나게 마련이고 각자는 각자의 방식대로 살아갈 수밖에 없다는 것을. 그것이 바로 실존이라는 것, 스스로가 의식하든 못하든 그렇게 살고 있다는 것. 염소나 그랭구아르 씨 역시 자신들은 주체적 결단에 의한 것이라고 여기겠지만, 실상 그렇게 하지 않을 수 없었던 것이 아닐까. 불교식으로 말하면 업이요, 장자식으로 말하면 각득기의인 것. 장자는 자신의 각득기의를 알고 그것을 온전히 하는 것을 재전才全이라고 한다. 재전은 양생養生의 결과이다.

　우리는 우리 의지대로 세상에 나온 것이 아니다. 하이데거의 말에 따르면 우리는 세상에 '던져졌다throwness.' 어느 지역에, 어느 부모 밑에서, 어떤 용모로, 어떤 품성과 재능을 지니고 태어나는가는 우리가 선택할 수 없다. 그저 나온 것이다. 오는 것도 그랬으니 떠나는 것 역시 우리 뜻대로 할 수 없는 것이다. 하늘(자연)이 부를 때까지 자신이 받은 목숨을 어떻게 소중히 잘 길러나갈지를 논하는 것이 양생이다. 장자가 말하는 양생의 요체는 '허심虛心으로 인간세를 헤쳐 나가는 것'이며 '자기 존재의 길을 잘 찾아가는 것'이다.

　이렇게 양생을 잘 하여 재전의 덕을 지닌 존재가 바로 산목散木이라고 장자는 말한다. 쓸모 있는 문목文木과 달리 산목은 크고 멋지기만 했지 도무지 재목으로는 쓸 수 없는 나무다. 그런데 역설적으로 세상에 쓸모가 없었기 때문에 자신을 온전히 지켜 줄기를 세우고 가지를 뻗쳐 수많은 사람들이 와서 쉴 수 있는 그늘을 드리울 수 있었다. 작은 쓸모에 희생되지 않았기에 큰 쓸모를 이루었다는 것인데, 이른바 무용지대용無用之大用이다.

　그랭구아르 씨를 비롯한 문인과 시인들이 바로 그런 존재가 아닐까. 신문사의 고정 칼럼을 맡게 되면 자신의 생각을 어떤 고정된 틀에 맞춰야 하니 자유롭게 말할 수 없을 거라고 생각한 것은 아닐까. 그 자리를 거부함으로써 세상의 쓸모에 자신을 내맡기지 않았기에 자기 존재의 길을 충실히 갈 수 있었던 것이 아닐까. 그래서 후대의 수많은 독자들이 정신적으로 쉴 수 있는 커다란 나무그늘을 드리워준 것이 아닐까.

── **사랑에 빠진다는 것, 아를의 여인만을 사랑한 장**

그러면 사랑에 빠지는 것도 '자기 존재의 어떤 필연법칙'에 따르는 것일까. 흔히들 사랑에 빠진다고 한다. 왜 사랑한다고 하지 않고 빠진다고 하는 것일까. 흥미롭게도 영어권에서도 'to fall in love'라고 하지 않는가. 어딘가에 빠질 때, 예컨대 물에 빠지는 경우라면 실족이거나, 누군가 밀어 넣은 것이거나, 아니면 타고 있던 배가 침몰하거나 하는 경우일 것이다. 투신은 예외로 하자. 그건 빠지는 게 아니라 죽으려는 행위이니까.

그러니 수영할 목적이거나 자살할 작정이 아니라면 자발적으로 물에 빠질 사람은 없을 것 같다. 그러면 사랑에 빠지는 것도 역시 '자기 존재의 어떤 힘'의 지배를 받는 것일까. 자신의 마음을 스스로 제어하지 못하고, 심지어 목숨조차도 어쩌지 못하는 상황을 만드니 말이다. 여기 그런 이야기가 있다.

장이라는 이름을 가진 스무 살짜리 잘 생긴 젊은이가 있다. 밝은 얼굴에 건장한 체구로 인근 아가씨들의 흠모를 한 몸에 받고 있었으나, 이 청년의 마음속에는 오직 한 여인뿐이었다. 그녀는 길에서 우연히 마주친, 벨벳 옷과 레이스로 치장한 자그마한 아를의 여인. 바람기 많다고 소문이 파다한 그녀를 부모는 마땅찮게 여겼지만, 장은 '그 여자와 맺어질 수 없다면 난 죽어버릴 거야!'라고 하며 죽기 살기로 그녀만을 원했다. 그 고집이 통해서 추수 후 결혼하기로 정해졌는데, 어느 날 한 남자가 찾아와 자신은 2년간 그녀와 내연의 관계에 있었고 결혼을 약속했다는 증명이 있다고 말한다. 그런데 장과의 혼담이 오가면서부터 그녀가 자신을 거들떠보지도 않는다고. 그는 들어와 포도주나 한잔 하라는 권유에 '고맙지만 갈증보다 슬픔이 커서'라고 사양하며 떠나버렸다. 이 말은 전해들은 장은 더 이상 아들의 여인을 입에 올리지 않았지만 여전히 사랑했다. 하지만 여전히 사랑했다. 어떤 날은 미친 듯 일하고, 어떤 날은 방구석에서 꼼짝도 않고. 보다 못한 부모가 그래도 아들이 좋다면 결혼을 허락하겠다고 했지만 장은 아니라는 몸짓만 할 뿐이었다.

이후 장은 생활방식을 바꾸어 항시 명랑한 척하며 부모를 안심시켰다. 마을 축제가 있던 어느 날 밤, 장은 흡족한 기색으로 축제에서 돌아왔다. 자정이 되어 모두 잠자리에 들었지만 장은 밤새도록 흐느껴 울었다. 다음 날 새벽 침실을 가로지르는 발자국 소리에 깬 어머니는 불길한 예감에 나가보니, 장이 지붕 밑 방으로 올라가고 있었다. 어머니가 '아들아. 제발!'하며 뒤따라갔지만 장은 빗장을 잠그고 창을 열어 뜰의 포석위로 몸을 던져버리고 말았던 것이다. 장이 마지막 던진 말은 '난 그녀를 너무나 사랑해⋯⋯ 난 떠날래⋯⋯'였다.

가엾은 장! 이 이야기는 어떤 측면에서 도데 자신의 이야기를 조금 떼어내 극화한 느낌을 준다. 장은 죽었지만 도데는 죽지 않았다. 오히려 그는 '자기성찰'을 통해 자기구원에 이른 것처럼 보인다. 이후 그가 보여준 세상에 대한 안정적인 시선과 포용력을 보면 그렇게 짐작된다. 그는 44살에 자전적 작품 『사포』를, 그리고 사망하던 57세에 마지막 작품 『아를라탕의 보물』을 썼다. 그는 어떻게 사랑했고 어떻게 자기구원에 이르게 되었을까. 이 두 작품에 그의 절절한 이야기가 담겨 있다.

── 도데, 사랑에 상처받고 방황하는 젊은 영혼이 찢겨지다

도데는 1840년 남프랑스에서 부유한 가정의 삼형제 중 막내로 태어났으나, 가업이 파산하면서 17세에 학업을 중단하고 자살시도를 하는 등 극단적인 심적 고통을 겪었다. 그 때 그를 구해준 신부님으로부터 '문학에 정진하라'는 조언을 듣고 그는 형이 있는 파리로 갔다. 그러던 어느 날 어떤 파티에서 모델 출신인 15살 연상의 마리 리외를 만나 그녀와 격정적인 사랑에 빠지고 이후 복잡다단한 여정을 겪게 된다. 이때 그의 나이 18세다. 이 사연의 처음과 끝이 『사포』라는 작품 속에 담겨 있다.

주인공의 이름은 장 고셍. 역시 장이다. 화려한 파리 여인들의 은근한 유혹에 대해 심한 경계심과 경멸감을 갖고 있던 성실한 그는 외교관이 되기 위한 시험공부 중이었다. 어느 날 피리 부는 소년 복장을 하고 간 가장 무도회에서 이집트 농부 분장을 한 여인을 만나게 되고, 두 사람의 운명적 관계가 시작된다. 마치 자력에 이끌리듯 그녀에게 빠져든 그는 그 첫날 그녀를 안고 5층의 하숙집으로 올라가는데, 이 부분에 대한 묘사가 의미심장하다.

첫 계단을 오를 때에는 '깃털처럼 가볍게 올랐지만' 두 번째 계단을 오를 때는 '그다지 즐겁지도 행복하지도 못했고', 세 번째 계단을 오를 때에는 '육중한 피아노를 운반하는 것처럼 숨이 가빠졌으며', 마지막 계단을 오를 때에는 '거의 기다시피' 올라갔다. 그리고 그 계단이 죽음의 세계로 이어지는 계단처럼 여겨졌고, 안고 있는 것은 아름다운 여인이 아니라 무겁고 끔찍한 죽음의 전령으로 그를 질식시키고야 말 존재처럼 느껴졌다. 앞으로 전개될 그의 사랑의 굴곡진 여정을 그대로 예고하고 있는 듯하다.

처음엔 깃털처럼 가볍지만 갈수록 쇳덩이처럼 무거워지는 것. 사랑 뒤에 숨어 있는 소유욕과 질투, 욕망, 외로움, 고통, 불면의 밤 등등. 사랑은 무수한 덫을 그 안에 내장하고 있지만, 어쩌겠는가. 스스로 파멸의 길임을 알면서도 그 속에 빠져드는 것을.

화가의 모델 일을 하는 그녀는 남자관계가 복잡했고, 수없는 다툼과 헤어짐을 거듭하면서 그는 그동안 그녀를 거쳐 간 많은 남자들의 흔적을 그녀에게서 느끼며 상처받는다. 그녀가 세상의 누구보다도 어리석고 천박한 여자이며 또 자신보다 15년이나 연상이라는 점을 되뇌며 관계를 정리하고 새로운 길을 찾으려 한다. 하지만 '피 흘리면서도 상처를 그대로 방치해둔 채 행복을 느끼듯······' 자신의 비열함과 나약함에 혐오를 느끼며, 다시는 진흙탕 같은 삶에서 버둥거리지 않으리라 다짐하지만, '어차피 이렇게 되기로 되어 있는 것'이라며 체념해버린다.

그는 자신의 이야기를 이렇게 정리한다. '처음 파니를 만나던 날 그녀가 자신의 팔을 잡아끌던 것으로 시작되어, 이제는 빠져나왔다고 생각하며 행복과 황홀감에 도취되어 있다가, 사랑하는 마음도 없이 뼛속까지 젖어든 비겁한 습관과 타락으로 점철된 과거에 최면 걸리듯 그녀에게 다시 빠져들게 된 이야기'라고.

그는 그녀와 페루로 함께 도주하기로 결심하고 그녀와 마르세이유 항구에서 만날 약속을 정한다. '매춘부와 떠나는 아들은 더 이상 내 아들이 아니다'라는 말과 함께 아버지에게 절연당하고 어머니께 작별인사도 하지 못하고 도망하듯 항구에서 그녀를 기다렸다. 하지만 그녀 대신 나타난 것은 '안녕! 내 사랑'이라고 적힌 이별 편지. 자신은 이미 열정도 식었고, 낯선 곳에서의 삶도 자신이 없다는 것이 그녀가 전한 이별의 이유.

약과 독의 의미를 하나로 담고 있는 단어가 파르마콘Pharmakon이라면, 꿀과 칼날을 동시에 안고 있는 것이 바로 욕정어린 사랑이 아닐까. 꿀에 탐닉하면서 그 칼날에 영혼이 베이고 마는, 그러면서 벗어나려 발버둥 칠수록 더욱더 늪에 깊게 빠져버리는 그런 사랑. 그렇게 장의 젊은 영혼은 찢겨져 버렸고, 그 즈음 얻은 매독은 이후 그(장의 실제 인물 도데)를 서서히 죽이고 있었다. 그러면 도데는 어떻게 이 상처를 이겨내고 자신을 건져낼 수 있었던 것일까.

── **도데의 천형(天刑)**

도데의 마지막 작품 『아를라탕의 보물』은 그가 척수까지 침투한 매독으로 죽던 해에 출간되었다. 『사포』와 마찬가지로 10대 후반에 시작해 20대 중반까지 그의 삶을 누르고 있던 연애 문제를 쓴 것인데, 여기에는 영혼을 짓누르는 이 문제에서 그가 어떻게 스스로를 '건져 냈는가'가 담겨 있다.

누구에게나 일생에 한번쯤은 피할 수 없이 만날 법한 일이 있다. 자신의 일상을, 자신이 알고 있는 스스로를 무너뜨릴 위기에 빠지게 하는 어떤 일. 혹은 자신에게 치명적인 상처나 충격을 주어 오랜 시간 고통에 시달리게 하는 일. 그리하여 '스스로 무너지느냐, 아니면 새로운 정신으로 거듭나느냐'의 기로에 서게 하는 일. 그것은 '중요한 시험에서의 낙방'일 수도, '사랑하는 사람과의 이별이나 사별'일 수도, 또는 '경제적 혹은 철학적 파산'일 수도, 아니면 '혈육 간의 애증'일 수도, 또는 '인격적으로 매장당하는 어떤 일'일 수도 있다. 그것이 무엇이든, 본인이 자각하든 아니든 '그대로 무너져 버리느냐, 아니면 거듭나느냐'의 기로에 서게 만드는 피할 수 없는 어떤 인연사임에는 틀림없다. 존재자를 강고하게 얽어매는 속박. 마치 달이 지구를 떠날 수 없는 것처럼 도무지 떼어낼 수 없는 구속. 장자는 이를 천형天刑이라 했고, 『해심밀경』에서는 추중박麤重縛이라고 했다.

박경리 선생은 자신의 글쓰기를 천형에 비유하곤 했는데, 자신과 비슷한 처지라고 여겼던지 〈사마천〉이라는 시에서 이렇게 노래했다.

'그대는 사랑의 기억도 없을 것이다.
긴 낮 긴 밤을
멀미같이 시간을 앓았을 것이다

천형 때문에 홀로 앉아

글을 썼던 사람

육체를 거세당하고

인생을 거세당하고

……

그대는 진실을 기록하려 했던가.'

그 굴레가 얼마나 큰 것인지, 얼마나 벗어날 수 없는 것인지 알 수 없지만 사마천과 박경리 선생의 경우에는 글쓰기가 천형이었던 보양이다. 그들은 거기에서 도저히 빠져나올 수 없다는 것도, 벗어날 수 없다는 것도 잘 알고 있었다. 벗어날 수 없는 존재의 굴레. 그것은 어찌해야 하는가. 이 두 거인들은 그 존재의 굴레를 '있는 그대로 껴안고 살아낸', 그리하여 '천년'을 얻은 위대한 정신들이 아닐까. 앞서 만났던 작가, 프리모 레비에게는 '시대의 폭력'과 '그 폭력으로 인한 상처'가 그런 것이었다면 도데에게는 아마도 '마리 리외'와의 연애 사건이 바로 그런 인연사에 속했던 모양이다. 한쪽은 시대적 문제였고, 다른 한쪽은 지극히 개인적이고 내밀한 일이었지만, 양자 모두 죽을 때까지 붙잡고 있었던 문제였던 것이 공통점이다. 도데가 죽기 직전까지 이 문제를 다룬 걸 보면 이것은 그에게 평생의 화두가 된 것이고, 또 그렇기 때문에 끊임없이 자신을 성찰하게 만든 것 같다. 그러면 그는 '무너졌을까, 새로운 정신으로 거듭났을까?'

『아를라탕의 보물』의 주인공은 앙리 당주. 그가 친구에게 편지를 받는 것에서 이야기는 시작한다. 앙리는 '자네가 정말로 마들렌 오제와 끝내고 싶다면 어서 짐을 싸서 내게 오게나'라는 초대장을 받는다. 친구의 사냥용 오두막으로 향하는 첫 장면에서, 마차를 끌고 자신을 마중 나온 남자에게 앙리가 한 말은 '만약 당신의 아내가 매일 옷을 벗고 몸을 드러내는 여배우나 가수였다면 어떻겠느냐'는 질문이다. 그러자 마부는 '확 목 졸라 죽이고 말았을 것'이라고 답하는데, 초입부터 주인공의 고뇌가 어디에서 비롯되었는지를 짐작하게 하는 부분이다. 작중에서 마들렌은 얼굴값 하는 바람기를 지닌 여배우인데, 그녀는 앙리와 사귀기 전이든 사귀는 중이든 사귀고 난 후이든 만난 남자에 대해 늘 '그건 당신을 알기 이전의 일이야, 나의 앙리!'라고 하며 그에게 고통을 주었다.

하여간 앙리는 다른 남자들과의 문란한 관계로 자신을 괴롭혀온 마들렌에게 유혹되는 자신을 극복하기 위해 파리를 떠나온 것이니, 말하자면 도피성 여행이다. '파리를 떠난 뒤 처음으로 평온하고 안전하다는 기분'을 맛보며, '푸른 수평선과 열린 하늘이 만들어 내는 무한한 공간이 자신을 안전하게 보호하고 지켜주는 것 같다'고 생각하며, '마들렌과의 일을 아득한 일'로 느끼면서 시골길을 걷다가 한 남자를 만난다. 그의 이름은 아를라탕. 처음에는 황소를 모는 사람이었다가…… 마침내는 지역의 투우장을 제패하고 지금은 말치기가 되어 약초로 자기를 치유하는, 그 지방의 얼치기 치유사로 유명한 자이다. 그는 자신의 보물을 자랑하는데, 그 안에는 사람을 죽이는 약도 살리는 약도 있으며, 더하여 그 보물 속에는 자기를 좋아했던 여자의 사진도 있다고 큰 소리를 치는데, 그 말을 들으며 앙리는 그 여자가 마들렌일 거 같다는 의심을 떨치지 못한다.

그 의심을 확인할 때까지는 쉴 수도 없었고 잠시도 마음의 평화를 찾을 수 없었던 그는 열에 들뜬 불면의 밤을 지새운 후 아를라탕을 찾아가는데, 소치기가 건넨 사진 속에 있는 것은 분명 10년 전 한창 아름답고 영광의 절정에 달해 있던 마들렌 오제였다.

그런데 신기하게도 그는 '결국 자신이 짐처럼 지고 다녔던, 죽도록 역겹다는 이 느낌이 이 사진만도 못한 것이었나.' 하는 생각을 하게 된다. 그 순간 오두막 문이 열리고 바깥에서 회오리바람 속에 갑자기 햇빛이 들어오는데, 하늘엔 아직도 구름이 자욱이 끼어 있지만 구름은 마치 도망치는 듯 하다고 느낀다.

치유된 것인가. 아니면 치유의 실마리를 발견한 것인가. 그를 짓누르고 있던 구름들이 걷히면서, 격렬하지만 시원한 회오리바람이 불어닥치고 갑작스레 그 속을 비춘 햇빛은 그의 강박관념의 어두운 세계가 환하게 열리기 시작했다는 것을 의미하는 것은 아닐까. 그런데 그 사진으로부터 앙리는 무엇을 느낀 것일까. 그 여자를 발견한 것일까, 자신을 발견한 것일까. 무엇을 마주한 것일까.

── 도데, 문제에 직면하여 진실을 보다

　세상이 힘들고 일이 꼬여 마음에서 넘어질 때마다 나는 이런 생각을 했다. 세상 탓인가 내 탓인가. 세상 탓을 하다가 지치면 내 탓을 하며 적당히 타협하고 넘어가던 나에게 장자는 마음이 시원해지는 이야기를 들려주었다. '세계는 나와 함께 일어나고 天地與我並生, 만물은 나와 하나로 연속되어 있다 萬物與我爲一는 것.' 나에게 나타난 세상은 곧 내가 바라보는 견분見分만큼 드러난 상분相分이라는 의미이다. 불교식으로 말하면 유식唯識이다. 결국 '나'의 눈앞에서 전개되는 세상은 '나', 즉 내 마음이 그려놓은 그림이며, 그 그림을 보며 고통 받고 번뇌하는 것은 자신이 그려놓은 그림에서 비롯된 것이니, 결국 모든 고통과 번뇌의 내용을 보는 것은 자기 마음을 보는 것과 같다는 것이다.

　앙리가 사진을 본 것은, 파리를 떠나올 때 그랬던 것과 달리 자신의 문제에 정면으로 부딪친 것이다. 초대하는 편지에서 친구가 '폭풍우 치는 날, 서로 빽빽이 몸을 붙이고, 머리를 숙인 채 폭풍이 몰아치는 쪽을 향해 서는 황소처럼 하게'라고 조언한 것처럼 앙리는 문제에서 벗어나는 유일한 방법은 문제와 부딪쳐 정면돌파하는 것임을 알게 된 것이다. 그는 이렇게 말한다. '끝까지 가보지 못할 게 뭔가!'

　그런데 정면으로 문제와 마주한다는 것은 무엇일까. 결국 자신과 마주하는 것이 아닐까. 무의식으로 대표되는 내면의 깊은 목소리를 듣는 게 아닐까. 무의식은 긍정의 힘도 부정의 힘도 될 수 있는 것이다.

'살리는 풀도 죽이는 풀도 있는' 아를라탕의 보물은 인간 무의식의 양가성兩價性을 표현한 것이 아닐까. 거기에 시골의 '말없는 풍경'과 '거대한 침묵'이 그를 내면 깊이 들어갈 수 있도록 도와준 것은 아닐까. 어떤 다른 소리에 마음을 빼앗기지 않을 때 우리는 깊은 내면의 소리를 들을 수 있는 것이 아닐까. 그리하여 그로 하여금 문제를 정면으로 돌파하여 치료법을 찾도록 하는 것이 아닐까.

그 결과 자신으로 하여금 죽도록 역겹고 비참하고 굴종적인 삶을 살게 만든 마들렌에 대한 모든 생각과 평가는 결국 자신의 마음이 지어낸 것임을 보게 된다. 그 자신의 생각이 그녀를 '악녀' 혹은 '낭녀'로 창조했을 뿐, 그녀 자신은 자기대로의 삶을 살았던 것일 뿐임을. 스스로 그녀를 소유하고 싶다는 열망이, 그녀를 자신의 마음에 들도록 하고 싶다는 욕망이 번뇌를 초래한 것이 아닌가. 만약 그가 굴레에 묶여 있었다면 그 굴레는 스스로 만든 것. 자신이 그린 그림, 자신이 만든 세계에서 마들렌을 지배자로 자신을 피해자로 설정해 놓은 것이 아닌가.

그런데 도데는 이것을 상상력이라 표현한다. 그는 이렇게 말하면서 작품을 끝맺는다. "이 아를라탕의 보물은 우리의 상상력과 닮지 않았을까. 다양한 걸로 이루어져 있고, 밑바닥까지 탐구하기엔 너무나 위험한 상상력 말일세. 사람은 그것 때문에 죽을 수도 있고 살 수도 있지."

결국 도데는 살아났다. 마들렌에 대한 모든 관념이 자신(의 상상력)이 만들어낸 것일 뿐 어떤 실체가 아님을 자각한 것이다. 불교식으로 말하면 공空을 깨달은 것인데 공을 깨닫고 난 이후 열리는 세계는 바로 묘유妙有의 세계이다. 이른바 진공묘유眞空妙有다. 공空에만 집착하면 '허무'로 귀결되지만 그 공空이라는 관념 역시 비어 있는 것임을 깨칠 때, 삼라만상이 서로 제각기의 모습으로 자기 존재의 길을 찬연하게 열어가는 것을 보이는 것, 그리고 모든 인연사를 그 자체로 족한 것으로 수용한다는 것이다. 장자식으로 말하면 허심에서 열리는 조화로운 제물의 세계요, 불교식으로 말하면 깨달은 마음에서 열리는 화엄의 세계다.

결국 도데는 자신의 모습을 있는 그대로 보고 '껴안고 가는 길'을 찾아낸 것이 아닐까. 다시 말해 자신의 존재의 길을 있는 그대로 수용하는 편편한 마음을 얻게 된 것이 아닐까.

─ 아름다움을 캐내는 눈, 어여쁜 할머니 마메트

도데는 격정적인 시기를 겪어내고, 찢겨진 영혼을 치유하면서 새로운 영혼으로 거듭난 것 같다. 그의 말대로 '죽도록 역겨운 고통스러운 경험'을 했지만 죽지 않고 살아낸 사람만이 발견할 수 있는 세상의 신선함과 아름다움을 정감어린 문체로 써낸 것을 보면. 하지만 그의 속마음을 어찌 알겠는가. 다만 내게는 그렇게 보인다는 것뿐이다. 여기에 아름다움을 보는 그의 빛나는 시선이 돋보이는 이야기가 하나 더 있다.

어느 날 도데에게 편지가 한 장 날아든다. '도와 달라'는 친구의 편지인데, 그 사연은 이렇다. 도데의 풍차 방앗간에서 10여 킬로미터 떨어진 곳에 친구인 모리스의 할아버지와 할머니가 사셨다. 이 두 분에게는 손자가 인생의 전부인데, 손자인 본인은 파리에 붙잡혀 있고 두 노인은 파리까지 이동을 할 수 없어 10년째 서로 보지 못하고 있다는 것이었다. 그러니 하루만 잠시 바람 쐬러 간다고 생각하고 이 두 분을 좀 만나줄 수 없느냐는 부탁이었다. 그 분들에게 우리의 이 두터운 우정에 대해 자주 말씀드렸으므로, 아마 손자를 보듯 반가워하실 거라며.

"빌어먹을 우정 같은 소리하고 있네!"라고 투덜거리며 도데는 방앗간 문을 잠그고 지팡이와 파이프를 챙겨 길을 떠났다. 매미늘이 울어대는 느릅나무와 햇볕을 쬐고 있는 당나귀들, 성당 분수 위를 날아오르는 비둘기들을 보며 집을 찾다가, 작은 집 한채를 금세 알아보고는 문도 두드리지 않고 들어갔다. 서늘하고 고요한 긴 복도를 지나 살짝 열린 문으로 들어가니, 손가락 끄트머리까지 주글주글 주름진 선해 보이는 노인이 1인용 안락의자에 몸을 푹 파묻고 입을 헤벌리고 두 손은 무릎에 놓은 채 잠이 들어 있었다. 노인의 발치에서는 푸른 옷을 입은 어린 소녀가 제 몸보다 큰 책을 읽고 있었다. 방 전체에서 깨어 있는 것은 하얗게 내리비치는 햇살뿐인 나른한 분위기에서 소녀는 심각한 표정으로 계속 책을 읽고 있을 때, 도데가 문지방에 서서 "안녕하십니까! 여러분! 저는 모리스의 친구입니다."라고 외치자, 노인은 벌떡 일어나 도데를 껴안고 '세상에! 세상에!'하며 주름살 하나하나까지 모두 환하게 웃으며 방 끝으로 가더니 누군가를 부른다. '마메트!' 그러자 문이 열리고 리본매듭으로 장식한 보닛을 쓰고, 카르멜 수녀복 같은 긴 옷을 입고 자수 손수건을 한 손에 꼭 쥔 마메트가 나타나는데, 이를 본 도데는 이렇게 말한다. '이 자그마한 할머니보다 더 어여쁜 모습이 있을까……' 친구의 할머니였던 것. 도데는 가슴이 뭉클해졌다.

'어여쁜 할머니.' 정말 얼마나 가슴 뭉클한 말인가. 할머니는 할아버지보다 일생 동안 울 일이 많았던 것인지, 할아버지보다 주름이 훨씬 더 많았다는데, 그 주름진 얼굴이 어떻게 어여뻤던 것일까. 몇 달 전 『잘 죽는다는 것』이라는 책을 보던 중 눈이 확 뜨이는 대목을 본 적이 있다. 저자가 젊은 시절 어떤 아슈람에서 수행하던 중 한 노인을 만났는데, 그 노인은 80세가량의 나이임에도 불구하고 존엄한 자세와 청수淸秀한 안색 그리고 넘치는 에너지를 갖고 있었다고 한다. 나이가 들어 보이긴 하나, 늙었다는 느낌을 주지 않는 이 수행자는 자신이 가장 깊은 깨달음을 얻은 것은 70세 무렵이었다고 했다는데. 나이 먹는 것과 늙는 것은 꼭 비례하는 것은 아닌 모양이다. 나이를 먹는다는 것은 다만 우리의 몸과 마음에 남은 세월의 부피이자 흔적일지도 모른다. 이 부분을 읽으면서 올 한 해 잘 늙어보자고 생각했던 기억이 난다.

하여간 이 두 내외분은 꼭 닮은 모습이었는데, 정중하게 인사부터 하는 할머니에게 노인이 '모리스 친구래'라고 하자, 할머니는 바르르 떨며 손수건을 떨어뜨리고 얼굴이 빨갛게 상기되었던 것이다. 이를 본 도데는 '이 노인네들! 핏줄 속에 피라고는 한 방울도 없으면서 조금만 감격했다 하면 그 피는 다 얼굴로 몰리고 마니!'라고 생각했다.

두 분 사이에 앉은 도데에게 질문공세가 쏟아지는데. '그 아인 어떻게 지내나요, 무슨 일을 하지요, 여긴 왜 안 오나요, 만족스럽게 지내기는 하는지……' 도데는 친구에 대해 아는 것은 시시콜콜 다 이야기해주고, 모르는 것을 당돌하게 지어내기도 하며, '아! 그 친구 방 벽지는 말씀이죠, 할머니, 파랑색이에요, 연파랑, 거기에 꽃 줄무늬가 그려진……'

이 대목을 읽으며 책을 덮고 한참 웃어야 했다. 손자에 대해서 궁금해 하는 내용의 디테일이 너무도 흥미로울 뿐 아니라, 그 질문에 내해 있는 정성 없는 정성 모두 기울여 답하려 애쓰는 도데의 모습이 떠올랐기 때문이다. 어느 누가 친구 방의 벽지 색깔까지 알 수 있단 말인가. 대답해드리기 위해서는 지어낼 수밖에 없는 일이 아닌가. 또 한 번 뭉클해지는 장면이다.

그 지어낸 답을 들은 할머니의 반응이 더 흥미롭다. '정말?'이라고 말한 후, 남편을 돌아보며 이렇게 덧붙인다. '참 좋은 애라니까요!' 또 웃어야 했다. 벽지 색깔과 '좋은 애'가 무슨 상관이란 말인가. 할머니에게는 '빨간 색 벽지'라고 말했어도 틀림없이 '우린 앤 참 좋은 애'라고 했을 것 같다. 그러자 할아버지는 '그럼, 그럼, 참 좋은 애고 말고!'라고 하며 열심히 할머니의 말을 받아준다.

마치 잘 그려진 한 장의 그림을 보는 것 같았다. 아늑한 거실에 나란히 앉아 손자에 대한 것이라면 어떤 말이라도 그게 뭐든 '참 좋은 애'라고 흡족해하며 즐거워하는 할머니, 그리고 그런 할머니의 말에 대해서는 늘 '그럼, 그렇고말고!'라고 맞장구를 쳐주는 할아버지. 찾아온 손자 친구의 두 눈 깊숙한 곳에서 속속들이 손자 모리스의 모습을 찾고 있는 두 노인의 미소 속에서 도데는 친구의 미소 짓는 모습을 보기 시작하고, 그러면서 다시 가슴이 뭉클해져 버렸다고.

두 노인에게 온갖 정성이 들어간 점심 대접을 받고, 풍차 방앗간까지의 거리를 생각해 자리에서 일어난 도데를 할아버지는 광장까지 배웅하겠다며 나선다. 도데의 팔짱을 끼고 걸으면서 할아버지는 자신이 어엿한 남자답게 걷는 것을 매우 자랑스러워한다. 이 모습을 문 앞에서 보면서 어여쁘게 고개를 끄덕끄덕하는 할머니의 모습을 보며 도데는 할머니가 이렇게 말하는 듯 했다고 느낀다. '어쨌든, 우리 집 양반! 아직 걸어는 다닌다니까!'

아름다운 것과 예쁜 것을 잘 찾아내는 도데의 비결은 아마도 '사랑'을 느끼고 이해하는 눈에 있지 않은가 싶다. 사랑이란 곧 대상과 '이어진 느낌', 그리하여 대상이 대상화되지 않는 그런 마음의 유대가 아닐까. 혹독한 시련과 아픔이 그에게 남겨준 것이 바로 그런 '눈'이 아니었을까. 그 결과 허공 같은 마음이 만물을 품고, 낮아진 마음이 물을 받아들이듯 그렇게 세상을 있는 그대로 아름답게 껴안고 갈 수 있는 것이 아닐까.

고뇌하는 정신이 영혼을 맑히는 것. 연못의 진흙 바닥을 떠나지 않으면서 물듦 없이 꽃을 피우는 연꽃. 연이 아름다운 꽃을 피울 수 있는 것은 그 진흙으로부터 자양을 얻을 수 있었기 때문이 아닐까. 그럴 때 바로 굴레처럼 천형처럼 다가오는 인연사에 대해, 모든 인연사를 그 자체로 온전한 것으로 수용할 수 있는 것이 아닐까.

13세기 페르시아의 시인 잘랄루딘 루미는 인간의 삶에 대해 이렇게 노래한다.

> 인간이란 존재는 여인숙과 같다.
> 매일 아침 새로운 손님이 도착한다.
> 기쁨, 절망, 슬픔
> 그리고 약간의 순간적 깨달음 등이
> 예기치 않은 방문객처럼 찾아온다.
> 그 모두를 환영하고 맞아들이라.
>
> 설령 그들이 슬픔의 군중이어서
> 그대의 집을 난폭하게 쓸어가 버리고
> 가구들을 몽땅 내가더라도
>
> 그렇다 해도 각각의 손님으로 존중하라.
> 그들은 어떤 새로운 기쁨을 주기 위해
> 그대를 청소하는 것인지도 모르니까.
>
> ─『살아있는 것은 다 행복하라』(류시화 역)에서.

| 만남 3 |

가브리엘 마르케스

꿈같은 세상, 꿈처럼 풀어내는
이야기 마술사

대학시절, 서울 시내의 거리를 걷다보면 길바닥에 쭈욱 펼쳐 놓고 파는 책들을 자주 만날 수 있었다. 특히 노벨문학상이 발표되고 나면, 얼마 지나지 않아 곧 그런 책들이 거리에 쫙 깔려 있곤 해서 어딜 가나 발에 차일 만큼 쉽게 볼 수 있었는데, 제대로 된 출판 계약 없이 팔릴 만하다 싶으면 후다닥 급조해서 만들어낸 조야한 표지에 거친 활판의 책들이었다. 당시에 그런 책들을 우리는 해적판이라고 불렀는데, 우리들에게는 값이 싸다는 점이 매우 큰 매력이었고, 그래서 부담 없이 집어 들고 값을 치를 수 있었다.

그 때 나 역시 즐겨 그런 책들을 샀던 기억이 있지만, 무엇을 샀는지 모두 사라져버리고 지금까지 기억에 남아있는 것은 단 두 권뿐이다. 하나는 그 제목 때문에 1984년 전후에 널리 팔린, 조지오웰의 『1984』였고, 다른 하나는, 1982년 노벨문학상을 받았다고 요란하게 알려진 『백 년 동안의 고독』이라는 책이다(그런데 유독 왜 이 작품만 그렇게 유명했는지는 지금도 의아하다). 그런데 흥미로운 것은 이 두 책 모두 나름 오의奧義가 깊어 쉽게 읽을 수도, 또 쉽게 읽히지도 않는 책인데, 그런 책들이 거리에서 날개를 달고 팔려나가고 있었으니, 지금 생각해보면 그 당시 독자들의 수준과 취향에 조금은 경의를 표하게 된다.

조지 오웰이야 워낙 공감 가는 작가인지라, 그 후에 그의 문학작품 외에도 『위건 부두로 가는 길』이나 『나는 왜 쓰는가』 등의 에세이까지 찾아 읽었기 때문에 그 작가와 작품에 대해 남아 있는 것이 많다. 하지만 『백 년 동안의 고독』의 경우에는 그 책을 산 것까지는 기억이 나는데 어떻게 읽었는지는 정말 특별한 기억이 없다. 다만 무슨 소리인지 모를 환상적인 묘사 — 하늘에서 노란 꽃비가 내린다든가, 펄펄 끓는 얼음이라든가 — 가 많았고, 너무나 복잡한 인간관계와 가계도 때문에 정신이 없었다는 기억밖에 남아 있는 것이 없다. 어째서 노벨상을 탈 만큼 훌륭한지 따져볼 정신도, 함께 토론해볼 만한 같은 취향의 친구도 옆에 없었다. 가까운 친구들은 모두 날이 선 표정으로 시대를 고민하며 군부독재에 맞서 싸울 생각으로 가득했기 때문에.

그러면서 이 책은 그저 제목으로만 알고 있는 그런 책으로 오랫동안 남아 있었다. 그러다가 세월이 흐르고 철학 공부를 시작하면서 불법을 만나게 되었고, 불법에 심취하여 관련 서적을 탐독하던 중, 아르헨티나의 전설적인 작가 보르헤스(1899~1986)의 『불교 강의』라는 책을 접하게 되었다. 열심히 이 서양학자의 눈에 비친 불교를 정신없이 읽던 중에 어떤 대목에 눈이 탁하고 꽂히는 걸 느꼈다. 나는 그의 말을 이렇게 이해했다.

객관적 현상을 실체로 인정하고 그 모습을 사실적으로 묘사하는 리얼리즘 문학과, 세계를 공空으로 보는 시각은 양립하기 어렵다. 그런데 보르헤스는 현실 세계를 '공'으로 보고, '공'을 서구적 용어 안에서 '환상幻想' 혹은 '환영幻影'이라고 표현했다. 그러므로 만일 현실 자체가 환영maya이라면, 그 현실을 충실하게 그려낸 문학작품은 '환상적'일 수밖에 없고, 따라서 현실을 충실하게 반영하면 할수록 그 작품은 더욱 환상적이 된다는 것이다. 그래서 보르헤스 자신은 자기 문학을 환상적 사실주의, 마술적 사실주의magic realism라고 부른다는 것이었다.

눈이 번쩍 뜨이는 것 같았다. 바로 색즉시공色卽是空이 아닌가. 그러니 눈에 보이는 인간군상의 삶의 파노라마가 곧 다름 아닌 '공'임을 보여주는 것이 가장 사실적(?)인 리얼리즘이라는 것 아닌가. 그야말로 눈에 보이는 사실fact이 아니라 하이데거가 사실성facticity이라고 표현한 '실상'을 드러내고자 하는 것이 아닌가. 그러면서 퍼뜩 제목만 기억하고 있던 그 책이 떠올랐다. 『백 년 동안의 고독』이라는 가브리엘 마르케스의 작품이.

다행히도 이 책은 절판되지 않고 살아 있었다. 나는 반가운 마음에 득달같이 다시 책을 구입하여 손에 잡자마자 읽어 내리기 시작했다. 그리고 감탄했다. 이렇게나 재미있는 책이었다니. 밀란 쿤데라는 소설의 종말을 말하는 서구 작가들을 향하여 이렇게 말했다고 한다. "책꽂이에 마르케스의 『백 년 동안의 고독』을 꽂아두고 어떻게 소설의 죽음을 말할 수 있단 말인가." 맞는 말이라고 생각했다.

퍽이나 길고 방대한 이 책은 인물들의 관계를 마치 가지 많은 수형도樹型圖처럼 복잡한 그림으로 그려가며 읽지 않으면 파악이 힘들 정도로 복잡했다. 게다가 무엇보다도 『구운몽九雲夢』을 생각나게 만드는 오묘한 플롯을 지니고 있어서 더욱 흥미로웠다. 애초에 존재한 적이 없는 '꿈' 속의 이야기를 전하기 위한 플롯.

── 꿈같은 인간사, 호접지몽(胡蝶之夢)

책을 열었더니, '좋은 날' 혹은 '좋은 시대'라는 의미를 지닌 '부엔디아Buen Dia'라는 단어를 성姓으로 하는 한 집안의 이야기가 펼쳐지고 있었다. 남미의 콜롬비아를 배경으로 하는 100년에 걸친 6대의 이야기(간혹 7대의 이야기로 보는 견해도 있지만 7대는 태어나자마자 죽었으니). 하지만 하나의 물줄기가 평탄하게 흘러가는 단선형의 이야기가 아닌 데다가, 또 워낙 인물들의 관계와 플롯이 복잡한 터라 한 세대 한 세대 이야기의 디테일에 묶이다 보면 이야기의 전모가 잘 드러나지 않았다. 그래서 대략 구조를 미리 잡아두고 싶어서 일단 빠른 속도로 휙 한 번 보고 구조를 잡은 후 찬찬히 읽어가는 방식으로 갔다.

이 이야기의 전체 구조는 부엔디아 1대 선조가 중심이 되어 〈마콘도〉라는 마을을 건설하는 것에서 시작하여, 그 가문의 마지막 후예가 마을과 가문의 멸망을 극적인 방식으로 보는 것으로 끝난다. 그리고 그 중간 과정에는 비슷한 이름을 가진 부엔디아 후예들이 비슷하게 살아낸 이야기, 그들이 겪어낸 고통과 절망, 광기어린 사랑과 파멸의 이야기가 환상적인 방식으로 펼쳐지고 있다. 그렇게 읽으면서 내내 뇌리에서 떠나지 않는 의문이 있었다. 무엇이 그 가문과 마을을 파멸로 이끈 것일까. 그 파멸은 어떤 의미를 갖는 것일까. 그리고 왜 이 가문이 겪어낸 삶의 큰 줄기를 작가는 〈고독〉이라고 본 것일까.

그런데 참으로 흥미로운 것은 한 집시 노인의 봉인된 양피지 문서에 이 6대에 걸쳐 펼쳐지는 이 집안의 '현실 같지 않은 일들'이 산스크리트어로 상세히 기록되어 있고, 마지막 후예에 의해 그것이 해독된다는 점이다. 이것은 대체 무슨 의미를 지닌 문학적 장치일까. '봉인'되었다는 것과 '해독'해야만 알 수 있다는 것은 또 어떤 의미일까. 이 실마리는 어떻게 풀어야 하는 것일까. 마치 암호를 마주하고 있는 기분이 들었다. 전편의 구조와 마지막 부분의 결말을 보면서 나는 『장자』를 떠올렸다.

『장자』라는 책은 첫 장에서 남명을 향해 비행하는 '붕새의 이야기'로 시작하여, 마지막 장에서 '혼돈의 죽음'으로 전편이 마무리된다. 이 두 이야기는 전체 우화 중 가장 흥미롭고 특별한 의미를 지닌 것이기도 한데, 여기에 또 하나 더할 만한 것이 있다면, 바로 '나비의 꿈胡蝶之夢' 이야기이다. 장자가 나비가 되어 자유롭게 훨훨 날아다니는 꿈을 꾸었는데, 자신이 장주임을 전혀 몰랐다. 그러다 깨어보니, 이상한 느낌이 들더라는 것이다. 분명히 나비였는데, 어째서 지금은 장주인가. 그러면서 퍼뜩 의심이 들었다. 혹시 내가 나비인데, 지금 장주가 되는 꿈을 꾸고 있는 것은 아닐까.

쉽게 이해하기 힘든 수사적 장치와 메타포를 구사하고 있긴 하지만, 아마도 우리가 보고 느끼는 현실은 그것이 진짜인지 아닌지 구분할 수 없는 꿈같은 것임을 말하는 것 같다. 결국 꿈도 꿈이고(나비), 꿈에서 깬 자도 꿈이며(장자), 꿈인 줄 아는 것 역시 꿈이라는 것이니 그 어느 것도 실체가 아니라는 것이다. 보르헤스의 '세상을 '공空'으로 보는 시각'인데, 장자는 한 발 더 나아가 세상을 '공'으로 보는 것 역시 '공'이라는 것을 말하고 있다. 그러니 꿈이기 때문에 집착할 것이 없지만, 꿈이라 해서 무시할 수 없다는 것. 그러므로 세상과 인간 삶에서 꿈과 현실은 차별될 수 없다는 것이다. 그러면 집착하지도 않고 무시하지도 않는 것에 가장 가까운 인간의 마음은 무엇일까. 그것은 바로 '놀이하는 마음遊心'일 터. 그러니 꿈같은 세상 꿈인 채로 놀이하는 기분으로 즐기라는 메시지를 전하고 있는 것 같은데……

어쨌든 장자의 '나비의 꿈' 이야기가 이 작품과 어떻게 연관이 되는지는 뒤에서 천천히 살펴보기로 하고, 일단 부엔디아 가문의 전체 역사가 결국 '꿈같은 이야기'라는 점, 그리고 그것을 읽는 우리들 역시 '꿈같은 존재'라는 점을 염두에 두고 그들의 이야기를 따라가 보기로 하자. 어떻게 그들이 꿈속에서 열심히 즐기며, 괴로워하며 살아갔는가를.

── 100년 동안 고독에 시달린 종족, 부엔디아 가문의 이야기

이야기의 첫 문장은 2대 아우렐리노 대령의 회고에서 시작된다. 그의 아버지, 즉 부엔디아 가문의 1대 호세 아르카디오 부엔디아의 이야기를 하기 위해서이다. 회고하는 아들은 서른 두 차례 반정부 무장봉기를 일으켰다가 서른 두 차례 패배하여 총살을 당하려는 순간, 어릴 적 어느 오후 아버지를 따라 집시들의 천막에 갔던 일을 떠올린다. 초입에 중요한 단서가 들어있다.

─ **1대 호세, 〈마콘도〉를 세우다.**

1대 호세는 마을에서 가장 뛰어난 두뇌의 소유자이다. 젊었을 때 그와 그의 친구들은 가족들을 이끌고 산맥을 넘어 2년 2개월 동안 유랑하지만 사람들이 사는 마을로 이어지는 길을 찾지 못한다. 그러다 어느 날, 강가의 한곳에서 '거울로 벽을 장식한 집들이 튀어나와 도시를 이루는 꿈'을 꾸고, 그 곳에 정착하여 마을을 세우는데, 그 마을의 이름이 〈마콘도〉이다. 〈마콘도〉는 작가가 태어난 카리브 해 연안의 시골마을 아라카타카를 모델로 창조된 신화적 공간인데, 좁게는 콜롬비아, 넓게는 라틴아메리카 대륙, 더 넓게는 인간 세계를 상징하는 것 같다. 그는 마을에서 가장 머리가 좋아서 그의 계획에 따라 집을 짓고 물을 긷고, 집집마다 공평하게 땅과, 빛과 그늘을 나누어 서로 불평이 없었다. 자신들이 아는 마을들 가운데 〈마콘도〉는 가장 질서 있고, 모두들 열심히 일하는 곳이었고, 마을 사람들 중에는 서른이 넘은 사람도 없었고 죽은 사람이 아무도 없어서 모두 행복하기만 했다.

〈마콘도〉 마을에 대한 이 묘사는 이상적인 저 먼 태곳적 촌락을 연상시킨다. 처음 집시 일행이 이 마을을 찾아 왔을 때에도 구석진 늪지대에 이렇게 아담한 마을이 숨어 있는 줄 상상하지 못했을 정도로, 그 자체로 완결적이고 자족적인 마을, 모두가 행복하고 불평이 없는 공동체, 무언가 연상되지 않는가. 에덴동산, 마르크스의 원시공산제사회, 공자의 대동사회 같은 것들이. 노자는 '나라는 작고 백성은 적으며…… 거처는 편안하고 풍속은 즐거워, 이웃 나라가 바라보이고 닭 우는 소리와 개 짖는 소리가 들려도 늙어죽을 때까지 서로 왕래하지 않는' 소국과민小國寡民의 공동체를 이상적이라고 보았는데, 그 자체로 완결적이고 자족적인 〈마콘도〉 마을과 유사하지 않은가. 하지만 결국 에덴동산은 선악과로 인해, 원시공산제사회와 대동사회는 생산력 발달에 따른 사유재산의 출현에 의해 각기 사라지게 되었다고 전해지는데, 과연 이 〈마콘도〉 마을은 어떤 과정을 거쳐 몰락하게 되는 것일까. 그 비밀의 대부분이 1대 호세의 이야기에 숨겨져 있다. 먼저 그는 왜 고향을 떠나야했는가.

부엔디아 가문의 비밀

호세와 그의 아내 우르슬라는 '사랑보다 더 굳은 공통된 양심의 가책'으로 맺어져 있었으니, 그것은 그들이 사촌 간이라는 사실이었다. 부엔디아 가문은 콜롬비아 내륙지방에서 담배를 경작하던 부지런한 본토인(스페인)이었고, 아내의 집안은 스페인계 상인 가문이었는데, 이 두 가문은 긴 세월 복잡하게 얽히며 혼인관계를 가졌던 것. 그래서 양쪽 친척들은 그들의 결혼을 극렬하게 반대했는데, 그 이유는 그들이 이구아나나 도마뱀을 낳을까 두려워했기 때문이다. 조상 가운데 그런 전례가 있었는데, 근친혼으로 태어난 한 아들이 용수철처럼 꼬여있는 꼬리를 달고 태어나, 푸줏간 주인에게 그것을 칼로 잘라달라고 했다가 그만 목숨을 잃었던 것.

하지만 19살의 청춘 호세는 '말만 할 줄 알면, 돼지로 태어난들 무슨 상관이냐'고 하며 결혼을 강행했다. 그러나 돼지꼬리 아이가 태어날 것을 두려워한 아내가 6개월 동안 동침을 거부하고 있던 어느 날, 호세는 닭싸움에 져 격분한 아퀼라라는 남자로부터 그 문제로 모욕을 당하고, 이에 결투를 벌여 그를 죽이고 마는 사건이 벌어진 것. 그때부터 도처에서 아내와 호세의 눈에 죽은 아퀼라가 보이기 시작하고, 어느 날 밤 자신의 방에서 '상처를 씻고 있는' 아퀼라를 발견한 호세는 그에게 '먼 곳으로 떠나 돌아오지 않을 테니, 평화롭게 잠들라.'고 말한 후 고향을 떠나 유랑하다가 새로운 마을을 세우게 된 것이다.

그렇게 〈마콘도〉를 세운 후, 마을을 안정시키고 존경 받으며 근면하게 일하던 1대 호세를 크게 변화시키는 사건이 생긴다. 매년 3월이면 집시들이 찾아와 바깥 세계의 문명 도구들을 전해주었는데 이 물건들에 크게 고무된 호세는 막대한 비용을 치르며 물건을 구입한 후, 자석을 이용해 황금을 찾고자 하고, 확대경을 전쟁의 유용한 무기로 만들고자 하는 등, '목숨까지도 서슴지 않고 내놓을 만한 과학자의 사명감'을 느끼며 거의 미치광이에 가까운 사람이 되어 족장으로서의 의무를 포기한 채 연구에만 몰두하게 된 것이다. 이에 '예언자의 비밀을 터득했다고 알려진 천재적인 사나이' 집시 노인 멜키아데스는 그에게 연금술사의 실험실을 기증한 후 먼 데에서 죽는다. 그리고 이 발명품들이 마을에 들어오면서 마을은 변모하기 시작한다. 바깥문명이 들어오기 시작하면서 사람들을 변화시킨 것이다.

이 대목을 읽으면서 몇 가지 의문이 들었다. 호세는 어째서 기형아 출산의 위험과 두려움을 무릅쓰면서, 나아가 '무시하면서' 근친혼을 강행한 것일까. 『증여론』의 저자, 마르셀 모스(Marcel Mauss, 1872-1950)는 북아메리카 원주민 문화를 연구하면서, 문화란 인간이 자연과 결합하는 방식에서 나타난 생활양식이고, 그 문화는 곧 호혜성을 전제로 하는 증여 및 교환체계의 의미를 지니는 포트래치potlatch에 의해 표상될 수 있다고 한다. 즉 '주고받는 것'인데, '주고받기' 위해서는 최소한 둘이 필요하고, 이 둘은 '차이'가 있어야 한다는 것이다. 그리고 그의 영향을 많이 받은, 브라질의 아마존 열대우림의 부족문화를 연구한 인류학자 레비스트로스는 『슬픈 열대』라는 책에서, 원주민 문화를 야만적 비합리적인 것으로 보는 서구적 시각을 비판하고, 서구문화보다 그들의 문화가 오히려 자연과 공존하는데 효과적임을 논하면서, 아마존의 모든 부족에게서 나타나는 공통적 문화현상이 근친혼금지incest prohibition라고 한다. 말하자면 '근친혼 금지'는 자연의 본능적 법칙이자 명령이고, 동종교배로 인한 열등한 자손의 출생은 '자연의 명령'을 위반한 것에 대한 일종의 대가라는 것, 그리하여 그것을 '도덕적 타락'으로 이름하여 강력하게 규제하고 금기禁忌시 했다는 것이다. 그런데 이 부엔디아 가문이 바로 그 〈근친혼〉에서 비롯되어 출발했다가, 점점 서로를 알아보지 못하는 후손 간의 〈근친혼〉으로 돼지꼬리 아이가 태어나면서 파국을 맞이하게 되는 것인데……. 이 〈근친혼〉을 통해 작가가 말하려는 것이 무엇일까. 그것이 이 가문의 〈고독〉과 무슨 연관이 있는 것일까.

고독은 언제 찾아오는가. 어떤 이들이 고독을 느끼는가. 더불어 있으면서도 더불지 못하는 사람들, 함께 있으면서도 서로를 대상으로 전락시켜 소유의 대상으로 보는 사람들, 그리하여 자신도 상대도 제대로 사랑하지 못하는 사람들. 존재의 고독을 부르는 것은 '사랑의 결여'가 아닐까. 마음에서 진정으로 이어지지 못하는 사람들. 그래서 후손들이 그 고독에서 벗어나기 위해 '광적으로 성性에 집착한 것'이 아닐까. 육체적으로나마 이어지기 위해. 그러나 그것은 진정한 사랑이 아니었기 때문에 고독은 치유되지 않았고, 극단적인 형태의 사랑으로 〈근친혼〉이 나타난 것은 아닌가. 하지만 그 근친혼은 고독에서 벗어나게 하기는커녕 오히려 고독을 재생산하고 결국 파멸로 이끈 것은 아닌가.

혈육이 곧 자기의 확대(유전자면에서)라면 〈근친혼〉이 상징하는 것은 단순한 '도덕적 타락'을 넘어서는 어떤 것을 상징하는 것 같기도 하다. 그것은 바로 극단적인 '자기애自己愛'. '근친혼'의 위험을 단칼에 잘라내며 무시해버린 호세의 자신감은 바로 그 '자기애'에서 비롯된 것이 아닐까. 그런 의미에서 〈근친혼〉을 한마디로 하면 '타자와의 이어짐'에 대한 거부이자 실패가 아닐까.

불교에서는 이런 '자기애'를 '아상我相'이라 하고, 더 심해진 것을 '아만我慢'이라고 하는데, 이런 극단적인 자기애는 세계와의 소통단절을 부르고, 결과적으로 '자기만의 세계'에 빠지게 만들기 쉽다. 돈키호테나 리어왕이 그랬던 것처럼. 바로 세상 사람들의 눈에 '미치광이'로 비친 이런 이들의 극단적인 자기애와 자기세계에의 침잠이 '광기'로 세상에 드러나는 것이 아닐까. 그리고 그것이 '존재의 굴레'가 되어버린 것이 아닌가. 도덕성의 화신으로 등장하는 아내 우르슬라조차도 이 굴레에서 어쩌지 못하는, 그런 극단적인 자기애에서 비롯된 '근친혼'의 결과가 바로 우르슬라 말대로 '태어날 때부터 사랑할 능력이 완전히 결핍된 인간'의 탄생이 아닐까. 말년의 우르슬라는 이렇게 말한다. '자신의 삶을 모두 쏟아 넣었던 자기 아이들에게는 사랑할 수 있는 능력이 전혀 없었다'고. 이것이 부엔디아 가문을 파멸로 이끈 제1원인이 아니었을까.

── 마르케스, 환상과 현실의 경계를 허물어버리는 눈

그리고 또 어떻게 죽은 자가 나타나 산 자와 더불어 태연하게 한 공간에서 살았던 것일까. 아귈라의 모습은 호세의 눈만이 아니라 그 아내의 눈에도 생생하게 보였던 것. 뿐만 아니라 죽은 멜키아데스 역시 나중에 〈마콘도〉 마을에 찾아와 '정말로 죽었지만 죽고 나니 너무 외로워서 다시 돌아왔노라'고 말하며 '은판사진술'을 마을에 전하고 그들과 함께 사는데, 말하자면 산 자와 죽은 자들의 동거. 〈마콘도〉 마을에서 죽음은 너무나 자연스럽고 친숙한 모양이다. '죽은 자들이 산 자들과 더불어 나이를 먹고 함께 고통' 받는 모습에 그들은 아무런 의문을 품지 않는다. 삶과 죽음의 경계가 허물어지고, 꿈과 현실이 구분되지 않는 것. 나비가 장주가 되고 장주가 또 나비가 되는 것처럼 죽음은 단지 변화과정일 뿐이니, 어찌 육신을 지녔다 하여 살았다 할 수 있으며, 육신을 떠났다 하여 죽었다 할 수 있겠느냐는 것이다. 장자의 말처럼 다만 '물화(物化, 존재의 변화과정)'일 뿐.

마르케스의 말에 따르면, 실제로 작품을 가득 채우고 있는 이런 환상적인 내용들은 대부분 어린 시절 외조부모에게 들었던 이야기에 뿌리를 두고 있으며, 그들은 자신의 '마술적이고 미신적이며 초자연적인 현실관의 원천'이 되었다고 한다. 실제로 그는 자서전인 『이야기하기 위해 살다』에서 '당시 눈이 멀고 반쯤 미쳐있던 외할머니 미나는 걸핏하면 집요하게 과거를 회고했기 때문'에 그를 비롯한 가족들은 '과거에 일어난 사건들을 정확하게 정리할 수 있을 정도'였다고 하는데, 문자에 의지하지 않던 세대들의 구전 풍습이 얼마나 살아있는 전승력을 지니는지 참으로 경이롭다. 그는 자신의 작품들 가운데 직접 들은 것과 겪은 일을 소재로 하지 않은 것은 하나도 없다고 말한다.

그러면 그가 듣고 겪었다는 이야기들은 얼마나 현실적인 것일까. 어디까지 현실의 영역이고 어디서부터가 허구의 영역일까. 흥미롭게도 마르케스에게는 '일상의 사건이나 고통만이 아니라' 전해들은 신화나 민간의 신앙, 전설까지도 모두 '현실'에 포함되는 것 같다. 사실 '신화'나 '민간의 전설'은 있었던 객관적 사실에 국한되지 않는다. 그 사실에 대한 사람들의 느낌과 생각이 가해지면서 더 풍부해지고, 또 그것이 전승되는 과정에서 더욱 각색되어 살이 붙는다. 마르케스는 자서전에서 '삶은 한 사람이 살았던 것 그 자체가 아니라, 현재 그 사람이 기억하고 있는 것이며, 그 삶을 어떻게 이야기하느냐 하는 것'이라고 말한다. 그렇다면 마르케스는 있었던 사건에 대한 '사람들의 생각과 해석'까지도 현실로 아우르는 것인가. 이런 생각을 하며 나의 젊은 시절을 떠올렸다.

20대의 내가 살았던 시대에, 우리 귀에 가장 크게 들렸던 말은 '역사가 부른다'는 것과 '시대적 요청'이라는 말이었다. 그래서 우리는 아무리 멀고 험해도 '역사의 부름(?)'을 열심히 받아야 하며, 준엄한 '시대적 요청'에 응하기 위해 각자 나름의 노력을 기울여야 한다고 생각했다. 그렇게 하지 않으면 마치 역사의 수레바퀴가 거꾸로 돌아갈 것만 같은 조바심을 느끼면서.

그런데 지금 돌이켜보면, 의아한 생각이 든다. 대관절 역사와 시대가 도대체 누구를 부르고 무엇을 요청했단 말인가. 아무리 살펴봐도 그 근거를 찾을 수가 없다. 오직 알아차릴 수 있는 것은 우리가 역사와 시대에 대해 그렇다고 생각했고, 그렇게 생각한 것을 자명한 '현실'로 여기며 살았다는 것뿐이다. 말하자면 우리에게 현실은 우리의 생각과 해석이 담긴 '해석된 세계'이었던 것. 하지만 인간에 의해 해석되지 않은 그런 세상이라는 것이 존재하기는 하는 것일까. 비트겐슈타인 말대로, 세계 자체는 알 수 없는 것이요, 오로지 우리가 알 수 있는 것은 언어에 의해 해석되고 구성된 세계일뿐인 것이 아닐까. 마르케스가 들었다는 전승된 이야기들이 펼쳐 보이는 그런 세계처럼.

각자의 '현실'은 얼마나 다른가. 또 각자에게 '현실'로 다가오는 것 역시 얼마나 다른가. 9·11 테러가 나던 해, 온 세계가 이 문제로 충격에 빠져 있던 그 때, 미국은 행동 빠르게 빈 라덴을 범인으로 지목하고 그가 머무르고 있다는 아프가니스탄을 침공하려는 계획을 세우고 있었다. 안 그래도 테러로 목숨을 잃은 무고한 생명들로 마음을 앓고 있던 나에게 아프가니스탄 침공 소식은 더욱 견디기 힘든 일이었다. 먼지만 풀풀 날리는 저 동네를 공중 폭격하면 거기 사는 사람들은, 그리고 아이들은 어쩌란 말인가. 그렇게 잠을 못 이루고 마음을 앓고 있던 나를 보고, 나의 어머니는 한 마디로 사태를 간단하게 정리해주셨다. '그게 너랑 무슨 상관이란 말이냐?' 정신이 확 깨는 말이었다. 맞는 말이었다. 사실 그게 나의 일상생활과 무슨 상관인가. 그럼에도 왜 이리도 나는 정신을 차릴 수 없단 말인가. 나중에야 알았다. 이미 그 사태가 나에게는 현실이었음을. 나에게 해석된 세계는 그랬던 것임을. 하이데거는 이를 조르게sorge, care라고 했고 불교에서는 반연攀緣이라고 했다. 내 마음이 '관여關與'하는 만큼 나의 세계가 열린다는 것인데, 그렇게 열린 세계는 '나'의 관심과 이해와 해석이 이미 반영되어 있는 것이다. 그러니 어쩌겠는가. 우리 모두는 각자의 방식으로 해석한 세계 속에 살면서 각자의 방식으로 그 세계와 결합할 수밖에 없는 것을.

─〈마콘도〉, 세상과 꿈같이 이어지다.

어쨌든 1대 호세도 찾지 못한 세상으로 이어지는 길을 그의 아내 우르슬라가 찾아내면서 이제 〈마콘도〉 마을은 세상으로 이어진다. 집시를 따라 집을 떠나버린 큰 아들 2대 호세 아르카디오를 찾기 위해 나갔다가 길을 찾은 것이다. 그리하여 〈마콘도〉는 곧 기계와 공장과 장삿길을 갖추고 행정관리의 통치를 받는 커다란 읍내가 되어, 이제 집시가 아니어도 바깥세계의 문물이 들어올 수 있게 되었는데, 그 길을 따라 전염병 하나가 같이 들어온다. 불면증과 기억상실증을 일으키는 전염병.

사람들은 정말 불면증에 걸려 있었다. 아무도 잠을 이루지 못하고 밤새도록 일어나서 돌아다니며 꿈을 꾸었다. 선 채로 꿈을 꾸었을 뿐 아니라 남들의 꿈도 잘 볼 수 있었다. 자기 꿈에 보이는 사람도 남의 꿈에 나타나는 사람도 실물처럼 나타났기 때문에 호세의 집안은 늘 와글와글했다. 그 와중에 호세는 종종 자기가 죽인 아퀼라 생각을 떠올린다. 그리고 마을 전체가 〈망각〉에 시달린다. 과거의 일을 잊어버리고, 사람들을 못 알아보고, 물건의 이름을 기억하지 못한다. 그즈음 방문객이 찾아온다. 이 때 찾아온 한 손님을 알아보고 호세는 기쁨의 눈물을 흘리는데, 그 손님은 다름 아닌 죽은 멜키아데스였다. 그런데 뜻밖에도 이 허황한 집안에서 그나마 제정신을 차리고 동물과자를 만들어 생계를 책임지던 우르슬라가 멜키아데스에게 함께 살자고 제안한 것. 그리하여 그는 호세와 10년도 넘게 함께 살다가 죽기 직전 방에 틀어박혀 양피지에 몇 시간씩 괴상한 낙서를 하며 그 비밀의 〈양피지 문서〉를 만들고는 '내가 죽은 다음 내 방에서 사흘 동안 수은을 태워 달라', '나는 영생의 비밀을 알아냈다'는 말을 남기고 죽는다. 호세는 〈마콘도〉 역사상 최초의 장례식을 치러준다.

이 책을 읽다보면 한참씩 쉬어야 하는 부분이 나온다. 그 오의가 깊어 되새겨보며 생각하게 만드는 대목이 많기 때문이다. 작가는 그저 '이야기를 즐기라'고 했다지만, 그저 읽고 넘어가기에 아쉬운 부분이 있다. 생각해보고 나서야 '아하! 그런 의미로구나'하며 즐길 수 있기 때문이다. 이 대목도 그렇다. 〈마콘도〉가 세상과 이어지면서 들어온 것은 온갖 요란스러운 물건과 제도만이 아니다. 전염병도 함께 들어온 것인데 그 전염병이라는 것이 너무 기상천외한 것이다. 전염되는 불면증과 기억상실증이라니. 현실 속에서 찾아보기 불가능한 일들이 이 작품 속에는 아주 자연스럽게 전체 스토리와 연결되어 치밀하게 구성된다. 하긴 우리도 꿈속에서는 꿈속의 현실을 너무도 자연스럽게 느끼지 않던가.

어쨌든 불면증으로 사람들은 잠을 이루지 못한다. 돌아다니며 꿈을 꾸고 선 채로 꿈을 꾸고, 또 나아가 서로의 꿈을 본다. 그리고 꿈속의 사람들은 실제 인물처럼 행동한다. 게다가 기억상실증으로 과거를 잊고, 서로를 알아보지 못하고, 친숙하게 다루던 물건들의 이름도 잊어버린다. 불면으로 꿈속의 세상만이 펼쳐진다는 것과, 망각 속에 산다는 것, 그리고 물건도 사람도 알아보지 못하는 상황에서 1대 호세가 기쁨의 눈물을 흘리며 알아본 것이 멜키아데스였다는 것, 이것이 흥미롭다. 무얼 말하기 위한 것일까.

우리는 살면서 기뻐하기도 하도 슬퍼하기도 한다. 기쁨이야 우리에게 기분 좋은 느낌을 주기 때문에 별로 문제로 느끼지 않지만, 슬픔이나 고통은 그렇지 않다. 경우에 따라 엄청난 무게로 삶을 짓누르기도 하고, 나아가 영혼을 짓누르는 굴레가 되기도 한다. 그런데 우리가 현실을 고통스럽게 느끼는 것은 왜일까.

어떤 영화를 보며, 영화를 보는 내내 울었다고 하자. 그 영화가 슬펐기 때문이다. 그런데 그 영화를 보고 나온 후에도 우리는 그렇게 계속 슬퍼하고 고통에 시달리게 될까. 오히려 무언가 가슴을 씻어 내린 듯 시원함을 느끼지 않을까. 아리스토텔레스는 『시학』에서 이것을 '카타르시스'라고 했다. 공감을 통한 자기 정화淨化라는 것인데. 영화 속에서 슬픈 것과 현실에서 슬픈 것은 어떻게 다를까. 아마도 영화 속 현실의 고통에는 마음이 '달라붙지도, 매이지도 않아서'가 아닐까. 그런데 만일 우리가 달라붙어 있는 현실이 실상 그 자체로 영화와 같은 '환幻'이라면.

그래서 작가는 '꿈'의 장치와 '환상적인 묘사'를 동원하는 것이 아닐까. '꿈'임을 계속 상기시키기 위해. 마르케스의 말에 따르면 이런 방식은 원주민들에게 일상적인 표현방식이라고 한다. 그것은 그들이 삶을 바라보는 방식의 한 면을 보여주는 것인데, 꿈임을 알고 현실에 대한 집착을 떼어내는 것, 그리고 다시 집착하고, 다시 떼어내고. 그렇게 하는 것을 하나의 삶의 방식으로 생각한 것은 아닐까. 꿈에서 깨어 났다가 다시 꿈속에 들어갔다가, 다시 꿈에서 깨어났다가를 반복하는 과정에서 결국 꿈과 현실의 경계가 해체되고 마는.

이렇게 '꿈과 같은 세상과 삶'을 보르헤스는 불교의 용어를 빌어 '공 空'이라 했고, 하이데거는 무(無, Nothingness)라고 했다. 그리고 장자는 '꿈'이라고 했다. 그러나 공이든 무든, 꿈이든 그것은 아무것도 없는 것이 아니라 오히려 모든 것을 현현顯現 가능하게 하는 보고寶庫가 된다. 허공이 만물을 품고, 진공眞空이 묘유妙有를 가능케 하고, 꿈속에서 무엇이든 될 수 있는 것처럼.

꿈의 비유는 삶에 대한 최고의 이해, 즉 삶을 문제로 보지도 문제 삼지도 않는 경계를 보여준다. 꿈에서 깨어날 때 꿈의 세계는 사라진다. 그것은 환영처럼 존재할 뿐이다. 문제처럼 보이지만 실상 문제가 아닌, 의사擬似 문제pseudo-problem이다. 깨어나서 보면 애초부터 문제가 없었음을 알게 되는 것이다.

작품 전체에서 인물들이 보여주는 〈고독〉과 〈광기〉 역시 그런지도 모르겠다. 미셸 푸코의 말에 따르면, 〈광기〉는 다만 비이성적인 것일 뿐 질병도 아니고 범죄도 아니라고 한다. 서구 이성의 합리주의가 사회적으로 감당할 수 있는 범주를 세우고, 그 범주를 벗어나는 것을 '광기'로 규정한 후, 범죄나 질병으로 취급하여 '감옥'이나 '병원'에 격리했을 뿐이라는 것이다. 말하자면 인간사회에서 문제 삼은 것에 불과하다는 것이다. 어찌 보면 '자기만의 세계에 빠져 사는 것' 역시 세상과 '단절된 채로 이어져 있는 것'이 아닐까. 원만히 소통하며 이어지든 단절된 채로 이어져 고독한 상태에 있든 그 자체로는 문제가 되지 않는 꿈같은 것이 아닐까. 그래서 장자는 '노니는 기분'으로 제약 없이 삶을 영위하라遊無窮고 한 것이 아닐까. 다시 '노니는 기분'을 회복하고 이야기 속으로 들어가 보자.

── 1대 호세, 시간의 시계가 부서지고 꿈같이 죽다

1대 호세는 멜키아데스가 죽은 후에도 계속 신의 존재를 찾기 위해 밥 먹는 것도 잊고, 잠도 자지 않고 연구에 몰두한다. 불면과 피로로 열이 오르고 정신이 흐릿해진 어느 날 새벽, 그는 자신의 침실로 찾아온 백발노인을 보는데, 바로 자신이 죽인 아귈라다. 호세가 감격하여, '용케도 먼 길을 찾아왔다'며 그를 반기자, 아귈라는 '죽어서 지내려니 사람들이 그리웠고, 참을 수 없을 만큼 말동무가 필요했으며, 죽은 사람들과만 살자니 죽음이 더욱 소름끼치는 것 같아서, 결국 가장 미워하던 원수를 사랑하게 되었노라'고 길게 얘기를 늘어놓았다. 이후 호세는 아귈라, 멜키아데스, 자신의 부모 등 죽은 사람들만 만나며 지내고, '시간의 시계가 부서져서 고장이 났다'고 말하며 흐느낀 후, 알 수 없는 소리를 유창하게 지껄이며 실험실과 작업실의 기구들을 산산조각 내버린다. 그러자 놀란 아들은 마을 사람들에게 도움을 요청하고, 그들은 합세하여 초록빛 거품을 뿜으며 고함을 지르는 호세를 밤나무로 끌고 가 나무에 묶어버렸고, 나중에 귀가한 우르슬라는 그를 위해 햇빛과 비를 가리도록 머리 위에 야자나무 가지로 지붕을 만들어준다.

1대 호세가 나무에 묶여 지내는 동안, 아들 2대 아우렐리아노가 결혼을 한다. 그때 결혼식을 위해 바깥세계에서 온 신부神父는 마을 사람들에게 전도하려 하지만, 아무도 그의 말에 귀 기울이지는 않는다. 신부가 없이도 여태 잘 살아왔고, 영혼에 대한 문제라면 하느님과 직접 타협해서 해결할 것이며, 원죄 따위는 벌써 깨끗이 벗어났다는 것이 그 이유였다. 그러나 신부가 공중으로 떠오르는 이적異跡을 보이자, 사람들은 교회 지을 헌금을 앞다퉈 내는데, 오직 1대 호세만이 고개를 설레설레 흔들며 신부에게 말한다. 그제야 사람들은 그동안 호세가 지껄였던 말이 라틴어임을 알게 되고. 신부는 호세를 설득하기 위해 그와 토론하고 장기도 두면서, 호세의 정신이 아주 말짱하다는 것을 알게 된다. 그래서 호세에게 묻는다. 왜 묶여 있느냐고. 그러자 호세는 답한다. '내가 미쳤기 때문'이라고. 그 다음부터 신부는 호세를 찾지 않는다. 왜냐하면 '자신의 신앙생활이 흔들릴까 염려되었기 때문에'

자신이 미쳤다는 것을 알면서 그 속에서 사는 '호세', 신부가 오히려 설득당할까 두려워 피하는 호세. 신의 존재를 찾느라 늘 공상과 연구의 세계에 빠져 살았던 호세. 죽음의 세계에서도 여전히 진행되는 노쇠로 거의 가루가 된 채로 매일 찾아오는 아퀼라와 이야기 나누며 사는 호세. 그의 꿈같은 삶이 막을 내린다. 어느 날 예지력을 지닌 둘째 아들이 전쟁터에서 우르슬라에게 편지를 보낸다. '아버지가 곧 돌아가실 것 같으니, 잘 보살펴주기 바란다.'는 것. 나무 밑에서 바람과 햇

살에 고색창연해진 거대한 노인을 침대로 옮겨놓자, 신기하게도 침실의 공기는 부드러운 버섯과 꽃나무 화분과 온갖 들판의 냄새로 가득 차고, 이 방에서 호세는 끝없이 연결된 넓은 방들을 꿈꾸며 시간을 보낸다. 방을 열고 들어가면 침대와 의자와 뒷벽의 성모마리아 그림이 있고, 거기서 문을 열면 또 다른 똑같은 방이 나타나고, 또 다시 문을 열면 다른 똑같은 방이 나타나고, 또 다시 문을 열면 계속해서 똑같은 방이 나타나는, 한없이 계속되는 방들의 꿈을. 꿈속에서 다시 꿈을 꾸는 호세.

목수들이 호세의 관을 짜고 있는 동안, 사람들은 창밖에 작고 노란 꽃들이 하늘에서 빗발처럼 내리기 시작하는 것을 본다. 밤새도록 소리 없이 내린 꽃비는 지붕을 덮고 문을 열 수 없을 만큼 쌓였고, 장례 행렬이 지날 때에는 길에 깔린 꽃 더미를 삽으로 밀어내야만 했다.

─ 광기와 고독

1대 호세의 삶이 장엄하게 끝났다. 꿈같은 삶이 꽃비 속에서 아름답게 마무리되었다. 패기 넘치는 젊은이로 근면하고 성실한 인물이었지만, 집시들의 새로운 문물에 현혹되고 멜키아데스를 만나면서 자기만의 정신세계에 빠져 밤나무에 묶인 채 생활하다가 고독하게 죽음을 맞이한 호세. 그런 그가 죽기 직전 꿈에 본 것은 한없이 이어진 똑같은 방.

참으로 이 작품만큼 한참씩 생각하기 위해 책을 덮어야 하는 게 또 있었을까. 꽃비로 마무리한 것은 아마도 죽음 역시 꿈같은 것임을 보이기 위한 것일까. 꿈속의 꿈임을 표현하기 위해 동원한 장치로 '환상적 묘사'인 것 같은데, 호세가 꿈에 보았다는 '한없이 이어지는 똑같은 방'이란 또 뭘 의미하는 것일까. 무엇을 예고하는 것일까.

1대 호세가 여생을 밤나무에 묶여 지내다 죽은 것은, 사람들 눈에 그가 '미친 것'처럼 보였기 때문이다. '자기만의 세계에 빠진 미치광이'로, '광기 속에서의 고독한 죽음'으로 그는 자기 삶을 마감했다. 그런데 '미쳤다'는 것의 기준은 무엇일까. 신부는 그의 정신이 말짱했음을 알고 있었고, 자신이 오히려 그에게 설득당할까 염려했으며, 호세 스스로도 자신이 세상 사람들에게 미쳤다는 평가를 받고 있음을 알고 있었다.

어찌 보면 호세가 '미쳤다'는 것은 세상 사람들과 '다르다'는 것일 뿐이지 않을까. 푸코 말대로 범죄도 질병도 아닌, 다만 '비이성적인 것'인 것일 뿐이 아닐까. 그러면 무엇이 다른 것일까. '비이성적인 것'이란 무엇을 가리키는 것일까.

푸코는 자신의 박사학위 논문인 『광기의 역사』에서, 르네상스 시대에 광기는 이성과 동떨어진 것이 아니라, 이성으로는 얻지 못하는 그 무엇을 주는 신비로운 것으로 여겨졌으며, 실제로 르네상스를 번영시킨 상상의 자유에는 광기가 포함되어 있었다고 본다. 그러다가 17, 8세기에 들어서면서 광기는 반사회적 범죄로 여겨져 감금되었고, 이후에는 치료가 필요한 질병으로 여겨졌다는 것이다. 자유로운 정신에서 광기가 분리된 것은 이른바 '이성중심주의'가 확립된 근대, 그러니까 17세기에서 19세기 사이이다. 그리하여 궁극적으로 이성은 광기를 복종시키게 되었는데, 그는 이를 이성과 광기 간의 '단절된 대화'라고 표현한다. 그리고 건전한 사람과 동등한 자격을 가지고 있었던 광인들이 이성과 도덕법칙에 묶여 억압받게 된 것을, '거대한 도덕적 투옥'이라는 형을 받은 것이라고 말한다. 이런 면에서 보면 '비이성적인 것'이란 아마도 효율과 계산을 중시하는 근대 합리주의와 평화롭게 결합하기 힘든 자유로운 정신을 가리키는 것이 아닌가 싶다.

그런데 과연 광기가 질병일까. 그것은 협애한 서구 합리주의의 관점에만 치우친 것이 아닐까. 고흐나 니체에게 보듯 광기는 이성을 뛰어넘는 혜안을 주기도 한다. 광기를 배제한 문명은 균형을 잃은 이성의 독주獨走가 되기 쉽다. 포스트모더니즘이 근대의 '이성중심주의logocentrism'에 대해 문제를 제기하는 핵심이 바로 여기에 있지 않을까. 이성이 간과하고 있는 것을 광기가 채워주면서 균형을 잡아줄 수도 있지 않을까. 오히려 광기는 남들이 보지 못하는 것을 보고, 생각하지 못하는 것을 생각하게 해주는 것이 아닐까. 그리고 이런 미치광이들에 의해 인류의 문명과 예술이 발전해온 것이 아닐까. 도대체 어떻게 인간의 모든 문제가 이성적인 머리로만 해결될 수 있겠는가.

그런데 흥미롭게도 『장자』에도 '미치광이'로 불린 자가 등장한다. 광인狂人으로 등장하는 접여接輿인데, '접여'란 '더불어 이어져있다'는 뜻이니, 장자 입장에서 보면 제대로 세상의 실상에 따라 사는 인물인데, 어째서인지 '미치광이'라는 수식어를 앞에 달고 등장한다. 아마도 자연의 실상에서 보면 '정상'인 사람이 세속의 눈으로 볼 때 '광인'으로 취급된다는 함의가 담겨 있는지도 모르겠다. 그러면 동서의 광인은 어떻게 같고 어떻게 다른 것일까.

일단 동서의 광인들은 모두 어떤 틀에서 벗어난 자들이라는 점에서 공통적이다. 서구의 경우 '합리적 이성'의 범주에서 벗어난 자들이고, 장자의 경우에는 '方'을 벗어난 자들, 즉 '방외인方外人'이다. 방내와 방외는 '方'을 기준으로 하여 내외를 구분한 것인데, '方'이란 '사각의 틀'이다. 실상에서 구분되지 않는 연속된 세계에 인간의 눈으로 일정한 형식과 질서로 틀을 만들어 놓은 것인데, 장자의 입장에서 보면 허공에 '사각의 틀'을 만들어놓고 그 안에서 선악과 시비를 다투며 소유적 욕망을 투사하는 공간이다.

어쨌든 이런 방외인을 공자가 접하는 장면이 『논어』에 나온다. 어느 날 공자가 초나라에 갔다가 광인 접여接輿가 노래를 부르며 지나는 것을 보고 수레에서 내려 그와 말을 나누고자 했는데, 접여가 피해버려 뜻을 이루지 못했다고 한다. 여기서 흥미로운 점은 '미치광이'의 말에 대한 공자의 대응이다. 그를 호세처럼 밤나무에 묶어두려 한 것이 아니라 그의 말을 더 듣기 위해 가까이 갔다는 것인데, 그의 말을 '격리'가 아니라 '경청'해야 한다는 태도를 보인 것이다. 공자는 어째서 그랬던 것일까. 『장자』에 전해지는 접여의 노래를 자세히 들어보자.

봉황이여. 봉황이여 어찌 그 덕이 쇠해졌는가.
오는 세월은 기다릴 수 없고,

가는 세월은 좇을 수 없네.
……

위태하구나. 위태하구나.
땅에 금을 긋고 달려가는 것은.
가시밭이여, 가시밭이여,
내 앞길을 막지 말라.
나는 돌아서 가고 있으니,
나의 발을 상하게 하지 못한다.

鳳兮鳳兮, 何如德之衰也.
來世不可待, 往世不可追也
……

殆乎殆乎, 畫地而趨.
迷陽迷陽, 無傷吾行,
吾行郤曲, 無傷吾足.

— 『장자』 〈인간세〉

접여의 눈에는 세상을 바로 잡아보려 애쓰고 다니는 공자가 어리석어 보인 모양이다. '봉황 같은 이의 덕이 쇠했다'고 하며 잡을 수 없는 시간을 잡으려 하지 말라는 것을 보면 말이다. 그러면 공자는 왜 접여에게 이런 비판을 받은 것이고, 또 그 말을 경청하려 한 것일까. 공자는 과거 옛 성인들의 행적을 규범으로 삼아, 대동사회의 이상을 꿈꾸었다. 말하자면 전자는 과거를 좇은 것이고, 후자는 미래를 도모한 것인데, 이것이 왜 문제가 되는 것일까. 엄밀하게 보면 실제로 시공간에 존재하는 것은 오직 〈지금, 여기〉일 뿐이다. 과거나 미래라는 시제에는 인간의 어떤 관념이 담겨져 있다. 즉 '과거' 지향은 재산이나 신분, 지식, 기억 등 축적된 것을 지키고자 하는 것에 묶여 있고, '미래' 지향은 앞으로 될 것 혹은 소유할 것에 대한 기대를 담고 있다. 말하자면 인간의 소유적 욕망이 투사된 것이다. 과거와 미래에 매이지 않음은 지나간 것에 대한 집착을 버림이요, 미래를 예기하지 않음은 허환虛幻한 욕망을 새겨 넣지 않는다는 뜻이리라.

그러면 '땅에 금을 긋고 달려가는 것'이란 무슨 말일까. 아무리 옳고 원대하다고 생각되는 이상이라 하더라도, 그것은 객관적 실체성이 있다고 보기 어려운 것이고, 설사 그렇다 해도 그것이 정답인지 확인할 근거가 없다. 마치 허공에 선악과 시비의 금을 긋고, 그것이 당위라고 주장하며 그것을 실행하기 위해 목숨을 던지는 것과 같으니, 존재의 실상에서 보면 허망한 것이며, 인간의 역사현실에 집착하는 위태로운 일이라는 것이다.

그렇게 말한 후, 접여는 '가시밭 같은 인간 세상의 길'을 자기 방식으로 가겠노라고 한다. 가시 무성한 삶의 길에서 가시나무를 없애는 것만이 답은 아닐 터, 피해서 돌아가는 길도 있다는 것이다. 더 쉬운 길이 있다면 그 길이 더 실용적이고 이상적인 것이 아닐까.

요컨대, 동서의 '광인'들에게 공통점이 있다면 모두 '자기 고유의 길'을 가는 자들이라는 점. 그것이 서구에서는 세상에 대해 폐쇄적이고 단절된 형태를 갖는다면 장자나 공자에게서는 방외인이라는 이름의 이인異人으로 세상 안에서 대접받는다는 점에 차이가 있다. 동서의 시각 차이가 이토록 현저하다.

하여간 '미치광이' 호세가 죽기 직전 꿈속에서 보았다는 '한없이 이어진 똑같은 방'이란 1대 호세의 광기어린 고독한 삶이 계속 순환될 것임을 예고하는 것 같다. '똑같은 방'이란 '차이'가 없다는 것이니, 이것은 '차이'가 없는 둘 간의 결합인 근친혼에서 비롯된 후예들의 삶이 계속 '차이' 없이 이어질 것임을 상징하는 것이 아닐까. 1대 호세는 죽었지만 그의 아내 우르슬라와 후손들의 삶은 계속 이어진다. 후손들은 선조들의 이름(호세, 아우렐리아노, 아르카디오 등등)을 반복하면서, 그야말로 광기어린 사랑(광적으로 사랑하거나 광적으로 사랑을 거부하거나)과 모험과 고독으로 점철되는 삶을 반복한다. 계속해서 나타나는 그야말로 '똑같은 방'으로 이어지는 것.

── 2대 부엔디아, 광기어린 사랑과 차가운 고독

1대 호세와 우르슬라는 세 아이를 낳고, 한 아이를 입양한다. 큰 아들은 호세 아르카디오, 둘째 아들은 아우렐리아노, 그리고 딸은 아마란타. 거기에 어느 날 부모의 뼈가 담긴 가방을 들고 먼 친척이라고 찾아온 레베카. 이번엔 이들의 이야기가 펼쳐진다. 광기로 집약되는 삶이.

〈호세 아르카디오〉

자기가 낳은 아이에게 문제가 있을까 염려한 우르슬라는 필라르라는 여자에게 카드점을 치며 장남인 2대 호세를 그녀에게 보여주지만, 그 아들은 '난폭한 비밀정사가 행복의 모든 것'이라 생각하며 필라르와 잠자리를 하고, 그들 사이에서 아들이 태어난다. '자신의 피가 섞인 아이가 버림을 받게 둘 수는 없다'는 1대 호세의 뜻에 따라 그 아이는 거두어지고, 얼마 후 2대 호세가 집시 소녀와 하룻밤을 보내고 '천사가 되어 나는 듯한 기분'을 느끼며 다음날 머리에 붉은 헝겊을 뒤집어쓰고 집시들과 함께 떠나버리자, '차라리 잘 된 일, 이제 그 녀석도 경험을 쌓고 제대로 어른이 될 테니'라고 말하는 1대 호세와 달리 우르슬라는 아들을 찾기 위해 나서고, 그러다가 세상으로 통하는 길을 발견한다. 그 즈음 딸 아마란타가 태어난다. 그 아마란타가 시집갈 처녀가 되어 한 남자를 사이에 두고 먼 친척이라며 찾아온 레베카와 목숨을 건 사투를 벌이고 있을 때, 2대 호세는 집이 무너지는 요란한 소리를 내며 거대한 몸집의 사나이가 되어 돌아온다. 국적 없는 선원으로 등록하고 세계를 예순다섯 바퀴나 돌고 돌아온 것인데, 낮이면 하루 종일 잠을 자고 밤만 되면 홍등가에서 힘자랑하며 창녀들과 놀던 그에게, 레베카는 남성적 매력을 느끼고 반해 그와 잠자리를 한 후 '자신을 잃고 다시 태어났음을 하나님께 감사'드리며 약혼자 크레피스를 버리고 그와 결혼한다. 사냥 일을 하며 그럭저럭 살던 2대 호세는 〈마콘도〉 마을에서 동생인 아우렐리아노의 총살형이 집행되려는 순간 총을 들고 나타나 그를 구한 후, 어느 날 사냥에서 돌아와 느닷없이 문을 잠그고 방에 들어가고, 총소리와 함께 고독하게 삶을 마감한다.

이 집안에는 광기가 '천형 天刑'으로 유전되는 것일까. 아니면 작가는 이런 광기가 인간이라면 누구에게나 조금씩은 있다고 본 것일까. 또 그것도 아니라면 근친혼의 결과가 이런 광기를 증폭시키는 역할을 한 것일까. 2대 호세는 그야말로 광적으로 살다가 광적으로 죽은 인물이다. 그의 온 생애는 광적인 '여자관계'와 광적인 '모험'으로 채워져 있다. 우르슬라에게 '사람의 도리를 모른다'는 소리를 들으며 레베카와 결혼하고, 세계를 60바퀴 넘게 돌고, 극적인 순간에 동생을 구해내고, 어떤 영문에서인지 총소리와 함께 방문 밑으로 새어나온 피는 멀리 떨어져 있던 우르슬라의 발밑까지 흘러가고, 이를 본 우르슬라는 아들이 죽었음을 알고 통곡한다.

〈아우렐리아노 대령〉

우르슬라를 애먹이는 또 다른 광기를 지닌 사나이, 둘째 아들 아우렐리아노. 부엔디아 가문 2대의 중심인물은 단연 아우렐리아노이다. 태어날 때부터 범상치 않았다. 갓난아이가 울지도 않고 심각한 표정으로 침착하게 주변을 둘러보았고, 노려보는 것만으로도 의자를 움직이고 예언 능력까지 보인다. 어릴 적부터 아버지 1대 호세와 연금술 실험실에 틀어 박혀 혼자 실험하고 은세공 기술을 익힌다. 그러던 어느 날 카드 점치는 여인 필라르에게 '아우렐리아노의 눈은 총알처럼 무엇이든 꿰뚫어보니, 전쟁터에 가면 훌륭한 군인이 될 것'이라는 말을 들었고, 얼마 후 그녀와의 사이에서 아우렐리아노 호세라는 아들을 낳지만, 그 아이는 자란 후 어이없는 사고로 총에 맞아 죽는다.

어느 날, 몸을 파는 어린 창녀와 잠자리에서 실패한 후, 그 소녀를 해방시키고 그녀와 결혼하기로 결심하고 뜬 눈으로 밤을 새운 후 그녀를 찾아가지만 이미 떠나고 없었다. 그는 자신이 제대로 남자구실 못하는 남자라는 좌절감을 이겨내고 도피처를 찾기 위해 평생 여자 없이 살기로 결심하고 연금술 방에 칩거하던 중, 군수의 어린 막내딸 9살짜리 레메디오스를 보며 통증을 느낄 만큼 연정을 느끼고 1대 호세로부터 '사랑도 병이야'라는 말을 들으며 그녀와 결혼한다. 결혼 이후 그는 '자기가 살아야 할 목적을 레메디오스에게 찾을 정도'로 그녀를 사랑했고, 둘 사이의 정은 두터웠지만, 레베카의 결혼을 방해하려고 아마란타가 차에 타놓은 독약에 뜻하지 않게 임신한 레메디오스가 죽어버리는 비극이 발생한다.

그런데 아내의 죽음이 생각만큼 아우렐리아노에게 절망을 주지는 않았다. 그저 자포자기의 감정과 막연한 분노를 느끼며 다시 은세공일에 열중하며 밤마다 장인과 장기를 두다가, 자유파에 참여하여 전쟁터에 나가기로 결심하며 그의 일생 중대사가 시작되는데, 그 동기가 흥미롭다.

보수파인 장인은 사위를 정치적으로 자기편으로 만들려고 설득하려 노력하는데, 사위는 '손으로 만져볼 수도 없는 이념들을 가지고 전쟁까지 하는 상황에 이르렀다는 것을 납득하지 못한다. 그러던 중, 정치에 별관심이 없는 〈마콘도〉에 무장 군인이 진주하고 투표가 진행되는데, 장인이 투표지를 조작하는 것(반대표를 거의 모두 없애버린 것)을 보고, 사위는 '보수파가 나쁜 짓을 하기 때문'에 자신은 '자유파'가 될 것이라 선언하며 전쟁에 나선다. 마침내 전쟁이 터지고 계엄령이 선포된 마을에서 잔혹한 행위를 하는 계엄군에 대하여 아우렐리아노는 '전쟁을 시작할 때가 되었다'며 식칼과 날을 세운 집안 도구로 무장한 젊은이 21명과 함께 방위사령부를 기습 점령하고, 잔혹행위를 한 계엄군 4명을 처형한 후 혁명군에 합류하기 위해 떠난다. 그 후 서른두 차례의 무장봉기에서 모두 패하고, 총살형을 선고받고 〈마콘도〉로 압송된다.

  사형집행 전날 아들을 면회한 어미 우르슬라는 그가 '더 야위고 창백하고 외로워' 보인다고 여기면서도, 아들의 장성함과 사람을 이끄는 지휘력과 몸에 밴 의젓함에 깊은 인상을 받는다. 그리고 아들이 그간 집안에서 벌어졌던 모든 일을 알고 있었던 것에 어머니가 놀라자, '내가 옛날부터 도사였다는 걸 알고 계셨잖아요'라고 말하는 아들은 자신이 내일 죽을 것임에도 아무런 죽음의 예감이 들지 않는 것에 의아해한다. 다음날 처형장에서 그는 "난 앞뒤를 가리지 않고 기운을 너무 소진해버렸어."라고 중얼거리며, 어느 아름다운 오후 아버지를 따라 집시들의 천막 안으로 들어가던 장면을 회상하던 순간, 총을 들고 나타난 형 호세의 도움으로 구출된다. (총을 들고 호세가 뛰어들자 처형을 머뭇거리던 대위와 부하 여섯은 모두 아우렐리아노 대령의 부하가 되어

혁명군에 합류해버렸기 때문에, 아무도 총살형이 어떻게 중지되었는지 모른다.) 그리하여 그는 총살당하고도 살아남는 '신출귀몰하는 아우렐리아노 대령의 전설'을 쓰면서, 정부군을 상대로 승리를 거두고 〈마콘도〉에 개선한다. 그리고 그 사이에 열일곱 명의 여자로부터 열일곱 명의 아들을 낳았는데, 찾아오는 아이들은 나이와 피부색깔이 저마다 달랐지만, 하나같이 사내아이들이었고 얼굴에는 아버지의 핏줄을 증명하는 '고독한 표정'이 서려 있었다. 우르슬라는 이 아이들을 모두 받아들여 아우렐리아노라는 이름을 주고 영세를 받게 하지만, 후에 1명을 제외하고는 모두 암살당한다.

── 영녕(攖寧), 거울 같은 마음

2대 아우렐리아노의 이야기는 다른 부분과 달리 매우 심각하고 진지하다. 좀처럼 '놀이하는 기분'을 유지하지 못하게 만드는 면이 있다. '무거운 꿈'이다. 작가에 따르면 전쟁 이야기와 열일곱 명의 아들을 거둔 부분은 자신의 '외할아버지' 이야기를 모델로 했다고 한다. 이 전쟁은 1899년부터 1902년까지 총 1,130일 동안 지속되어 '천일전쟁'이라고 불리는 보수파와 자유파 간의 전쟁인데, 처음에는 국지전으로 시작되어 전국적으로 확대되면서 콜롬비아 전역을 황폐화시킨 전쟁이라고 한다. 이 전쟁에 그의 외조부가 대령으로 참여했다. 사실 전쟁만큼 인간에게 끔찍하고 힘든 경험이 있을까. 전쟁은 아무리 꿈과 같은 것이라 해도 '어둡고 무거운 꿈'일 수밖에 없다.

마르케스는 그의 자서전에서 '내 존재 방식과 내 사고 방식의 근간은 나를 보살펴 주던 외갓집 여자들과 여러 하녀로부터 영향 받은 것'이고, '내 직업에 영향을 준 것은 나를 키워준 외갓집에 살았던 수많은 사람들'이라고 말한다. 외갓집에 살던 남자는 외할아버지와 자신밖에 없었는데, 외할아버지가 해준 이야기라곤 피비린내 나는 전투이야기와 어른들의 서글픈 이야기뿐이었다고.

그가 어린 시절을 보낸 외갓집은 '한 가정'이라기보다는 '한 마을'이었다고 하는데, 거기서 머무는 몇 해 동안 생생하게 기억하는 환상적 사건 하나가 있었다고 한다. 어느 날 제복 차림에 각반을 차고 기병의 신발을 신은, 이마에 잿빛灰 십자가를 그린 한 무리의 엇비슷한 남자들이 집에 도착했는데, 그들은 모두 천일전쟁 때 전쟁에 참여한 대령(외할아버지)이 각지에 씨를 뿌려놓은 자식들이었다고 한다. 매해 생일 무렵이면 생신축하를 위해 모였는데, 이들 대부분은 외조부모가 결혼한 뒤 출생했다고 한다. 그런데 주목할 만한 것은 외할머니 미나는 이들이 태어났다는 소식을 들으면, 이름과 성을 수첩에 적었고, '쉽지 않은 관용을 내보이며 그들을 기꺼이 가족의 일원'으로 받아들였다는 것이다. 자기 자식들과 같은 피를 나눈 아이들이 아비 없이 거리를 떠돌기 원하지 않는다고 하면서.

'집요하게 과거를 회고하여' 가족들로 하여금 '과거에 일어난 사건들을 정확하게 정리할 수 있게' 만들었던 외할머니 미나. 정확한 기억력의 소유자로 집안의 역사를 후손에게 전승해준 그녀가 남편의 외도로 출생한 아이들을 가족으로 받아들일 수 있었던 그 관용의 힘은 어디에서 나온 것일까. 과거사에 대한 기억력이 출중할수록, 또 그 기억을 되풀이하며 곱씹을수록 과거에 매여 버리기 쉬울 터, '지나간 일'을 '지나간 것'으로 보지 않으면서도, 집착하지 않고 포용해내는 그 힘은 어디에서 온 것일까. 어떤 마음이 그것을 가능하게 했을까. 이런 생각을 하면서 또 장자의 말이 생각났다.

장자는 '꿈같은 幻의 세상'에서 '마땅한 것을 찾아 행하는 것造適은 웃어넘기는 것獻笑만 못하고, 웃어넘기는 것은 편안히 변화를 따르는 것按排만 못하다'고 한다. 사실 우리가 살면서 이렇게 저렇게 노력하고 애쓰는 건 대체로 '마땅한 어떤 상태'에 도달하기 위한 것인데, 우리는 어째서 '마땅한 상태'로 만들려고 하는 것일까. 그것은 현재의 상태가 마땅하지 않다는 판단, 즉 '문제 삼기' 때문이고, 그리하여 '현재의 마땅치 않은 상태'에서 '마땅한 상태'로 변화시키기 위해 있는 힘 없는 힘 모두 기울이는 것이 아닐까. 문제가 되기 때문에. 그러면 그 문제는 대체 '어디'에서 문제가 되는 것일까. 문제 자체가 문제인 것일까. 아니면 우리의 '마음'에서 문제인 것일까. 외할머니에게는 남편의 혼외자식들이 '마땅한 것'이었을까. 문제되지 않았을까. 그럴 리는 없었을 것 같다. 여느 아내들 같으면 '있을 수 없는 일'이라며 거품을 물고 쓰러졌을지도 모른다. 그런데 세상에 있을 수 없는 일이라는 것이 있는가. 이미 일어난 일 아닌가.

그러면 우리는 어떤 상황에서 일어난 일에 대해 '웃어넘기거나 편안히 따를 수 있는 것'일까. 아마도 그 문제를 문제 삼지 않거나, 그 문제에 마음이 달라붙지 않을 때이리라. 전자는 '초탈超脫'이고 후자는 '달관達觀'이다. 상황을 무시하지도 않으면서 초탈하거나 달관할 수 있는 마음, 장자는 이를 '영녕攖寧'이라고 표현하는데, '복잡하게 얽힌 채로 편안한' 마음 상태를 유지한다는 것이다. 선가에서 '평상심이 곧 도道' 라고 하는 것과 닮은 마음이다. 그런데 이것이 어떻게 가능한가. 여기서 장자가 제시하는 키워드가 바로 '거울'이다. 거울은 무엇이든 다 비추지만 비추는 대상에 자신이 물들지 않는다. 다시 말해 세상이 아무리 분분紛紛해도 그 세상을 비추는 거울 자체를 분분하게 만들지 않는다. 거울 입장에서 보면, 대상이 아름답다고 해서 저장해두거나 추하다고 비추길 거부하지 않는다. 말하자면 환하게 비추지만 대상에 매이지 않는 마음인데, 장자의 표현을 빌면 허심이다. 바로 외할머니가 그런 마음의 소유자인 것은 아닐까. 지나간 일을 꼼꼼하게 기억해 비추지만 그 어떤 기억에도 매이지 않는 거울 같은 마음의 소유자였던 것은 아닐까.

── **고독한 삶, 그리고 고독한 죽음**

2대 아우렐리아노 대령은 엄청난 권력 속에서 고독을 느끼고 방향감각을 잃기 시작한다. 오로지 자신이 행복했던 순간은 아버지를 따라 집시들의 얼음 구경 갔던 일과 작업실에서 황금물고기를 만들 때뿐이라 생각하며…… 20년 동안 전쟁터를 누볐지만, 자기 마음속에 썩어 문드러진 사랑의 흔적이나마 있는지를 찾아보려 했지만 찾을 수 없었고, 심한 허무감과 자괴감에 시달린다. 그리하여 스스로 생을 끝낼 작정으로, 자기 방에 들어가 의사가 요오드로 가슴에 그려준 동그라미에 권총을 대고 쏘지만, 총알은 깨끗하게 가슴에 구멍을 내고 빠져나가 결국 자살시도도 실패하고 만다.

그런 그가 어느 날 동료 마르케스 대령에게 전쟁에 뛰어든 이유를 묻는다. 친구가 '위대한 자유파를 위하여'라고 답하자, 대령은 '싸우는 이유를 아는 자네는 행복한 사람'이라고 한 후, 자신은 '그저 자존심 때문'에 전쟁하고 있다는 걸 깨닫게 되었다고 쓸쓸하게 말한다.

전쟁이 끝난 후 나라에서 준다고 하는 연금조차 거절하고 〈마콘도〉의 은세공 작업실에 파묻혀 황금물고기 장식을 만들던 그에게 17명의 아들들이 여러 차례 방문하고, 그 중 16명의 아들들은 부패한 정권과 외국인 침략자의 앞잡이가 된 경찰에게 암살당한다.

아들들을 잃고 조용한 분노를 씹으며 몽유병자처럼 집안을 배회하며 지낼 때, 어머니 우르슬라는 밤나무 밑에서 1대 호세(이미 죽은)와 이야기를 나누다 아들에게 말한다. '아버지가 슬퍼하고 계시다, 네가 곧 죽을 거라고.' 그러나 여러 차례 죽을 위기를 넘긴 아들은 '죽을 때에 죽는 것이 아니라 죽을 수 있을 때 죽는 것'이라 무시하며, 아들들을 죽인 정권에 봉기할 것을 친구 마르케스 대령에게 제안한다. 그러자 친구는 이렇게 말한다. "아우렐리아노, 난 자네가 이제 퍽 늙은 줄은 알고 있었지만, 보기보다 훨씬 늙었구먼그래."

나이 먹고 환멸에 쫓긴 나머지 현실에서 더욱 고립된 대령은 '노년기를 훌륭하게 보내는 비결이란 고독과 영광스런 조약을 체결하는 것뿐'

이라고 생각하던 중, 비가 억세게 오는 어느 날 점심을 먹고 졸다가 그는 '담벼락을 하얗게 칠한 어느 빈 집으로 들어가는 꿈'을 꾼다. 그리고 곡마단이 마을을 다녀간 어느 날 그는 자신의 아버지처럼 밤나무에 기대어 고독하게 죽는다. 하얀 빈집은 무얼까. 공空이 아니었을까.

 고독한 삶과 죽음을 2대처럼 보여준 이가 또 있을까. '연금술 방'에 틀어박혀 실험에 열중하던 소년시절의 삶과 여인들과 보낸 젊은 시절, 그리고 전쟁터에서의 20년과 그 후 골방에 틀어박혀 황금물고기를 만들며 이른바 '삶속의 죽음'을 영위한 말년. 그의 삶은 그야말로 '광적인 실험'과 '광적인 사랑' 그리고 '광적인 모험'으로 집약되지 않을까. 한 번도 제대로 사람을 사랑해 본 적도, 이상이나 이념을 추구해본 적도, '심오한 비의秘義'를 추구해본 적도 없이 오직 '자존심'만을 위해 살아온 이. 그야말로 '극단적인 자기애'에서 비롯된 '고독'이 아닐까.
 어머니 우르슬라는 말년의 어느 날 집안의 역사를 정리하다 문득 깨닫게 된다. 아들 아우렐리아노 대령이 전쟁으로 인한 상처로 사랑을 잃어버린 것이 아님을, 일찍 죽은 어린 아내나 17명 아들들, 그리고 그들의 생모들 중 어느 누구도 결코 사랑한 적이 없다는 것을. 또 그가 이상을 위해 오랫동안 전쟁터를 누빈 것이 아니라 자존심 때문이었음도. 그리하여 그녀의 삶을 모두 쏟아 넣었던 자기 아들에게는 사랑할 수 있는 능력이 전혀 없었다는 결론을 내린다. 오직 '열정적인 마음과 불타는 자궁의 소유자'였던 입양 딸 레베카만이 우르슬라가 바랐던 부엔디아 가문에서는 찾아볼 수 없는 '속박할 수 없는 용기'를 지니고 있었다고. 또 자신의 고통이 단지 노쇠함 때문이 아니라, 시간이 내려준 형벌이라고 생각한다. 후손들의 마음이 메말라버린 것에 대한 형벌. 레베카가 담요를 타고 하늘로 사라지자 자기 담요가 없어졌다고 투덜거리고, 16명의 아우렐리아노 아들들이 시체로 돌아왔을 때에도 집안에 불을 밝히고 파티를 벌이며, 겨우 마련한 집을 파멸의 쓰레기로 가득한 광란의 터전으로 바꾸어버린 후손들. 그녀는 고함친다. "염병할 것들!" 이런 의미에서 '좋은 날'이라는 의미의 '부엔디아 가문'의 성姓은 그야말로 반어적 의미를 지니는 것이 아닐까.

── 그 이후의 부엔디아

〈3대〉

1대 호세가 죽기 직전 꿈에서 본 '한없이 이어지는 똑같은 방', 즉 똑같이 〈광기〉와 〈고독〉으로 가득한 후손의 삶이 계속된다. 유일하게 남아 후손을 이은 3대 호세 아르카디오. 2대 호세와 카드점 여인 필라르 사이에서 태어났지만 출생의 비밀을 모르는 채, 우르슬라의 아들로 죽었다. 우르슬라는 어떤 특혜도 차별도 없이 그를 길렀다고 생각했으나, 불면증과 기억상실증이 〈마콘도〉를 휩쓸 무렵 우르슬라는 돈 버는 일에, 1대 호세는 정신이상에, 2대 아우렐리아노는 연금술에, 아마란타와 레베카는 목숨을 건 사랑으로 대결하고 있던 중에 성장한 그는 사실 오랜 기간 외롭고 겁에 질린 세월을 보냈다. 어느 날 자기를 낳아준 생모에게 욕정을 느끼고, 찾아간 생모의 집에서 생모가 교묘히 그와 잠자리를 하게 한 것은 젊은 창녀, 산타 소피아. 그는 그녀와의 사이에서 딸 하나와 쌍둥이 아들을 낳는다.

2대 아우렐리아노가 〈마콘도〉 마을을 맡기고 전쟁에 나선 후, 3대 호세는 잔혹하고 과도한 독재를 행하다가 이후 보수파에 장악된 마을에서 군사재판을 받고 처형된다. 처형을 앞두고 3대 호세는 가족들을 떠올리며 '자기가 가장 미워했던 사람들을 사실은 얼마나 사랑하고 있었는지'를 뒤늦게 깨닫고, 신부에게 '회개할 일이 하나도 없다'는 말을 남기고, '삶에 대한 향수는 안개처럼 사라지고 머릿속 가득 신비감'을 느끼며 처형장으로 향한다.

〈4대〉

3대 호세가 낳은 쌍둥이 아들과 딸 역시 조상들과 비슷한 삶을 반복한다. 호세 아르카디오 세군도, 아우렐리아노 세군도, 레메디오스. 이들 중 4대 아우렐리아노 세군도만이 후손을 잇는다. 아들 하나와 딸 둘. 그 중 큰 딸의 아들(6대)과 작은 딸(5대)이 서로를 몰라보고 결합하여 마지막에 돼지꼬리 아이를 낳는다. 3대 호세가 아들 이름을 호세 아르카디오라 짓자, 우르슬라는 부엔디아 집안의 비슷한 작명방식에 대해 생각한다. 아우렐리아노라는 이름을 가진 아이들은 머리는 좀 좋은 편이지만 성격은 내성적이고, 호세 아르카디오란 이름을 받은 아이는 충동적이고 모험심을 지녔지만, 어떤 비극적 면모를 가지고 있다고. 그녀의 예상대로 쌍둥이들은 똑같은 기계 두 대처럼 흡사했지만 나이를 먹으면서 서서히 이름값을 하며 다른 면모를 보이는데, 그들의 유일한 공통점은 고독한 성격.

소년시절 4대 호세는 교회에서 주로 생활하며 악마와 논쟁을 해도 이길 만큼 신학의 미묘한 이론전개에 능하게 된다. 그러다 사소한 계기로 엄청난 번식력을 가진 닭을 키우며 닭싸움을 시작한다. 그리고 또 다른 아들 아우렐리아노는 소년시절 연금술 방에서 책을 읽는데 집중하고 있던 어느 날 그 방에서 멜키아데스를 만난다. 할아버지의 기억력을 유전으로 물려받았을 뿐 아니라 그의 기억까지 가지고 있던 아우렐리아노는 멜키아데스를 한 눈에 알아본다. 몇 해 동안 멜키아데스로부터 배우고 많은 이야기를 듣지만, '양피지 문서'만은 '100살이 될 때까지는 누구도 이 원고의 내용을 알아서는 안 된다'는 말로 거절당한다. 이후 아코디언을 연주하며 난잡한 파티에 들락거린다.

이후 4대 호세는 바나나 농장의 감독관을 하다가 전향하여 노동운동에 나섰다가, 파업을 일으킨 노동자들이 집단 학살당하고 그 사실이 정부의 통제로 은폐되자 이 트라우마로 '자기가 죽었다는 사실이 확실해질 때까지는 방문을 열지 말라'며 멜키아데스의 방에 박혀, 집시 노인의 양피지 문서를 해독하며 세월을 보내다가 아우렐리아노가 죽는 순간에 죽음을 맞이한다. 4대 아우렐리아노는 엄청난 돈을 벌어 여러 가지 기행을 벌이고 호화롭게 연일 파티를 열며 생활하다가 홍수로 온 재산을 날리고 원인 모를 병까지 걸려 시한부 인생을 살게 된다. 그 와중에도 딸을 브뤼셀로 유학 보내기 위해 가축경매에 매달리느라 살이 빠져 호세와 비슷한 외모가 된다. 그는 세 아이, 5대 호세 아르카디오, 레메, 그리고 막내딸 아마란타를 낳았지만 자식들을 멀리 보낸 채 고독하게 죽음을 맞이한다. 큰 딸이 낳은 사생아와 막내딸이 결합하여 집안의 마지막을 장식하게 될 것은 상상도 하지 못한 채.

── 우르슬라, 〈마콘도〉 역사의 산 증인

우르슬라는 '매일 매일의 현실이 손가락 사이로 빠져나가는 듯한' 기분을 느끼며 자기 나이도 잊은 채(이미 100세가 넘었다) 4대 두 쌍둥이를 키우면서, 부엔디아 핏줄의 모든 단점이 두 아이에게 종합되어 되살아난 것 같다고 생각한다. 그리하여 다시는 그 이름을 물려주지 않겠다고 다짐하지만, 4대 아우렐리아노가 첫 아들을 얻고 '호세 아르카디오'라 하겠다고 고집하자, '이 아이는 내가 키우겠다'는 조건을 달고 수락한다. 그러면서 다짐한다. 전쟁이라든가, 싸움닭이라든가, 나쁜 여자들이라든가, 황당무계한 모험 같은, 말하자면 부엔디아 가문의 몰락을 초래한 재앙과는 거리가 먼 덕망 있는 사람으로 키우겠노라고.

우르슬라는 1대부터 5대까지 부엔디아 집안의 후예들을 길러낸 산 역사이고, 부엔디아 집안에서 유일하게 자애롭고 현명한 인물이다. 100살이 넘었고 눈도 안보이지만, 육체적으로 활력이 넘쳤고, 정신도 태도도 완전했으며, 성격은 고결했다. 집안의 생계를 책임졌지만 물질에 미치지도 않았고, 어떤 관념에도 연금술에도 미치지 않았다. 4대 아우렐리아노가 엄청난 돈을 벌어 집안 전체를 돈으로 도배하는 '광기'를 부릴 때에도 우르슬라는 이렇게 기도했다. "우리가 처음 〈마콘도〉 마을을 세울 때처럼 다시 가난하게 되어서 우리가 저 세상에서 이 엄청난 낭비에 대한 벌을 받지 않아도 되도록 해주시기를 비옵나이다." 그러나 기도에 대한 응답은 반대로 나타났다. 이후 〈마콘도〉는 주체할 수 없을 정도로 기적적인 번영을 누렸고, 사람들은 점점 더 달라졌다.

나는 '다시 가난해지고 싶다'는 우르슬라의 기도를 보면서 마음에 통증이 느껴졌다. 욕망을 부추기는 외적 자극으로서의 물질. 이것은 사람들을 어디까지 변화시키고, 결국 어디로 데려가는 것일까. 이런 생각을 하면서 박재삼 시인의 〈흥부 부부상〉이라는 시가 떠올랐다.

> 흥부 부부가 박 덩이를 사이하고
> 가르기 전에 건넨 웃음살을 헤아려 보라.
> 금이 문제리,
> 황금 벼이삭이 문제리,
> 웃음의 물살이 반짝이며 정갈하던
> 그것이 확실히 문제다.
> ……

물질에 구애되지 않는 정갈한 마음. 추석명절을 쇠려고 박을 타며

'없는 떡방아소리도 있는 듯이 들어내며' '웃다가 서로 불쌍해 서로 구슬(눈물)을 나누'는 부부의 마음. 있는 그대로 이어져 있으면서 서로를 사랑할 줄 아는 사람들. '마음이 가난한 자에게 복이 있나니'라고 한 예수의 말은 이런 뜻이 아닌가 싶다. '욕망'을 비운 마음. 사실 서정주 시인의 말대로 '가난은 남루襤褸에 지나지 않는 것', '타고난 생명까지 가릴 수는 없는 것' 아닌가. 우리가 자신의 내면을 향하지 못하고, 끝없이 밖으로, 밖으로 향할 때 대상에 매이게 되는 게 아닐까. 물질에 매이고 이념에 매이고, 색色에 매이고. 그리하여 자신을 잃고 스스로를 무너뜨리게 되는 것이 아닐까.

하여간 〈마콘도〉에 철도가 들어오고, 그 샛노란 기차는 〈마콘도〉에 수많은 불안과 확신을, 기쁘거나 슬픈 순간들을, 많은 변화와 재앙을, 그리고 옛 시절에 대한 한없는 그리움을 가져다주었다. 여러 가지 기막힌 발명품들을 맞게 된 〈마콘도〉 사람들의 놀라움은 끝이 없었다. '전구'를 보며 꼬박 밤을 새웠고, 한 영화 속에 죽었던 배우가 다른 영화에서 살아 나오면 화를 내며 극장 의자를 부숴버렸다. 그러면서 환각 같은, 인간들이 꾸며낸 불행 때문에 다시는 눈물을 흘리지 않겠다고 다짐하고, 악사樂師의 생계를 위협하는 축음기에 경악하며, 진실과 환각이 뒤범벅된 세상의 변화에 놀란다. 그러면서 결정적으로 마을을 황폐화시키는 사건이 일어난다.

마을을 더욱 번창시키고 흥청거리게 한 것은 〈마콘도〉에 들어온 미국의 바나나 농장인데, 그 농장에서 낮은 임금과 열악한 노동 환경으로 착취당하던 노동자들이 극단적인 파업을 단행한 것. 그러자 미국기업의 편을 드는 정부는 광장에 모인 노동자들과 사람들을 대량(3,000명)으로 학살하고, 한밤중에 화물차에 실어 멀리 바닷물 속에 수장시켜버리는 참극을 일으키지만, 다국적 기업의 계략으로 이 엄청난 사건의 진상은 은폐된다. 이 때 수송기차 안에서 정신을 차리고 살아남은 유일한 사람이 바로 4대 호세. 〈마콘도〉 사람들에게 '그가 진실을 이야기하자', 사람들은 역사가들이 지어내서 교과서에 집어넣은 가짜 이야기와는 워낙 달랐기 때문에 '미친 수작'이라고 생각했으며, 또 마지막 후예(아우렐리아노)가 다시 이 문제를 마을 사람들에게 꺼낼 때에도 '그들은 결국 법적인 증거나 기록들, 그리고 초등학교 교과서에 석혀있는 글들을 인용해서 〈마콘도〉에는 바나나 회사가 존재하지도 않았다고 주장'하기에 이른다.

이 작품 가운데 가장 역사적이고 사실적인 묘사가 등장하는 장면이다. 마르케스의 자서전에 따르면, 이 사건은 작가가 부모로부터 직접 들은 사실에 토대했는데, 나중에 생존자들과 증인들을 만나 이야기를 듣고 언론매체에 보도된 내용과 공식 문서를 조사했지만, 진실은 어느 곳에서도 찾을 수 없었다고 한다. 목격자들은 한결같이 광장에서 피투성이로 죽어 있는 사람들을 보았고, 썩은 바나나를 버리듯 그들을 바다에 버리기 위해 기차에 싣고 가는 것을 보았다고 흔들리지 않는 목소리로 증언했다고 한다. 바나나 회사 학살 사건은 학살 사건들의 절정이었지만 역사적으로 밝혀지지 않았고, 그렇게 밝혀지지 않은 것은 비단 그것만이 아니었다고. 하여간 이 사건은 바나나 농장으로 대표되는 자본주의가 본격적으로 도입되면서, 평화로웠던 〈마콘도〉 마을이 어떻게 폭력과 타락에 시달리면서 멸망의 길로 접어드는가를 보여주는 것이자, 서구 제국주의의 식민지 수탈을 폭로하는 장면이다.

바나나 농장의 비극적인 사건이 있은 후, 〈마콘도〉에는 긴 장마가 시작된다. 장장 4년 11개월하고도 이틀 동안. 비가 계속되는 동안 기르던 짐승들이 떼죽음을 당하고, 이뤄놓은 재산은 절단 났으며, 질병이 만연했다. 그러다 마침내 날이 개고, 진홍빛 미친 태양이 세상을 비추기 시작했는데, 그로부터 10년간은 또 비가 한 방울도 내리지 않았다. 그리고 〈마콘도〉는 폐허가 되어 있었다. 길은 늪처럼 질퍽거렸고, 부서진 가구들과 짐승 뼈들이 거리에 즐비했다. 바나나 농장이 번창하던 시절 아무렇게나 지은 집들은 부서져 있었고, 벌레들이 들끓었다.

우르슬라가 '세월은 흐르게 마련'이라는 증손자의 말에 '그렇긴 하지, 하지만 별로 흐르지도 않아!'라고 답하는 순간, 그녀는 이 대화가 자신의 아들과 주고받았던 말의 되풀이임을 깨닫고, '세상은 돌고 돈다는 얘기가 맞는 것 같아'라고 하며 시간이란 흐르는 것이 아니라 '커다란 원을 그리며 빙빙 돌고 있다'는 생각에 몸을 떤다.

그리고 '비가 그치면 죽겠다'는 약속을 지키려고 무던히 애를 쓰던 그녀는 조금씩 몸이 쪼그라들어서 마침내 태아의 모습으로 되돌아갔고, '근친혼은 시키지 말라'고 누누이 당부하고 '죽는다는 것이 결국 이런 것이구나!'라는 말을 남기며 죽는다. 우르슬라의 나이를 헤아려 보니, 바나나 농장이 들어서던 해에 115세에서 122세 사이였다. 장례식에선 더위에 정신을 잃은 새들이 무더기로 떨어져 죽는 사태가 벌어진다. 그런데 비정상적인 '비'와 '가뭄', 그리고 '정신을 잃은 새'들은 무엇을 의미하는 것일까. 어차피 꿈이 아닌가. 꿈속에서는 어떤 일이든 일어날 수 있는 것. 꿈임을 또 한 번 자각시켜주고, 꿈속에서 계속 재앙과 시련이 계속될 것임을 예고하는 것.

파국(破局)

우르슬라가 죽고 나자, 온 집이 하룻밤 사이에 위험할 정도로 폭삭 낡아버리고, 집안에는 잡초가 무성해지고 붉은 개미떼와 도마뱀이 들끓는다. 4대 호세가 낳은 세 아이 중, 아들인 5대 호세는 '덕망 있는 사람'을 만들겠다는 우르슬라의 소원에 따라 신학공부를 위해 로마로 보내졌으나, '호세'라는 이름답게(게으르고 충동적인) 정욕에 따라 살다가 로마에서 쫓겨난다. 그리고 집으로 돌아와 충동적인 성품에 맞게 욕망에 충실하게 살다가 욕조에서 비극적인 죽음을 맞이한다.

그리고 파국의 마지막 후예를 낳는 큰 딸 5대 레메. 그녀는 예술 학교를 졸업하고, 바나나 농장의 한 견습기계공을 만나, 그 남자(마우리치오 바빌로니아)에게 미쳐버리고 만다. 오직 그를 위해서만 살았고 그를 향한 욕망에 이성을 잃고 말았다. 그리하여 밤마다 그 남자는 레메를 만나기 위해 지붕을 넘어 다니게 되고, 그러다가 경비병에게 도둑으로 오인되어 척수에 총알을 맞고 평생 움직이지 못한 채 늙어 죽고 만다. 레메의 어머니는 레메를 수녀원으로 보내 버리고, 레메는 수녀원에서 아들을 낳는다. 그 아이가 바로 마지막 후예인 6대 아우렐리아노. 그러나 그는 '바구니에 담겨 온 아이'가 되어 '작업실'에 갇혀 자라면서 출생의 비밀은 묻혀버리고 만다.

　레메가 학교를 졸업하던 해에 태어난 아마란타는 어린 시절 조카 6대 아우렐리아노와 함께 자라다가(조카인 줄 모르고) 브뤼셀로 유학을 떠난다. '멜키아데스의 방'에서 책속의 전설과 요괴학 논문, 현자의 돌, 노스트라다무스의 책들에 통달한 6대 아우렐리아노는 청년이 되었을 때 자기 시대에 대해서는 아무것도 모르는 중세의 인간이 되어 있었다. 멜키아데스와 지내며, 그에게 산스크리트어를 배우고, 그의 안내를 받아 문서 해독 능력을 갖추게 된다. 이 때 아마란타가 남편과 함께 귀국하여 '신비의 구름에 싸인 은둔자' 아우렐리아노를 발견한다. 그는 서서히 이모에게 욕정을 느끼기 시작하고 폐허가 된 〈마콘도〉에서 이 두 사람만이 행복을 누리는데, 그들이 '즐거움에 죽어 가는' 동안 집은 더욱더 폐허가 된다. 아마란타의 남편은 떠나고, 그녀는 임신한다.

　어느 날 6대 아우렐리아노가 자신의 어린 시절을 회상하며, 혹 자신들이 남매가 아닐까 의심하며 족보를 조사하면서 점점 확신하며 괴로워하던 중, 아마란타는 아들을 낳고 과다출혈로 숨진다. '자기 영혼이 이토록 엄청나게 무서운 과거를 감당할 수 없다'고 느끼며 혼란에 빠진 6대 아우렐리아노가 갓난아이를 찾아보았을 때, '온 세상에서 모여든 듯 바글바글한 개미떼가 바짝 물기가 빠지고 껍질만 자루처럼 봉

굿하게 부푼 아기를 끌고 그들의 굴로 가고' 있었다. 이 기막힌 장면을 보는 순간 그는 깨닫는다. 멜키아데스의 마지막 비밀을.

역사의 시초는 나무와 연결되어 있고, 종말은 개미들에게 먹힐지니라.

'나무와 연결'된 '역사의 시초'는 무얼 의미하는 것인가. 나는 이 구절의 의미를 해독하지 못하여 한 동안 어리둥절한 시간을 보내야 했다. 〈마콘도〉가 나무에서 시작했다는 것인지, 부엔디아 가문이 나무에서 시작했다는 것인지. 1대 호세가 나무 밑에서 태어났다는 것인지. 그러다가 곧 내가 '시초'의 동사적 의미에만 매여 있음을 깨달았다. '명사'적 의미로 보면 '역사의 시초'란 곧 부엔디아 가문의 1대 호세. 그리고 나무와 연결되어 있다는 것은 곧 '밤나무에 묶여 살다 죽은 것'을 의미하는 것으로 다가왔다. 그렇게 정리해보니, 부엔디아 가문의 100년 역사에서 '최초의 일족은 나무에 묶여 죽고 최후의 일족은 개미에게 먹혀죽는다'는 뜻.

── 파란만장했던 100년의 꿈같은 삶, 꿈처럼 사라지다

자신의 운명이 멜키아데스의 원고 속에 씌어 있다는 사실을 깨닫고 6대 아우렐리아노는 '평생에 자기의 머리가 그토록 맑았던 때'는 한 번도 없었다고 느끼며, 한낮의 찬란한 광채를 받으며 조금도 어려움을 느끼지 않고 원고를 큰 소리로 읽어 내려간다. 100년을 미리 내다보고, 세밀한 부분까지 빼놓지 않고 산스크리트어로 기록한 집안의 역사, 짝수 줄은 아우구스투스 황제의 개인적 암호로, 홀수 줄은 스파르타 군대의 암호로. 그러나 보편적인 시간 개념에 따라 나열한 것이 아니라 100년 동안 날마다 일어날 사건들을 한순간에 한꺼번에 일어나는 것처럼 적어놓았는데, 이 비밀의 실마리를 6대 아우렐리아노가 풀어내게 된 것은 이모와의 사랑에 얽힌 복잡한 상황이 빚어낸 혼돈에서였다는 것.

한 단락에 이렇게나 많은 함의를 담아놓다니. '6대 아우렐리아노는 왜 머리가 맑아졌을까', '세밀한 기록들이 어떻게 한 순간에 한꺼번에 일어나는 것'처럼 기록되어 있었을까. 그리고 어째서 '혼돈'에서만 해독할 수 있었을까. 자신의 운명이 이미 씌어 있었다는 것, 즉 어떤 필연법칙에 따라 자기 존재의 길이 움직이고 있음을 자각했기 때문이 아닐까. '세계를 움직이는 필연법칙을 관조할 때 인간은 자유로울 수 있다'는 스피노자 말대로 자기 운명의 법칙을 보면서 머리가 자유로워지고 그래서 맑아져버린 것이 아닐까. 스피노자는 '정념으로 갈등하고 있을 때조차도 그 정념이 어떤 필연법칙에서 비롯되는지를 성찰(관조)하라'고 했는데, 그는 '영혼이 감당하기 힘든' 복잡하고 무서운 운명이 어떤 필연성에서 비롯되었음을 보고 정신이 '명징明澄'해진 것이 아닐까. 이것은 어떤 깨달음과 관련이 있을 듯하다. 깨달음이란 하나하나 분별하고 따지는 과정에서 오는 것이 아니라 문득 어떤 '덩어리'처럼 온다는데. 말하자면 전등 스위치를 켜면 서서히 조금씩 밝아지는 것이 아니라 '확' 밝아지는 것처럼. 선불교에서 '사람의 마음을 바로 깨달아直指人心 견성성불見性成佛하라'고 주장하는 것처럼, 그렇게 '확'하고 세밀한 100년의 역사를 통째로 직각直覺해버린 것이 아닐까. 그래서 '이성적 분별'을 넘어서는 '혼돈'에서 그것이 가능했다고 말하는 것이 아닐까.

비결을 알아내어 황홀경에 취하여 한 번도 막히지 않고 읽어 내려가던 6대 아우렐리아노는 자신의 출생에 대해 알고 싶은 조바심으로 뒤로 껑충 넘어간다. 그리하여 '전갈과 노랑나비들이 우글거리는 목욕탕에서 한 여자에게 욕망을 한껏 풀어대던 기계공에 의해 자기가 잉태되는 순간'을 찾아내게 된다. 바로 이때 거센 바람이 불어와 문짝과 창문을 날려버리고, 왼쪽 지붕이 날아가고 집의 뿌리가 삐져나오고 있었다. 다시 '자기가 살고 있는 순간'에 대한 이야기를 해독하고, 해독하면서 바로 그 '해독하는 순간'의 이야기와, 마지막 페이지에서 자신이 양피지 원고를 해석하게 되리라는 예언을 읽으면서 마치 '거울을 들여다보는 기분을 느끼는 순간' 〈마콘도〉는 무서운 회오리바람에 휩싸여 태풍처럼 먼지와 돌조각들을 하늘로 뿜어내며 사라졌다.

부엔디아 가문의 집도, 〈마콘도〉 마을도 하늘로 사라져버렸다. 그 모두가 멜키아데스의 양피지 문서 안에서만 존재했을 뿐, 문서 밖에서는 존재하지 않는 상상력이 빚어낸 허구임이 밝혀지는 장면이다. 마치 허깨비幻처럼, 있는 것처럼 생생하게 보였다가 사라져버렸다. 이것은 아마도 여태까지의 파란만장했던 일체의 모든 것들이 '공空'이라는 것이고, '꿈'이라는 것일 터. 그런데 그것을 해독하고 허구임을 자각한 6대 아우렐리아노는 자기가 언제 죽을지 예언된 대목을 찾아보려 한다. 그러던 중 그는 깨닫게 된다. 이 책의 마지막 부분이다.

> 그는 자기가 결코 이 방에서 나갈 수 없다는 사실을 알게 되었으니, 이 거울의 도시, 아니 신기루의 도시가, 바람에 날려 없어질 터이며, (6대) 아우렐리아노 부엔디아가 이 원고를 해독하는 순간부터 〈마콘도〉는 인간의 기억에서 영원히 사라질 것이며, 여기에 적힌 글들은 영원히 어느 때에도 다시 되풀이될 수 없을 것이니, 그것은 100년 동안의 고독에 시달린 종족은 이 세상에 다시 태어날 수 없다고 적혀 있었기 때문이다.

마지막 후예는 '자신도 방에서 나갈 수 없음'을 알게 되었다고 한다. 무슨 뜻일까. 아마도 문서해독을 통해 꿈임을 자각한 자신 역시 그 꿈의 일부임을 자각했다는 것이 아닐까. 마치 장주의 〈나비의 꿈〉처럼, 나비 꿈도 꿈이고, 꿈에서 깨어난 장주도 꿈이고, 꿈임을 아는 것도 꿈이라는 것 아닐까. 그리하여 애초에 존재한 적이 없는 꿈이므로, 거울의 도시, 신기루의 도시도 꿈처럼 사라지고, 또 그 안에서 마치 자신의 꼬리를 물고 있는 뱀처럼 끊임없이 되풀이되는 인물들과 사건들의 순환 속에서, 〈광기〉와 〈고독〉 속에서 살다 간 종족 역시 영원히 사라진다는 것. 그리고 그것을 자각한 마지막 후예 역시 꿈처럼 사라진다는 것, 즉 '공'이라는 것 역시 '공'이라는 필경공畢竟空이라는 것이 아닌가.

마치 『구운몽』의 성진性眞이가, 꿈속에서 양소유楊少遊가 되어 그토록 소원하던 '팔선녀와 인연'을 맺고 '출장입상出將入相'의 성취를 이룬 후, 잠에서 깨어나 '인간부귀와 남녀정욕이 모두 다 허사'임을 깨달았다고 말하자 '어느 것이 참된 것이고 어느 것이 거짓 것인가'라는 스승의 외침에 문득 깨닫는 것처럼. 꿈이라고 아는 것도, 현실이라고 아는 것도 모두 꿈이요, 그 모두가 꿈임을 아는 것 역시 꿈인 것을.

그러나 '세상'도 공이고, '내 삶'도 공이고, '공임을 깨달은 나'도 공이라는 것은 참으로 믿기 어려운 말이다. 모든 것이 너무도 눈앞에 뚜렷하고, 슬픔과 고통과 기쁨의 감정도 이토록 생생한데 모든 것이 그저 '비어 있는 것'이라니. 아마도 이 말은 우리가 실체로 알고 잡으려 하고 매달려 있는 모든 것이 그저 시간의 흐름 속에서 스쳐지나가는 한순간의 '장면'에 지나지 않는다는 말이 아닐까. 세상도, 삶도, '나'도 하나의 장면으로, 그저 더불어 유전하며 출렁이다가 사라지고 마는. 그래서 장자는 '노니는 기분으로 삶을 제약 없이 영위하라遊無窮'고 한 것이 아닐까. 꿈이기 때문에 집착할 필요도 없지만, 꿈이라고 해서 부정하거나 무시할 수도 없는 것이 곧 세상이고 삶임을 알라는 것이 아닐까. 그리고 그렇게 아는 마음이 곧 '놀이하는 마음'이라는 것이 아닐까. 마치 진지하게 모든 에너지를 쏟아가며 두는 '바둑' 놀이처럼, 놀이하는 마음으로 임하는 세계는 모든 것과 동거하는 복잡하게 얽혀 있는 '놀이터'가 되는 것이 아닐까. 그래서 여유 있는 마음으로 '한 잔' 기울일 수 있는 것이 아닐까.

원대元代의 마치원馬致遠이라는 시인은 이렇게 노래했다.

백년 긴 세월도 나비의 한 꿈과 같구나.

지난 일을 돌아보니 (덧없어) 탄식만 이네.

오늘 봄이 오면 내일 아침 꽃 지니.

어서 잔을 기울이세. 저 등불이 꺼지기 전에

百歲光陰一夢蝶

重回首往事堪嗟

今日春來明朝花謝

急罰盞夜闌燈滅

― 추사秋思,〈야행선夜行船〉

| 만남 4 |

엔도 슈사쿠

이해하고 또 이해하려는 깊은 마음의 눈

흥미진진한 신화이야기를 어렵고 딱딱하게 쓰기로 유명한 조셉 캠벨(Joseph Campbell 1934-1987)이라는 세계적인 비교신화학자가 있다. 그는 나에게 그토록 읽기 어려운 칼 융C. Jung의 이론들을 설득력 있다고 감탄하며, 그의 원형이론을 수용하여 신화연구를 했는데, 그의 어떤 책을 읽다가 이런 구절을 본 적이 있다.

> 우리는 기꺼이 계획한 인생을 포기해야 한다. 우리를 기다리고 있는 인생을 살기 위해서…….

그 당시에는 왠지 '계획한 인생'을 포기하고 '기다리는 인생'을 살겠다는 새로운 계획을 세우는 것 같아서 좀 모순적이라 생각한 기억이 있는데, 그 때는 이 말이 잘 이해되지도 않고 마음에 들지도 않아서, 공책에 적어두며 머리에 담아놓기만 했다. 그런데 어째서인지 요즘 이 말이 머리에서 계속 맴돈다. 나에겐 종종 머릿속에 기억해 두기만 했던 어떤 말이 문득 '가슴속으로 흘러드는 느낌'을 받을 때가 있다. 그러면서 '아! 그 말이 그런 뜻이었나?' 하며 무릎을 치기도 하는

데, 나이를 먹어갈수록 왠지 오묘한 느낌이 들며 이 말이 맞는 거 같다는 느낌을 떨칠 수 없다. 어찌해서인지, 자꾸 옛일을 돌이켜 정리해볼 때마다 그것이 내가 '계획한 인생'이 아니라 나를 '기다리고 있던 인생'이라는 생각이 들기 때문이다. 피할 수 없이 만나게 되는 인연사들. 불교식으로 표현하면 인연에 따른 '업(業)'의 자기 전개과정이라고나 할까. 그러면서 자꾸 과거를 '그런 눈'으로 돌아보게 된다. 나를 '기다리고 있던 인연사'였다는 자각과 함께.

엔도 슈사쿠(遠藤周作, 1923-1996)라는 작가와의 만남은 다른 이들과는 달리, '기다리고 있던 인연사'에 해당하는 어떤 사건에서 비롯되었다. 그 '인연사'는 나에게 막대한 영향을 준 내 생애 최대의 작가, 박경리 선생과 만나게 된 것이었고, 그 만남을 통해 알게 된 '어떤 사건'에서 나는 엔도 슈사쿠를 찾아내어 알게 되었다. 그러면서 나는 또 옛일을 정리해보아야 했다. 나는 박경리 선생을 언제 어떻게 만났는가.

── **'기다리고 있던 인생'의 인연사**

내가 대학에 들어간 것은 1980년대 초. 내 나이 19살 때였다. 초등학교를 1년 일찍 들어간 탓에 동급생들보다 한두 살 어렸던 나는, 당시 이제 막 입시의 굴레에서 벗어나 천방지축 세상물정 모르고 마음이 나대는 철부지 학생이었는데, 처음 입학하고 두 달 반 정도를 나름 매우 행복하게 시간을 보내고 있었다. 난생 처음 보는 환상적인 공간이 대학 건물 안에 있었기 때문이다. 6층짜리 거대한 도서관. 그 도서관의 3층에는 〈참고열람실〉이라는 곳이 있었는데, 대출카드를 작성할 필요도 없이 쭈욱 꽂혀 있는 책들을 그저 꺼내서 읽고 다시 제자리에 돌려놓으면 되는 개가식 도서관이었다. 거기에는 이름만 들어봤던 위대한 작가들의 작품들이 전집으로 꽂혀 있었다. 도스토옙스키, 톨스토이, 발자크 등을 비롯하여 박경리, 안수길, 한용운, 최인훈, 이청준, 등등 꽂혀 있는 작가들의 이름이 호화롭기 짝이 없었다. 그래서 모조리 읽어야겠다는 생각으로 강의 사이 빈 시간엔 그곳에 앉아 이 작가들과 만나며 놀았는데, 그 때 만난 작가들 가운데, '흥미로운 함경도 사투리와 유장하게 전개되는 이야기가 인상적'이었던 『북간도』의 안수길 선생이 가장 선명하게 남아 있고, '어둑어둑한 관념의 세계'에 빠져들게 했던 『구운몽』과 『회색인』의 최인훈도 기억난다. 그리고 이 시기 가장 '빛나는 만남'이 되었던 작가는 단연 박경리 선생인데,『토지』를 비롯한 그의 여러 작품들을 보면서 나는 그야말로 독서삼매경에 빠져들었다.

    하지만 도서관과의 짧고 행복한 동거는 그해 5월 어떤 사건으로 더 이상 지속될 수 없게 되었다. 도서관에 아주 안 간 것은 아니지만 파묻혀 지낼 형편이 아니었기 때문이었다. 5월 어느 날, 수업을 마치고 환한 햇살을 받으며 도서관 앞길을 지나 한 선배와 점심을 먹기 위해 식당으로 향하고 있을 때, 나는 갑자기 도서관 6층 난간에서 사이렌을 울리며 한 학생이 '전두환은 물러나라!'고 세 번 외친 후 그대로 투신하는 장면을 바로 눈앞에서 목격해버린 것이다. 사회정치적 문제에 대해 그야말로 백지처럼 무지했던 당시의 나는 그 무서운 사태를 이해하지 못해 쩔쩔 매면서 엄청난 혼란과 충격에 빠져버렸다. 넋이 나간 상태를 한참 동안 겪은 후, 나는 새로이 어떤 생각을 하게 되었다. 이런 사태가 왜 일어났는지를 알아야겠다고. 그리고 필요한 실천을 해야겠다고. 그리하여 이후 10년 간 나의 삶은 내가 예상했거나, 계획했던 것과는 다른 방향으로 흘러가버렸고, 또 그 다음 10년은 그렇게 흘러간 삶을 새롭게 정리하고 납득하기 위해 보내야 했다. 말하자면 5월 그 날, 내 인생 최대의 사건과 만난 것.

결국 내 인생 최고의 작가와의 만남도, 최대 사건과의 만남도 비슷한 시기에 도서관을 매개로 하여 이루어진 셈이다. 지금 생각해보면 이렇게 신기한 일이 있는가 싶기도 하지만, 캠벨 말대로 '기다리고 있던 인생'이 아니었는가 하는 생각을 해본다. 피할 수 없이 마주할 수밖에 없는 어떤 일.

이렇게 만난 박경리 선생은 나에게 평생 훌륭한 읽을거리를 제공한 위대한 작가로 계속 남아 있게 되었다. 나는 선생을 이해하고 싶어서 그의 작품 대부분은 물론 신문이나 잡지에 인터뷰한 기사까지 거의 찾아 읽었다. 그리고 그 가운데 가장 가슴에 깊이 자극을 준 작품은 『토지』였다. 그 시기 도서관에서 『토지』를 처음 접했을 때에는 그것이 완간된 상태가 아니었다. 그래서 잊을 만하면 한 권씩 출간되는 그의 작품을 거의 10년 넘게 감질나게 읽으며 기다렸는데 그렇게 읽어나가다 후반의 〈4부〉에 접어들었을 때, 어떤 장면에 깊이 몰입하게 되었다. 조선 여성 유인실을 사랑한 일본 남성 오가다 지로의 이야기가 전개되는 부분에서, 두 사람 간에 무척이나 깊이 있게 이루어지는 토론 장면이 그것이었다. 유인실의 입을 빌어 논하는 박경리 선생의 〈일본문화론〉이라고나 할까.

― 박경리 선생의 눈에 비친 일본문화

식민지 지식인의 굴레를 강하게 의식하고 있던 유인실은 자신을 사랑하여 조선까지 찾아온 역사학 전공자, 오가다 지로를 향해 작가의 표현을 빌면 '노골적인 악의와 모멸의 감정'을 담아 조선 문화와 일본 문화를 비교하며 길게 논변한다. 이 부분을 읽으며, 나는 처음으로 한국과 일본의 문화차이에 대해, 그리고 그러한 차이가 비롯되는 사유의 차이에 눈을 뜨게 되었고, 그것은 이후 일본문화에 대한 지대한 관심으로 이어지게 되었다. 참으로 경청할 만한 문화론이었다. 선생은 유인실의 입을 빌어 이렇게 말한다(대화체로 진행된 것이라 종결어미는 정리하고 발췌 요약해 보았다).

> 권력에 대한 불신, 관속官屬에 대해서는 마음 깊이 증오하고 저항하면서도 선비에 대한 존경은 조선백성들에게 거의 보편화된 감정이었는데, 왜 그랬을까…… (서구와 조선은) 정치이념이 달랐다. 유교가 기간基幹이 된 도덕을 정치이념으로 삼았던 것은 서구와 아주 상반된 것이었다. 서구의 학설이나 실험이 인류에게 엄청난 변혁을 가져왔지만 당시에는 직접적인 대중과의 유대감은 없었다…… 하지만 조선은 달랐다. 봉건적이지만 봉건제도는 아니었다…… 도덕을 높이 표

방하면서 가난한 선비는 우선 생활면에서 민중과 가까웠다…… 조선 농민의 보수성은 (일본과) 질적으로 다르다. 유교적 도덕관이 저항 없이 받아들여지고, 굳게 자리 잡은 것은 농민들의 신분이 다른 나라와 달랐기 때문이다. 노래에서도 '농부님네'하며 경칭을 붙였고, 가난한 선비들도 그 자신이 농사를 지으며 그것을 수치로 생각하지 않았다…… 또 농민들은 선비들 언행에 준해서 선영봉사先瑩奉祀나 의관의 정제, 예의범절, 불문율이 엄했다…… 조선의 농민들은 선비정신의 토양이고, 또 선비정신의 씨앗이 뿌려진 땅이다. 양반계급이 학문을 독점하고 있었지만. 그들(농민들)은 무학이어도 무식은 아니었다. 가난하지만 예절이 스스로의 존엄을 지탱한다는 것을 알았다…… '상놈'이라는 욕은 신분을 말하는 것이 아니다. 예절을 모른다, 인간의 도리를 모른다는 뜻이다.

구구절절 납득이 되는 말이었다. 조선 시대 내내 반상의 구분이 엄격했고, 서민층에서는 지배계급에 대한 불신과 불만이 매우 컸음에도 불구하고, 지금까지도 '선비답다' 혹은 '양반답다'는 우리 문화에서 교양과 인품을 갖춘 사람에 대한 최고의 표현으로 사용된다. 그리고 실제로 인정 넘치는 도덕공동체를 위해 향약을 주도한 것도 선비들이었고, 작은 지역의 향반鄕班들도 농민들에게 모범을 보이려 애썼으며, 농민들은 선비들을 존중했다. '상놈'이라는 욕이 신분을 가리키는 것이 아니라 예절과 인간의 도리를 모른다는 것이라는 말에는 절로 고개가 끄덕여졌다. 그렇게 조선의 농민들은 예절과 인간의 도리를 중시하는 기풍을 지니게 되었고, 스스로의 존엄을 지켜 '상놈' 소리를 듣지 않으려 노력했다고 작가는 말한다. 그리고 조선에 대해 이렇게 논한 후, 이어 일본과 비교해서 이야기를 진행한다.

> 조선은 선비와 농민으로 대표되고, 일본은 무사와 상인의 나라이다…… 일본말로는 한을 원한으로 쓰고, 그것은 복수라는 묘하게 엽기적인 분위기를 갖는데…… 우리의 한은 물질적인 것이든 정신적인 것이든, 빼앗긴 것이든 애초부터 없었던 것이든 결핍을 뜻하고, 한을 풀었다는 것은 채워졌음을 의미한다. 해서 결핍은 존재할 수 없는 방향으로, 채워졌음은 존재하는 방향으로…… 그렇다면 그것은 생명 자체에 관한 것이다. 한은 생명과 더불어 온 것이다…… 일본의 춤은 손목, 발목의 춤이지만 조선의 춤은 전신의 율동이다. 탈춤의 도약을 보면 그것은 터져 나오는 힘이다. 일본의 노래는 콧소리, 목구멍소리인데 비하여 조선의 창은 몸 전체에서 터져 나오는 것이다…… 조선의 가야금은 비애가 아닌 통곡과 환희, 그것은 한 마디로 한恨이다.

'한'과 '춤'과 '노래'에 대한 고찰을 통해, 인간의 육신을 육체로만 보는 것이 아니라 '육체'와 '정신'이 결합된 하나의 '생명'으로 보는 문화가 바로 우리 문화라고 해석하는 부분에서 나는 감탄했다. 그렇구나! 이에 비해 손목과 발목과 목구멍으로 대표되는 육신의 일부분을 사용하는 일본문화. 그래서 '한'을 육체적 차원에서의 '원한'으로 이해한다는 것. 아! 그래서 일본문학에는 그리도 복수를 위한 활극이 많은 것인가 하는 생각이 들었다. 이어서 다시 일본의 할복 문화에 대해 논한다.

당신네들이 용기라고 생각하는 것은 용기가 아닌 잔인성이다. 어처구니없이 미화된 셋푸쿠切腹에서 그것을 느낀다. 잔인성, 그것은 길들여진 잔인성이다⋯⋯ 배를 갈라 내장을 드러내 죽는 방법은 가장 추악한 것이다. 그것을 의식화하고 미화하는 것은 무엇인가. 그야말로 야만적이고 그로테스크한 것을 아름답고 숭고하게⋯⋯ (그것은) 가치전도, 전도된 진실에 순치되어온 일본인은 비극이라는 감각도 없는 채 비극 속에 있는 것이다. 그것은 약탈의 도구이며 장치이다⋯⋯ 당신네 나라에는 사상이 없다. 그것은 너무나 당연하다. 문화가 빈곤한 것이. (여기까지 『토지』 15권. 나남출판)

좀 심한 비판이지 않은가 하는 생각을 하면서 나는 미시마 유키오의 『우국憂國』이라는 작품과 김소운 선생의 『목근통신』에 나오는 어떤 이야기를 떠올렸다. 『우국』에서, 어떤 엘리트 장교의 할복을 마치 엄숙하고 정결한 의식을 치르는 것처럼 묘사하는 장면을 읽으며, '칼로 자기 배의 측면을 찌른 후 아래로 몇 센티 그은 다음 다시 옆으로 쭉 베어낸 자리로부터 쏟아지는 내장'에 대해 상세하게 그려내는 걸 보고는 매우 경악했던 적이 있는데, 선생의 견해를 들으니 조금 이해가 될 법도 했다. 또 『목근통신』에 나오는 일본인들을 감동시켰다는 이야기 하나. 한 주인 없는 사무라이浪人가 아들을 데리고 여행하던 중, 잠깐 아들을 떡집에 맡겨놓고 볼일을 보고 왔는데, 떡집 주인이 아들을 닦달하고 있었다. 아들이 떡을 훔쳐 먹었다는 것. 아들이 끝내 '사실이 아니다'라고 하자 사무라이는 아들을 죽여 위를 꺼내 '훔쳐 먹지 않았음'을 입증한 후, 떡집 주인을 칼로 베고, 자신은 할복해서 죽었다는 이야기. 이 이야기의 말미에 김소운 선생은 우리 문화에서는 이런 죽음을 '개죽음'이라 한다고 덧붙여놓았다. 선생 말대로 이런 죽음을 숭고한 용기에서 비롯된 것이라 할 수 있을까. 하여간 박경리 선생은 이런 할복 문화를 사상의 결여와 문화적 빈곤으로 해석하고 있는데, 그것은 일본 문학에 대한 논의에서 더욱 구체화되고 있었다.

> 일본에는 투철하게 진실을 탐구하는 지성이 없다⋯⋯ 그 땅에는 진실이 존재할 수 없고 지식인은 말라버린 샘터와 같은 심장을 안고 살 수밖에 없다. 일본이 어째서 섹스의 천국인가. 말라버린 샘터를 채우기 위함이요, 그나마 진실과도 같이 착각하고 있기 때문이다. 폭력, 에로, 그로테스크는 칼, 피, 괴기이며, 그것은 필연적으로 에로티시즘과 상합하고 무의미한 결과를 낳는다. 그 세 가지야말로 일본 문학이 변함없이 되풀이해온 주제이다. 높게는 탐미주의 문학이요 낮게는 육체 문학이다⋯⋯ 그들에게는 역사의식이 없다. 종교나 철학이 발붙이지 못하는 것이 그 때문이다.(앞의 책. 19권)

이 부분을 읽으며 아쿠타가와 류노스케의 『나생문羅生門』이 갖는 그 음산하고 괴기스러운 분위기가 이해되었고, 괴기와 탐미가 혼합되어 있는 에도가와 란포의 작품을 필두로 하는 일본의 추리소설들이 서구의 추리소설과 달리 왜 '추리'라기보다는 '엽기'에 가깝게 느껴지는지도 이해됐다. 박경리 선생 사후 발간된 유고집 『일본산고』에서 선생은 자신이 1926년생으로 20세에 일본이 물러가는 것을 보았던, 일본서적으로 대부분의 지식을 취한 식민지 교육을 받기는 했지만 '여간해서는 뽑아내기 어려운' 증오의 가시를 품고 있는 사람이라고 술회한다. 그러나 민족적 감정 때문에 '사시斜視'가 되어서는 결코 안 된다고, 스스로 사시가 된다면 일본의 그 엄청난 사시에 대해 논할 자격이 없어지므로 균형을 잡기위해 부단히 노력했음도 밝힌다. 그러면서 그들 문학이 사랑과 치정을 구분하지 못하는 에로와, 그로테스크(괴기), 그리고 폭력에 물들게 된 것은 정신의 허약함과 주제의 빈약함에서 비롯되었고, 그것은 바로 '칼로 상징되는 그들의 역사 탓'이라고 보았다. 그 이야기 끝에 선생은 이런 말을 한다.

> 신의 축복이 없는 나라 일본, 역사상 한번 기회가 있었다. 시마바라島原의 난으로까지 몰고 갔으나 섬멸되고만 천주교도들…… 그 때 영혼의 구제로 향한 죽음들이 있었다.

이 때 처음으로 나는 일본에서 천주교도들의 봉기와 그에 대한 극심한 탄압이 있었음을 알게 되었는데, 이에 대해 선생은 '이 사건은 일본 정신계를 뒤집어엎을 뻔했다'고 말하며, '영혼의 구제를 향한' 그들의 순교를 할복과는 전혀 다른 순결한 것으로 보면서, 그것이 일본에서는 단 한 번의 기회가 아니었나 싶다고 말했다.

―「침묵」과 만나다

그렇게 해서 나는 바로 그 사건, 시마바라島原 난에 대해 관심을 갖게 되었다. 대체 어떻게 진행되었기에, '신의 축복이 없는 나라 일본'

이 '신의 축복'을 받을 수 있었던 단 한 번의 기회를 놓친 것이라고 선생이 말하는 건지 궁금해서 견딜 수가 없었다. 당시에는 인터넷 검색이 가능한 때가 아니어서 나는 서점에 가서 관련서적을 찾아볼 수밖에 없었고, 이런 저런 책을 뒤적이다가 마침내 찾아낸 것이 바로 엔도 슈사쿠의 『침묵』이었다. 『침묵』을 읽으면서 많은 것을 새로이 알게 되었고, 나아가 작가의 다른 작품을 찾아 읽으면서 『침묵』보다도 그것을 쓴 작가에게 더 많은 관심과 애정이 쏠리는 것을 느끼게 되었다. 그러면서 작가에 대해 이런 생각을 하게 되었다. '이렇게나 인간을 이해하기 위해 애쓰고 또 애쓰는 사람도 있구나!' 『침묵』은 '사건'에 대한 것이기보다는 '인간'에 대한 것이었다.

박경리 선생의 말대로, '일본 정신계를 뒤집어엎을 뻔'한 내용을 쓴 작품이라서 그런지 엔도의 작품은 에로, 구로(그로테스크), 폭력과는 거리가 먼 것이었다. 일본 문학에도 이런 맑은 흐름의 물줄기가 있구나 하는 느낌을 준 작품이었다. 작가는 '일본에서 기독교에 관한 글은 잘 받아들여지지 않는 것이 어쩔 수 없는 현실'임을 알지만, 그러나 목숨을 건 두 번의 수술을 거친 후 '이제는 더 이상 타협이고 뭐고 없으니, 내가 쓰고 싶은 대로 쓰면 그만'이라 생각하며 될 대로 되라는 심정으로 썼다고 한다. 그런데 예상을 뒤엎고 여러 나라의 언어로 번역되어갔고, 심지어 교과서에 실리기도 했다고 하니, 책도 책 나름의 운명이 있다는 말이 맞는 것 같기도 하다. 그럼 선생이 말하는 시마바라 난이란 어떤 것인가.

― 일본의 기독교도들, 봉기하다

우리에게 친숙한 빵, 담배, 미라 등의 단어는 외래어인 것 같기는 한데, 영어로는 bread, cigarette, mummy라고 하니, 대체 어디에서 온 말일까 의문을 가진 적이 있다. 나중에 이 말이 일본을 거쳐 우리나라에 들어온 포르투갈어임을 알게 되었는데, 포르투갈은 일찍이 일본 에도江戸 막부가 세워지기 전인 전국시대부터 일본과 통상하여 조총과 화약 등 서구문물을 전해주는 한편 일본에 기독교를 전파했다. 오다 노부나가(織田信長,1534-1582) 시대는 기독교를 보호하는 정책을 썼고, 도쿠가와 이에야스(德川家康, 1542-1616)와 도요토미 히데요시(豊臣秀吉, 1537-1598)는 기독교를 인정하지 않는 입장을 취했지만 통상을 보호 장려했기 때문에 포교를 묵인했다고 한다. 그리하여 당시 일본 전역에 약 30만 명의 신도들이 있었는데, 엔도의 말에 따르면 1596년 갑자기 (알 수 없는 이유로) 히데요시가 교토와 오사카의 선교사와 신자를 처형하라는 명령을 내렸지만, 당시 분위기는 히데요시의 체면을 세워주는 선에서 처리하여 단지 26명을 체포하여 처형하는 것으로 사태는 일단락되었다고 한다.

그런데 들불처럼 번진 어떤 사건이 일어나면서 사태는 돌변하고 만다. 바로 1637년 일어난 시마바라 난이다. 에도 막부의 쇄국정책이 시행되는 과정에서 규슈의 시마바라島原, 아마쿠사天草 지방에서 영주의 심한 기독교 탄압과 과중한 세금에 저항하는 무장봉기가 벌어졌는데, 두 지역에서 4만 명에 가까운 농민들이 성城을 점거하고 저항했지만 막부에서 10만 명이 넘는 군대를 파견하여 진압함으로써 농민군 전원은 전사하고 성은 함락되는 것으로 끝났다. 이 사건 이후, 막부의 기독교 탄압이 한층 심해져 포르투갈 무역선의 입항은 전면 금지되었고, '통상은 하되 선교는 안 하겠다'는 제안을 받아들인 네덜란드 무역선만이 교역하게 되었다는 것.

그런데 왜 박경리 선생은 이 사건이 '일본에 주어진 단 한 번의 기회였다'라고 한 것일까. 아마도 그 형식과 내용에 있어서 유례가 없는 일이었기 때문인 것 같다. 선생은 '메이지明治 이전이나 이후나 혁명이니 쿠데타니 수없이 요란했지만 핍박받고 억압당하며 일어난 경우는 없었다'고 했는데, 이 난의 경우는 종교적 탄압과 경제적 착취에 대한 저항으로 봉기한 것이니 이전 경우와는 그 내용이 매우 달랐고, 대체로의 봉기가 '군부를 등에 업은 강자들의 난동'이었고 '칼 쥔 놈들의 짓거리'였다고 했는데, 이 난의 경우는 농민들이 일어나고, 군부가 진압한 것이니 또한 다른 점이었다. 진정한 의미에서의 저항이자 봉기였던 것. 말하자면 유일무이한, 어찌 보면 최초이자 최후의 봉기이지 않았을까. 그런데 왜 '이 단 한 번의 기회'를 놓치게 된 것일까. 이런 의문을 품으며 작품을 읽어나가다가, 작품의 말미에서 그 답을 찾을 수 있었다.

─ 엔도와 어머니, 그리고 기독교

　엔도가 『침묵』을 발표한 것은 1966년이고, 『침묵』을 어떻게 썼는가에 대해 쓴 『침묵의 소리』를 발표한 것은 근 30년 후이다. 『침묵』을 쓰기 전 그는 두 차례의 큰 수술을 받으며 2년 동안 병원 신세를 졌는데, 그 때 그는 이런 생각을 했다고 한다. '나는 어렸을 적 나의 의지가 아니라 어머니의 권유로 기독교 세례를 받았다……나는 서양의 종교를 믿었던 일본인들을 조상으로 둔 한 사람의 일본인이다'라고. 이 말에서 주목되는 것은 '기독교인으로서의 정체성'을 자아의 본령으로 삼은 것과 자신을 '조상 기독교인들의 후손'으로 자리매김한 것이다. 이것이 왜 중요할까. 바로 이 두 가지가 『침묵』을 태어나게 했기 때문이다. 그러면 그는 어떻게 기독교인이 되었고, 어떻게 해서 조상 기독교인들의 후손이라는 자각에 이르게 되었을까. 그리고 이것은 어떤 의미가 있는 것일까.

　『침묵』에서나 그의 여타 작품에서 무엇보다 눈에 띄는 것은 사건 자체도 그렇지만 사건에 등장하는 사람들에 대한 그의 깊은 이해와 묘사이다. 그는 '서구에서 들어온 기독교가 아시아에서 태어나 자란 나에게 도대체 무슨 의미가 있을까'하는 의문을 품고 오랜 시간 고뇌했으나 그 답을 찾을 수가 없어서, 급기야는 신앙을 버릴까 생각도 했지만, 자신의 종교는 바로 '어머니'가 주신 선물이었고, 어머니의 선물을 버리는 것은 곧 어머니를 버리는 것이었기 때문에 그렇게 할 수 없었다고 한다. 그리하여 하나의 결심을 하게 되는데, 그것은 바로 어머니가 선물로 주신 서구 기독교 신앙을 아시아 사람인 자신의 몸에 맞는 신앙으로 만들어가겠다는 것. 그의 말을 빌면 '몸에 맞지 않는 양복'을 '자신의 몸에 맞는 옷'으로 만들고자 했다는 것이다. 신앙을 선물로 주고 평생 그 아들에게 그리움의 대상이 되었던 어머니. 그에게 어머니는 어떤 존재였을까. 그의 자전적 작품 『6일간의 여행』에 그 내용이 실려 있다.

어머니는 엄격한 집안에서 태어났는데, '열정적인 성격'에 '적당히 사는 스타일'이 아니라 '어떤 일이 있어도 해내고야 마는', '인생을 제대로 살았던 사람'이었지만 '상대 남자들로서는 견디기 힘든' 과격한 성격에 뚜렷한 주관을 지닌 사람이었다고 형제들은 술회한다. 자신의 뜻을 관철시키기 위해 부모의 반대에 맞서 두 번의 가출을 감행할 정도로 용맹한 성품이었는데, 첫 번째는 음악학교에 진학하기 위한 것이고, 두 번째는 바로 그의 아버지와 결혼하기 위한 것이었다고 한다. 우에노上野 음악학교에서 바이올린을 전공한 어머니와 지방출신의 도쿄대생이었던 아버지가 어떻게 교제했는지 알 수 없지만, 결혼 후 '평범한 게 제일 큰 행복이야'라고 말하는 안정 지상주의자 아버지로서는 어머니의 과격함을 견디기 힘들었고, 그런 부모의 불화로 그는 우울하고 고독한 어린 시절을 보낼 수밖에 없었다. 결국 어머니는 이혼을 한 뒤 고베의 이모에게 의지하며 삶의 외로움과 힘겨움을 신앙을 통해 극복해보고자 기독교에 귀의하게 되었고, 그때 어린 엔도는 어머니의 손에 이끌려 자신의 의지와 무관하게 세례를 받은 것.

어머니는 '성스러운 것이 이 세상에서 제일 높고 훌륭한 것'이라고 하며 아들이 '신부'가 될 것을 희망했고, 그에게 엄격한 종교생활을 권했기 때문에 그는 추운 겨울 새벽에도 서리가 내려 얼어붙은 길을 걸어 교회에 가야 했고, 또 한 때는 먼 훗날 신부가 되려고 생각하기도 했다. 남자들에 의해 채워지지 않았던 마음을 채우기 위해 신에게로 향하던 어머니는 다른 사람의 도움 없이 종교음악을 배워 가톨릭계 여학교에서 음악을 가르치며 생활했는데, 그 때 인연을 맺은 사람들을 거의 대부분을 신자로 만들었고, 주변에 그리스도교를 전파하기 위해 필사적이었다고 한다. 엔도는 사춘기시절 어머니를 원망하고 반항하면서 고입에 실패하여 재수를 하던 중 어머니가 돌아가시고, 그 후 그는 도쿄에서 아버지와 함께 살게 된다.

안전제일주의자 아버지와의 생활은 어머니와 지내던 생활과 전혀 달랐다. 무언가 엄격하고 성스러운 것에 대해 말하면 아버지는 등을 돌리고 바보 취급을 했으며, 물질적으로는 훨씬 풍요로웠지만 그에게는 그런 생활이 어머니를 배반하는 것처럼 느껴졌다. 아버지와 생활하면서 어머니에 대한 향수는 더욱 커지고 원망스러움조차 그리움으로 변해버렸다. '확실하고 위험 없는 삶'만을 추구하며, '아무 일도 없을 것, 평범할 것'을 지론으로 하는 아버지는 문학을 하겠다는 아들의 뜻에 극구 반대하는 것을 보며 그는 생각한다. '아들에게서 아내의 흔적을 다시 보는 것이 불쾌했을 것'이라고. 장성한 엔도는 아버지가 어머니를 버린 이유를 이해하고, 자신이라도 어머니 같은 여자하고는 살 수가 없다고 생각하지만 그럼에도 불구하고 아버지를 미워한다.

왜 아버지를 용서할 수 없는지 알 수 없지만, 단 한 가지 확실한 것은 어머니에 대한 어쩔 수 없는 애착. 그는 평생 아버지를 미워하는 마음과 어머니를 그리워하는 마음으로 살아간다. 어머니는 주변 사람들을 행복하게도 했지만 상처를 입히기도 했다. 당신의 불꽃으로 상대방의 인생에 흔적을 남겼다. 만약 그녀를 몰랐다면 그 인생이 달라졌을지도 모르는 그런 흔적을. 어머니의 장례식에서 만난 한 남자어른은 이렇게 말했다고 한다. "만일 자당께서 가까운 곳에 살지 않으셨다면, 나도 아내도 다른 삶을 살았을 것"이라고. 그 순간 그는 자각한다. 이런 어머니가 자신의 불꽃으로 가장 큰 흔적을 남긴 상대는 바로 아들인 엔도 자신이었음을.

― '이어진다는 것'의 또 다른 얼굴

사춘기 시절에 돌아가신 어머니에 대한 기억을 이렇게 자세하게, 이렇게 깊이 간직하고 지내는 아들이 얼마나 있을까. 아마도 그것은 어머니의 삶이 어린 아들의 '영혼'을 자극했기 때문이리라. '영혼을 자극'한다는 것은 무엇일까. 오랜 시간 어떤 사람의 마음에 간직되고 깊게 영향을 미치는 '그 자극'이란 어떤 것일까. 여느 아들 같으면 어머니와의 생활을 지겨워하면서, 아버지와의 안락한 삶을 더 반기고 그 속에서 평화를 얻었을 수도 있었을 것이다. 하지만 이 아들은 반대였다.

나 역시 나이를 먹으면서, 내 삶에 큰 영향을 주었던 큰 줄기들을 떠올릴 때마다 생각하게 되는 것이 있다. 그것은 '어떤 피할 수 없는 만남'이었다고. 캠벨의 말을 빌면, '기다리고 있던 인연사'에 해당하는 것인데, 그러면서 생각해 본다. 긴 세월 수없이 많은 만남들 가운데 대체 어떤 것들이 나에게 '피할 수 없는' 것으로 느껴지는 사건이 되었던 것일까.

작년이었던 것 같다. 벚꽃이 화사하게 하늘을 덮고 있을 무렵, 나는 까닭모를 무력감에 빠져 깊은 심연에 잠겨 있었다. 그러면서 어떤 생각에 몰두하게 되었는데, 그것은 다름 아닌 '간헐천間歇泉'에 대한 것이었다. 땅속 깊이 흐르면서 사이사이 지표의 얕은 곳에 터져 나와 분출하며 흐르는 하천. 문득 간헐천은 하이데거가 말하는 '그것(존재)'과 현존재의 관계를 보여주는 것 같다는 생각이 들었다. 깊이 땅속을 흐르는 물은 '존재'자체이고, 간헐천에서 솟는 물방울은 '존재자(현존재)'인 것 같다고. 젊은 시절 하이데거의 철학을 배울 때 도무지 그 뜻을 알 수 없어서 거의 발광(?)할 지경이었던 적이 있다. 그런데 묘하게도 나이를 먹으면서 '그 말이 그런 뜻이었나!' 하고 받아들여진다.

하이데거는 서양 형이상학의 역사를 존재망각, 혹은 존재 방기의 역사라고 한다. 존재 방기는 곧 '존재함'의 소멸이므로, 존재자가 존재의 차원에서 검토되지 않으면 단순히 대상으로 전락해버리게 된다고 한다. 하이데거는 '그것이 준다It gives', '그것이 말한다It speaks'라고 말하는데 여기서 '그것'이란 곧 '존재 자체'를 의미하는데, 이 존재는 존재자를 통해 자신을 드러낸다고 한다. 박경리 선생이 『토지』를 자신이 쓴 것이 아닌 것 같다고, 자신은 다만 몸만 빌려준 것 같다고 한 것처럼 말이다. 대체 누구에게 몸을 빌려줬다는 것인지 읽을 당시엔 의아했는데, 나중에 '그것(존재)'이 아닐까 하는 생각이 들었다. 지금 나 역시 이 지면을 빌어 이런저런 말을 하고 있지만 어쩌면 이 역시 '존재'가 '존재자'인 내 입을 빌어 하는 것인지도 모른다. 존재와 존재자가 별개의 것은 아니지만, 같은 것도 아닌 것 같다. 저 깊게 흐르는 강물의 존재를 자각하지 못한 채, 다만 간헐천의 물방울로만 튀다가 끝날 수도 있는 것이므로.

그러면서 장자의 '천부天府'를 떠올렸다. 장자는 말한다. '누가 불언不言의 변辯과 부도不道의 도道를 알겠는가. 알 수 있다면 이를 천부라 한다'고. 그리고 그것은 '그 유래를 알 수 없는 것'이라고 말한다. 하긴 깊게 흐르는 '존재의 강물'인 천부는 아무 말도 하지 않고不言, 아무런 주장도 하지 않는다不道. 다만 우리의 몸을 빌어 행하고 우리의 입을 빌어 말할 뿐. 우리가 성찰을 통해 그 흐름業을 들여다보지 않으면 도무지 알아차리기가 힘든 것이다. 라캉은 존재가 존재자에게 말을 거는 것을 '존재의 입 벌림'이라고 표현한다. '존재의 입 벌림'은 '존재의 결핍'을 자각하는 데서 시작한다고 한다. 아마도 존재의 결핍은 정신적 공허나 실존적 허전함 같은 느낌을 수반하며 찾아오는 것일 터, 그래서 '마음의 소리'에 귀를 기울이는 것이 필요하다고 하는 것이 아닐까.

그렇게 '깊게 흐르는 강물'을 불교의 유식학唯識學에서는 장식藏識, 즉 저장식인 알라야식이라고 하고, 화엄학에서는 법성法性이라고 하는 게 아닌가 싶다. 그러니 그 간헐천 구멍이 얼마나 독자성을 가지고 자기 의지대로 삶을 꾸려갈 수 있을까.(스피노자가 자유의지란 없다고 말한 것이 이런 의미를 담고 있는 것은 아닐까) 그런데 오묘하게도 그 간헐천의 구멍 속에서 여러 인연들이 꾸려지고 고뇌하고 사랑하고 미워하고 성취하고 좌절하며 무언가를 이루려고 노력한다. 그리고 그런 간헐천에서의 활동의 결과를 다시 그대로 품고 깊게 흐르다가, 다음 간헐천(내생)에서 다시 분출할 채비를 하고 있는 물줄기. 불교에서는 그 존재의 힘을 '업력業力'이라고 표현하는데(결국 그것 역시 공이긴 하지만), 그 표현이 무엇이든 프로이드가 말한 무의식의 '리비도'나 칼 융이 말한 '원형元型의 무의식'이라는 것 역시 이 깊게 흐르는 '존재의 강물'을 가리키는 것이 아닐까.

하여간 엔도가 어머니에게 받은 자극이나, 내가 '피할 수 없는 인연사'라고 느끼는 사건이나 모두 이 존재의 강물과 연관된 것인 듯하다. 깊게 흐르는 '존재의 강물'에 이어져있기 때문에, 그 '자극'이 잠시 머물다 사라지는 것이 아니라 '존재'의 깊은 곳까지 미친 것이 아닐까. 그렇지 않았다면 그저 간헐천의 물방울로 스러져 희미한 기억 속으로 사라져버렸을 사건들이 오랫동안 이후 삶으로 이어지고, 때로는 삶의 '화두'가 되어 평생을 안고 살아가게 만드는 것을 보면 말이다. 그렇게 존재의 차원에서 이어진 사건과 사람이, 그리고 그 사람들의 생각과 감성이 영혼에 자극을 주는 사건이 되는 것은 아닐까. 혹자는 그런 사건에 생산적인 자극을 받아 자기 삶을 의미 있게 꾸려가기도 하고, 또 혹자에게는 그것이 굴레가 되어 삶을 옥죄기도 하는 것이 아닐까. 하지만, 사건 자체는 그야말로 '중립적'인 것. 그것을 '행복한 만남'이라고 '불행한 굴레'라고 이름 짓는 것은 바로 우리의 '마음', 장자의 표현을 빌면 성심成心이 아닐까.

그런데 엔도의 영혼에 심대한 자극을 준 어머니에게도 그런 인연이 있었다고 한다. 어머니를 높은 정신세계로 인도하고, 그 어머니가 죽을 때까지 가장 존경하고 신뢰했던 사람. 어머니의 '영혼'을 자극한 사람, 가톨릭 사제인 한 신부님이 있었다.

― 엔도, 신부(神父)를 이해하기 위하여

어머니와 엔도의 인생에서 떼어놓을 수 없는 그를 처음 만난 건 어머니가 입원해 있던 병원에서였다. 그는 역시 자전적 작품인 『그림자』에 '그 신부'에 대해서 자세히 다루는데, 여기에는 '그 신부'를 이해하기 위한 엔도의 처절한 몸부림이 담겨 있다.

스페인에서 온 그는 조각처럼 뚜렷한 얼굴에 포도 빛깔의 맑은 눈을 가진 상당한 미남으로, 새하얀 로만칼라에 잘 손질된 검은 옷차림과 건장한 체구, 혈색 좋은 얼굴에 신사적인 미소를 띤 완벽하고 강해보이는 사람이었다. 그런 신부를 보며 어머니는 '아깝네, 저런 사람이 결혼도 하지 않고 신부가 되다니.' '저런 훌륭한 아들을 둔 어머니는 얼마나 행복할까'라고 말하며 아들도 그와 같이 될 것을 기대했다. 어머니에게 그는 자신의 영적 욕구를 채워주고 영적 구원으로 이끌어주는 존재였고, 당신 아들의 이상적인 모습이자 미래에 이루어야 할 모습이기도 했다.

신부의 인도를 받으며 어머니는 생활태도가 180도 바뀌어 마치 수

도자처럼 엄격하게 생활했고, 아들에게도 그런 생활을 강요했다. 혹여 기도 중에 졸기라도 하면 어머니는 늘 이렇게 말씀하셨다. '그렇게 해서 신부님처럼 될 수 있다고 생각하니.' 어머니는 돌아가실 때까지 그를 가장 존경했고, 신뢰하면서 마음의 의지로 삼았다.

그 신부는 자신의 생활방식, 신앙, 신체 등 모든 것에 자신이 있었고, 확고한 신념으로 '인간은 강해지지 않으면 안 된다. 노력하지 않으면 안 된다. 일상생활에서도 신앙생활에서도 자신을 단련시키지 않으면 안 된다'고 설교했으며, '약함, 나태함, 야물지 못함, 그런 것을 자신에게도 남에게도 용납하지 못했다.' 한 마디로 그는 '강자'였다. 그에 비해 '나'는 한 번도 자신에 대해 자신감이나 신념을 가져보지 못한 약자였고, 어머니를 위해 그는 허약하고 칠칠치 못한 아들인 '나'를 혹독하게 대했고 새로운 자세를 갖게 하려고 애썼다. 그러나 그의 훈육방식은 강자에게는 효과가 있었지만 약자에게는 때로 가혹한 것이었고, 결실을 맺기보다는 상처를 입힐 뿐이어서, '나'는 그것을 견뎌내지 못했고, 결국 신부가 되고자 하는 꿈을 스스로 접어버릴 수밖에 없었다.

어머니가 돌아가신 후에도 '나'는 그 신부를 계속 찾아갔고, 전쟁 중에도 수용소에 격리된 그를 찾아갔다. 어머니에게 소중한 존재는 '나'에게도 소중한 사람이었기 때문이다. 수용소에서조차도 말끔하고 당당한 모습의 신부는 배급받은 버터를 손에 쥐어주며 '나'에게 이렇게 말했다. '그리스도를 믿어야 돼.' 언제나 그에게는 무너지지 않는 어떤 확고함이 있었다.

그러나 사람의 앞일이란 참으로 알 수 없는 것. 항상 '인간이란 죽을 때까지 이상을 향해 노력하는 존재'라고 확신에 차 말하던 그. 그의 그 강인함 속에 예기치 못한 덫과 함정이 감춰져 있었다. 여기저기에서 소문이 들려왔다. 당시 신학교에 근무하던 그가 '아이가 있는 일본인 여성과 선을 넘는 교제를 한다는 것. '나'는 믿을 수 없었다. 그가 어떤 사람이고 얼마나 의지가 강한 사람인지 알고 있었기 때문이고, 또 적어도 어머니가 존경했던 그가 실수를 할지라도 그런 일을 할 리는 없다고 믿었기 때문이다. 어머니가 평생 신뢰한 그를 의심할 수 없었다. 그래서 신부를 찾아가자 그는 이렇게 말했다. '나를 믿어다오!'

'믿어 달라'는 그의 목소리는 '그리스도를 믿어야 해, 하느님과 교회를 믿어야 해'라고 말했을 때처럼 확신에 차 있었다. 하지만 그 소문은 곧 사실이 되었다. 그에 대한 의혹을 가라앉히려 애쓰며 믿으려고 노력하던 '나'는 그가 자신에게조차 거짓말을 한 데 대한 분노와 처참함에 시달렸지만, 엔도는 그 신부를 버릴 수 없었다. 그를 잊는 것은 곧 어머니를 잊는 것이고, 그를 거부하는 것은 스스로의 인생에 큰 흐름을 거부하는 것이었기 때문에.

'나'의 신앙은 스스로의 선택이기보다는 어머니에 대한 애착과 결부되어 있고, 그에 대한 경외심과 연결되어 있었기에, 그래서 '나'는 부치지 못한 편지에서 신부에게 이렇게 쓴다. '한 사람이 다른 한 사람에게 남긴 흔적, 우리는 타인의 인생에 어떤 흔적을 남기며 어떤 영향을 주는지 알지 못합니다. 마치 바람이 모래사장의 소나무 등을 휘게 하고 가지의 방향을 바꾸어 놓듯, 당신과 어머니는 다른 사람들은 물론 나를 현재의 방향으로 바꾸어 놓았습니다. 그리고 지금 당신은 어디

론가 사라졌습니다.'

 이때부터 '나'는 그를 이해하기 위해 갖은 애를 다 쓴다. 책상에 앉으면 계속 '나를 믿어다오'라는 그의 소리가 들려왔다. 엔도가 소설 속에 세 차례나 그를 등장시켜 그의 심리를 추적한 것도 그런 마음에서였다. 어머니를 보다 높은 세계로 이끌어 준 것처럼 그 여자를 이끌고 가려다가 그만 다리가 걸려 넘어졌는지도 모른다. 처음엔 연민으로 시작했다가 남자로서의 감정이 스미는 것을 몰랐을 수도 있다. 그는 너무 자신만만했던 것이다. 강할수록 한 번에 무너진다는 것을 알지 못했던 것이다. 자신에 대한 자신감에 발목이 잡힌 것인지도 모른다. 등등.

 하지만 진상은 알 수 없었고 그런 가정을 해 봤자 '나'의 마음은 치유되지 않았다. 그러다가 그를 먼발치에서 몇 번 보게 된다. 그는 검은색 사제복이 아니라 회색 낡은 정장을 입고 있었고 옛날의 당당했던 몸집은 사라지고 빈약한 체구의 시골뜨기 서양인처럼 보였다. 그런데 놀랍게도 이유는 알 수 없지만, 그것이 자연스럽고 당연하다는 느낌이 들었다. 그리고 그의 '슬픈 눈'이 느껴졌다. 그가 설혹 '나를 배신했다 해도' 그를 원망하는 마음은 생기지 않았다. 우리가 믿는 신앙은 자신감과 심판하는 강자를 위해서가 아니라 '버림받은 자의 슬픔'을 위해 존재한다는 생각이 들었기 때문이다. 레스토랑에서 멀리서 본 그는 주문한 음식을 먹기 전 아무도 알아보지 못할 빠른 속도로 성호를 긋고 있었다.

─ 이해하기 위해 노력한다는 것

나는 이 신부의 이야기를 읽으며 깊은 마음의 위로를 받았다. 신부를 이해하기 위해 애쓰는 그의 심정에 공감해버렸기 때문인데, 무언가 '공통'된 어떤 기질이 그에게도 나에게도 있다는 생각이 들면서 '동류同類'라는 느낌을 받았다. '이해하고자 애쓰고 또 애쓰는 눈'을 가졌다는 것이 공통점이라고나 할까. 나는 어떤 일이든 이해하고 납득이 되면 편안하게 수용하고 감정적인 뒤끝이 없는 편이고, 사람 문제에 대해서는 인내력이 꽤나 높은 편이다. 그런데 문제는 잘 이해가 되지 않을 때이다. 가까이 접하는 사람이든 책에서 접하는 철학자든 잘 알 수 없을 때에는 그야말로 고통에 시달리며, '마음이 너덜너덜해질 때까지' 상대의 마음을 헤아리며 이해하려고 애를 쓴다. 도무지 쉽게 타협하거나 포기하지를 못한다. 그런데 대체 이렇게 '이해하기 위해 애쓴다'는 것은 어떤 의미인 것일까. 상대를 이해하려 하는 것인가, 자신을 이해하려는 것인가.

언젠가 문학평론가 김인환의 평론집 『상상력과 원근법』에서 염상섭의 『삼대』를 논하는 글에서 '삼대라는 소설의 흡인력은 미결정의 난처한 처지를 강인하게 유지하는 (조덕기의) 소극적 수용력에서 나온다'는 것을 보고 갑자기 눈이 환해지는 느낌을 받았다. 이어지는 구절 때문이었는데, '소극적 수용력'이란 영국의 낭만주의 시인인 키츠가 사용한 용어라고 하면서 그 의미를 이렇게 설명하고 있었다.

안간힘을 다하여 지적인 체계를 만들어야만 하는 불안한 정신과 달리, 불명확함과 의문 속에서도 삶의 방향을 모색하며 살아가는 능력을 말한다.

그렇구나. 내가 바로 '안간힘을 다해 지적인 체계를 만들어야 하는 불안한 정신'에 해당하는 사람이구나 하는 자각이 들었다. 나는 늘 각각의 사건이 지니는 의미를 전체적인 구도 속에서 찾고자 하고 그것을 수용하기 위해 그 의미를 더욱 승화시켜 나가고 싶어 한다. 그래야만 마음이 석연해지고 정신적으로 견딜 수 있는 힘을 얻을 수 있기 때문이다. 그러면서 생각해보았다. 어째서 나는 그런 것일까. '불명확함과 의문' 속에 있는 것을 나는 왜 이토록 힘들어하는 것일까. 이것이 장자가 말하는 '천형天刑'인 것일까.

그러면서 또 한 가지 생각이 떠올랐다. '아무'에게나 그런 것도 아니고, 또 '아무 일'에나 그런 것은 아니라는 것. 그럼 어떤 경우인가를 따져보다가 어떤 생각에 미치게 되었다. 바로 '존재의 강물'에서 이어진 느낌을 주는 사람과 사건이라는 것. 말하자면 내 삶의 깊은 곳에 영향을 주는 사람들과 사건들. 그러면서 나의 그런 성격이 그들과 제대로 '이어지고 싶어 하는 마음'에서 비롯된 것이 아닐까 하는 생각이 들었다.

장자는 이를 각득기의各得其宜라고 하는데, 삼라만상은 이렇게 저렇게 각자의 방식으로 세상과 얽히는 채 이어져 있으므로相縕, 그 각각의 방식을 존중하여相尊, 자기 방식에 따라 상대를 바로잡으려相正 하지 말고 자정自正에 맡기라고 한다. 말하자면 베짱이는 베짱이의 즐거움으로 세상을 누리고, 개미는 개미의 근면함으로 세상과 결합하는 것이니, 서로 이해할 수 없다 하여 부정하거나 비난하지 말라는 것이다. 그런데 퍼뜩 이제껏 나는 이 부분을 공부하면서 상정하지 말고 상존하며 자정에 맡긴다는 것을 '대상'에 한정해서 생각하고 있음을 깨달았다. 상대를 존중하고 바로잡으려 하지 않으며 스스로 바로잡기를 지켜보며 돕는다고만 생각했던 것이다. 그러나 그것은 나 자신에게도 해당되는 말이었다. '자신을 아는 것은 곧 세계를 아는 것'이라고 한 위화의 말처럼 '나를 알아야 내 눈에 비친 세상도 이해할 수 있는 것'이라는 생각이 들었던 것이다. 나 자신의 각득기의를 존중하고 자정에 맡길 때 왜곡 없이 세상과 이어질 수 있음을 알았고, 나의 경우 세상과 이어지는 나의 마땅한 방식은 바로 '이해'를 통해서라는 것도 알게 되었다. 그리하여 왜 엔도에게서 위로받았는지가 서서히 이해되었다. 엔도가 어머니와 신부를 이해하기 위해 그토록 애쓰는 모습에서 나의 모습을 보았기 때문이 아닌가하고.

그러면서 스토아 철학자 에픽테토스의 말이 떠올랐다. 그는 '무지하고 생각이 깊지 않은 자는 습관적으로 자신의 불행을 남의 탓'으로 돌리고, '약간이라도 깨어 있는 자는 그 모든 것을 자신의 탓'으로 돌리지만, '완전히 깨어 있는 자는 남도 자신도 탓하지 않고, 자신에게 일어나는 일들을 감정의 흔들림 없이 받아들이며 신과 자연의 본성을 이해'하고자 한다고 말한다.

그런 의미에서, 상대 마음의 진상이 어떠한지는 전혀 모르는 상태에서 엔도가 처음 배신감과 참혹함으로 믿을 수 없어 하며 그 신부를 탓하다가, 그 다음 그 신부의 마음을 이해하기 위해 몸부림치며 이해하지 못하는 엔도 자신을 탓하다가, 마침내 그의 '슬픈 눈'을 보며 신은 '버림받은 자의 슬픔'을 위해 존재한다는 '신의 본성'을 자각하면서 자신도 상대도 탓하지 않게 된 것이 아닐까. 그리고 결국 최종적으로 신부를 납득하고 수용할 수 있었던 것은, 그가 주문한 음식 앞에서 '성호를 긋는 것'을 보고, 그가 '교회는 버렸을지언정 신을 버린 것은 아니다'라고 자기 식으로 그를 이해하고 납득하고 수용해버린 것이 아닐까. 그래서 있는 그대로의 그의 모습을 인정하게 된 것은 아닐까. 신부를 강하다고 생각한 것도, 그의 배신을 믿을 수 없어 한 것도, 그가 슬픈 눈을 가졌다며 공감한 것도 모두 엔도 자신의 마음이 펼쳐낸 그림인 것이 아닌가.

결국 자신의 마음이 그려낸 그림 속에서 어머니와 이어지고, 신부와 이어진 엔도. 그러면 어떤 과정을 통해 그는 '조상 기독교인의 후예'라는 자의식을 가지며, '기독교인 전체'와 이어지게 된 것일까. 그리고 그것은 그에게 어떤 의미를 갖는 것일까.

―『침묵』, 작품 속으로

병에서 회복된 엔도는 나가사키의 오우라 천주당에서 '슬픔의 성모상'을 동판으로 만들어 널빤지에 고정시킨 후미에踏み絵를 발견했는데, 그 후미에를 밟았던 사람들의 발가락 자국이 동판에 선명하게 남

아 있는 것을 보았다고 한다. 이후 걸을 때나 일을 할 때나 문득문득 그 검은 발자국들이 마음속에 떠올랐고, '저 검은 발자국을 남긴 사람들은 어떤 사람이었을까', '자신이 믿는 것을 자신의 발로 밟을 때 그들은 도대체 어떤 심정이었을까', '자신의 사상과 신념을 폭력에 의해 굽힐 수밖에 없었던 사람들의 마음은 어떠했을까' 생각하게 되었는데, 그러면서 그 후미에의 발자국은 남의 일이 아닌 것으로 다가왔고, 그것이 엔도로 하여금 소설을 쓰도록 만들었다고 한다. 그리하여 기독교도들의 수난의 현장인 나가사키를 찾아보게 되었고, 거기서 기리시단(막부시대 일본의 기독교 신자들을 이른다) 시대에, 자신과 같은 문제를 붙들고 씨름하던 사람들, '고문을 겪으며 처절한 영혼의 싸움을 하던 사람들'을 만날 수 있었다고 한다. 그 곳에서는 보이는 것마다 절박감으로 가득 차 있었고, 그 거리는 엔도에게 끊임없이 문제를 내주고 말을 건네주었다고.

엔도에게 '끊임없이 말을 건네는' 사람들. 그리고 그들과 마음으로 대화를 나누는 엔도, 이것은 어떤 의미인가. 그들은 어디에 존재하는 사람들인가. 역사적으로 존재했던 사람들이고, 현재 시점에서는 '엔도'의 마음속에 들어와 이어져 있는 사람들이다. 신념을 굽히지 않고 고문으로 사망한 사람들은 '강한 사람들'이지만, 본의가 아니면서도 후미에를 밟고 신념을 굽혀 신앙을 버리겠다고 약속한 사람들은 '약한 사람들'이었는데, 엔도의 관심이 집중된 것은 바로 그 약한 사람들이다. 후미에에 있는 성모 마리아의 얼굴을 밟는 것이 잘 실감나지 않는다면, 자기 어머니나 연인의 얼굴을 밟는다고 생각해보라고 말하며, 그는 그 고통이 얼마나 큰 것인지를 자기 식으로 이해한다. 그러면서 이렇게 사람을 강자와 약자로 나눈다면 '자신과 배꼽이 연결되어 있는 것은 어느 쪽 사람일까'를 고민하며 그는 이런 결론을 내린다. '나를 비롯한 내 주위의 사람들은 모두 약자이다. 끝까지 강자로 남을 수 있었던 일본인은 내 주위에 한 명도 없었다.'

그래서인가. 엔도는 극심한 탄압에서 약자로 처신할 수밖에 없었던 사람들, 그들의 마음이 어떠했을지 헤아리고 이해하려 하면서 그들과 이어진다. 그들을 대상화하는 것이 아니라 '그들과의 연속'을 느낀다. 결코 남의 일이 아니라고 하면서. 그 이어짐은 '그들과의 소통'을 가능케 하고, 그 소통은 '나'에서 시작하여 세계로 향해가고, 그 세계는 바로 '나'로 이어진다. 장자에 등장하는 지인至人이 세계와 한 몸으로 연속되어 있기 때문에 따로 대상화하는 것이 없는 것처럼至人無己, 자아는 세계로 연속되고 세계는 자아로 연속된다. 엔도의 경우, '나'가 향해간 세계는 바로 기리시단 시대의 '기독교인'들이었고, '그 기독교인들의 세계'가 '나'에게도 이어지면서, 엔도는 '조상 기독교인의 후예'가 되어『침묵』을 쓰게 된다.

어떤 의미에서 이 작품은 기독교 탄압의 실상을 사실적으로 묘사하는데 중점을 두었다기보다는, 그 탄압 속에서 보인 약한 인간들의 고뇌와 아픔에 중점을 둔 것 같다. 엔도는 '소설가란 자신과 완전히 다른 사람을 쓰는 것은 불가능하다'라고 말하며, 자신 속에 있는 인격을 각각 독립시켜 그것을 작중인물로 그렸는데, 결국 중심인물인 페레이라, 기치지로, 로드리고는 모두 '나 자신이다'라고 말한다. 이들은 모두 약한 인간들이다.

─ 페레이라 신부를 찾아서

이제 『침묵』 속으로 들어가 보자. 로마 교황청에 한 가지 보고가 들어왔다. 포르투갈의 예수회에서 일본에 파견한 페레이라 크리스트반 신부가 나가사키에서 '구멍 매달기' 고문을 받고 배교背敎를 맹세했다는 것. 이 신부는 일본에 33년간 체류하면서 주교라는 최고 지위에 서서 사제와 신도들을 통솔해온 성직자인데, 어떠한 사정 때문인지 몰라도 불굴의 신념을 가진 그가 교회를 배반했다는 사실은 도저히 믿어지지 않는 일이어서 이 보고는 네덜란드 사람이나 일본 사람이 지어낸 이야기이거나 오보일 거라 생각했다.

히데요시가 가톨릭을 박해하기 시작한 이래, 에도 막부는 1614년 모든 가톨릭 선교사의 추방을 결정했는데, 그 엄중한 추방령에도 차마 신도들을 버리고 갈 수 없어 남은 사제들이 37명 있었고, 페레이라도 그 중 하나였다. 그는 이후 20년 가까이 꿋꿋하게 잠복해서 활동하면서 1632년까지 순찰사 발메이 신부 앞으로 당시의 신도들에 대한 고문과 탄압의 실상을, 그리고 그에 굴복하지 않는 신도와 사제들의 혁혁한 활동을 편지로 전해오고 있었다. 그러니 교황청에서 이런 편지를 쓴 페레이라 신부가 아무리 고문을 받았다고 해도 하나님과 교회를 버리고 이교도에게 굴복했으리라고는 생각할 수 없었다.

그리하여 신학교에서 페레이라에게 배운 제자, 가르페, 마르타, 로드리고는 자신들의 은사가 눈부신 순교를 했다면 몰라도 이교도 앞에서 개처럼 굴종했다고는 도저히 믿기지 않아 일본에 건너가 이 사건의 진상을 자신들의 눈으로 확인하고자 한다. 그러나 일본에서의 선교는 위험한 일, 쉽게 허락이 떨어지지 않다가, 한참 후에야 이들은 마침내 뜻을 이루게 된다.

리스본에서 아프리카 남단을 돌아 인도를 거쳐 2년의 항해 끝에 마카오에 도착한 그들은 여러 가지 실정을 탐문 조사하면서 일본의 정세를 본국에 있을 때보다 상세히 들을 수 있었다. 세 사람이 출발한 그해 3만 5천명의 가톨릭 신도들이 반란을 일으켜, 시마바라를 중심으로 막부군과 맞붙어 악전고투한 끝에 남녀노소 할 것 없이 모두 학살되었다는 것. 게다가 살아남은 기독교인들은 이 잡듯이 추적당하고 있다는 것이었다. 뿐만 아니라 포르투갈과의 통상교역은 완전히 단절되고 포르투갈 선박의 도항이 금지된 상황이었다. 그들은 앞으로의 운명이 혹독했던 2년간의 여행 이상으로 가혹한 시련이 되리라는 것을 각오해야 했다.

신학교에서 함께 페레이라에게 배운 그들은 은사에 대한 추억을 생생히 기억하고 있었다. 맑고 푸른 눈과 온화하고 부드러운 빛을 얼굴 가득 담고 있는 인자한 모습을 지녔던 그. 그토록 인자한 얼굴 위에 굴욕으로 일그러진 또 다른 표정을 그들은 도저히 상상할 수 없었다. 어떻게든 페레이라 신부의 존재와 운명을 확인하고 싶었다.

페레이라 크리스트반이라는 인물은 작가가 작품을 쓰기 위해 공부하고 조사하면서 발견한 실존 인물이라고 한다. 실제로 덕망 있는 페레이라 신부가 신앙을 버렸을 리 없다고 생각한 교황청에서는 그것을 확인하게 위해 쥬세페 키아라(로드리고의 모델이 된 인물)를 비롯한 젊은 신부 몇을 일본에 파견했다는 기록이 있다고 한다. 페레이라의 모험에 대해 엔도는 생각한다. 2년 넘는 항해를 견디게 하는 힘에는 모험정신도 분명히 있었겠지만 그것이 전부는 아니었을 것이리라. 만약 청년 페레이라에게 진리의 신념과 그것을 포교하려는 격렬한 열정, 그리고 동양인을 위해 무언가 공헌하고 싶다는 사제의 마음이 없었다면 그 고난을 쉽게 뛰어넘지 못했을 것이라고. 또 추방령에도 떠나지 않고 잠복하여 일본에 남는다는 것은 순교할 각오가 없으면 할 수 없는 일이었다고. 페레이라 자신 역시 13년 후 자신이 배교하리라는 것을 상상이나 할 수 있었겠느냐고. 그는 배교 후에도 일본인을 위해 천문학과 의학을 가르치며 공헌했는데, 이 역시 사제로서 도움이 되려는 마음에서 비롯된 것이 아니겠느냐고.

장자를 공부하면서, 나는 늘 장자의 관점이란 곧 '이해의 눈'이 아닐까 하는 생각을 해왔다. 이해란 곧 '나'가 세계와 이어지는 도구로서의 촉수(더듬이)가 아닐까. 그것은 대상의 각득기의에 따라 있는 그대로 보는 눈(단지 구경하는 눈이 아니라), 인연 따라 얽혀 있는 것을 보는 눈이기도 하지만, 어떤 의미에서는 대지大知를 이해하려는 소지小知이기도 한 것이 아닐까. 도저히 따라갈 수 없다고 느껴지는 어떤 대상을 그래도 이해하려고 노력하는 눈.

『장자』에는 남명을 향해 구만리를 비행하는 붕새를 보며 매미와 메추라기가 '뭐 하러 구만리를 올라가서 남쪽으로 가려 하는가'라고 웃는 일이 나오는데, 장자는 '저 작은 두 새가 어찌 알겠는가, 소지小知는 대지大知에 미치지 못하고 소년小年은 대년大年에 미치지 못한다'라고 말한다. 사실 이쪽 나무에서 저쪽 나무로 옮겨 다니며 사는 메추라기의 입장에서 붕새의 비행은 이해하기 어려운 일이다. 또 하루살이가 회삭晦朔을 모르고 매미가 춘추春秋를 모르는 것 역시 자연스러운 일이다. 비난할 일도 아니고, 구태여 이해시킬 일도 아니다. 다만 존재조건에 따른 자연스러운 차이일 뿐.

그런데 생각해보자. 우리가 어떤 높은 산의 정상에 오르는 여정에 있다고. 만일 우리가 이미 산 정상에 올라 몸을 돌려 아래를 모두 볼 수 있는 입장이라면 산의 전경을 볼 수 있을 것이다. 하지만 우리가 길의 중간에 있다면 올라가는 길에서 보이는 풍경 외의 다른 풍경을 알 길이 없다. 그러나 나와 다른 길로 산에 오르는 자가 있고, 그 자가 본 풍경과 산의 모습을 들을 기회가 있다면, 우리는 그 길을 직접 가지 않더라도 현재 보이는 것 이상의 것을 알 수 있다. 마치 거인의 어깨 위에 올라선 난쟁이처럼 자기 존재조건의 한계를 넘어 견분을 넓힐 수 있는 것이다.

연못이 깊을수록 더러움을 자정自淨하는 힘도 커지는 것, 자신의 견분이 넓어지고 깊어질 때 우리는 편견과 선입견, 단견과 억견에서 벗어날 수 있는 가능성을 높일 수 있고, 세계와 더 넓고 깊게 이어질 수 있는 것이 아닐까. 어떤 의미에서 우리 모두는 '스스로를 붕새라고 생각하는 메추라기' 신세일지도 모른다. 자신이 경험할 수 없고 자기에게 보이지 않는 것을 알 도리가 없으면서도, 자신의 생각이 옳다는 생각에서 좀처럼 벗어나지 못하는 점에서 말이다. 그런 의미에서 엔도가 도저히 자신이라면 먹을 수 없는 마음과 해낼 수 없는 일에 대해 그 사람의 마음속으로 들어가 이해하고자 애쓰는 모습에서 나는 작은 앎에서 벗어나려고 애쓰는 메추라기의 모습을 본다. 자신과 이어진 세계와 소통하려는 그의 마음을.

― 일본을 향하다

어쨌든 이 세 사람은 일본으로 가는 밀항선을 탐색하면서 한 사람을 소개받게 되는데, 그는 교활한 눈빛을 한 일본인 남자 기치지로. 그는 배교자로, 24명의 신도들이 영주에 의해 바다 속 나무기둥에 묶여 수형水刑에 처해지는 광경을 목도했다고 하는데, 게으르고 나약하고 비겁한 태도를 보여 믿기 어려웠지만, 그들은 그에게 의지할 수밖에 없었다. 말라리아에 걸려 여행이 불가능한 마르타를 남겨두고, 간신히 배를 구해 풍랑에 맞서며 일본에 가까워질 무렵 두 사제는 짐 사이에서 겁에 질려 떨고 있던 기치지로의 안내를 받아 한 마을에 도착한다. 그 마을 사람들은 모두가 세례를 받은 자들이었고, 로드리고와 가르페는 이 어촌에서 '사제라는 일이 이렇게 보람된 일이었는지 새삼 자각할 정도'로 사명감을 느끼며 비밀리에 신앙의 불꽃을 일으키려 필사적으로 노력한다. 일본 신도들의 심정이 '방향을 잃고 폭풍우에 휩

싸여 바다 위에 버려진 배'와 같다고 여기며, 로드리고는 '하나님께서 왜 이와 같은 고난을 신도들에게 주시는지 이해할 수 없을 때'가 많다고 생각한다.

그러다 누군가의 밀고로 관리들의 습격을 받고, 두 명의 신도가 바다 말뚝에 묶여 '참배하자, 참배하자, 파라이주天國의 궁전으로 가자'는 '그리스도인들의 노래'를 부르며 비참한 모습으로 순교하게 되고, 그들이 묶여 있던 바다의 무서운 적막함 위에서 로드리고는 하나님의 침묵을 느낀다. 비애에 빠진 인간들의 소리에 하나님이 아무런 응답도 없이 말없이 침묵하고 계시다는 느낌을······.

위기를 느낀 두 사람은 각기 페레이라 신부를 찾기로 하고 헤어진다. 자신들에게 재앙을 가져오는 이국인 신부를 무거운 짐으로 느끼는 마을 젊은이의 도움을 받아 배로 이동하면서, 로드리고는 심한 공포의 떨림을 느낀다. 그리고 자신이 '이 어둠을 뚫고 나가는 것은 다만 사제로서의 자존심과 의무 때문'이라고, '사제가 아니라 일반 신도였다면 이대로 도망쳤을지도 모른다'고 생각하며 겁에 질린 쥐처럼 작은 얼굴을 한 기치지로를 떠올린다.

마을 젊은이는 로드리고를 배에서 내려준 후 떠나버리고, 어디로 갈지 정하지 못한 그는 산속을 방황하면서, '바다와 똑같이 침묵을 지키는' 하나님을 다시 떠올린다. 그러면서 '만일⋯⋯ 만일 하나님이 안 계시다면⋯⋯.' 그는 너무나 무서운 상상을 한다. 만일 그렇다면 나무에 묶여죽은 신도들, 피 흘리며 순교한 사제들, 산속을 방황하고 있는 자신은 얼마나 우스꽝스러운가.

그렇게 산속에서 몸과 마음이 모두 방황하고 있던 중, '신부님'하는 소리에 돌아보니 얼굴에 비굴한 웃음을 띠며 '신부님 몸값은 300냥이어서, 혼자 있으면 위험'하니 자신이 지켜주겠다고 말하는 기치지로. 로드리고는 잠이 들고 나면 기치지로가 자신을 관헌에게 팔아버릴 거라 생각하며 예수를 팔아넘긴 유다를 떠올린다. 예수가 식탁에서 유다를 향해 한 말, '가라. 가서 네가 이룰 일을 이루어라'고 한 말을. 로드리고는 사제가 되고 나서도 이 말의 참뜻을 이해할 수 없었는데, 왜 예수는 '은 30냥에 자신을 팔아넘긴 사람에게 가라'는 말을 던졌을까. 노여움과 증오 때문인가, 아니면 사랑 때문인가. 예수는 유다조차도 구원하려 하셨으면서, 어째서 길을 잘못 든 그를 막지 않으셨던 것인가. 신학생 시절부터 이해할 수 없었던 난제.

기치지로에게 '가라, 가서 네가 할 일을 이루어라'라고 말하지 못하는 것은 자신을 지키기 위해서이기도 하지만, 사제로서의 마음에 그가 거듭하여 배반하지는 않을 것이라는 희망과 기대가 있었기 때문이었다. 잠시 따로 움직였을 때, 기치지로는 신부에게 말한다. '신부님도 저를 믿지 않으시는군요' 그러면서 힘없이 '아무도 이젠 저를 믿지 않는군요'라고 중얼거리며 '자신은 태어나면서부터 약한 자이기 때문에 순교한 친구들처럼 강한 자가 될 수 없었다'라고 말한다. 결국 두려움에 떨던 기치지로의 밀고로 관헌에 잡혀가면서, 로드리고는 도마뱀처럼 겁에 질린 기치지로의 조그만 얼굴을 멀리서 바라본다.

─ 약한 자를 창조하시고 커다란 시련을 주시는 하나님

　로드리고가 마침내 그의 말을 빌면 '더러운 인간' 기치지로의 배신으로 잡혀 버렸다. 여러 차례 배교했으면서도 가톨릭 신도의 주위를 맴도는 기치지로는 이후 감옥에 갇힌 로드리고에게도 찾아와 고해를 들어달라며 울부짖다가, '자신이 나빴다'며 자신도 가톨릭 신자이니 감옥에 처넣어달라고 관리들에게 떼를 썼다. 거의 그를 외면한 채 억지로 고해를 들은 로드리고는 예수님은 가장 낮은 자리에 있던 못나고 더럽고 아름답지 않은 자들만 찾아다니셨는데, 스스로는 오히려 피하고 있다고 반성한다. 아름다운 것에 마음이 끌리는 것은 누구나 할 수 있는 것이며, 그것은 진정한 의미의 사랑이 아니라고 생각하면서. 그럼에도 기치지로를 용서할 수 없다고 생각하던 그는 자신에게 다정한 얼굴로 다가오는 그리스도의 얼굴을 마주하며 부끄러움을 느낀다.

　기치지로는 누나와 형이 화형당할 때 홀로 배교하여 살아남았고, 어촌 마을에서 두 명의 신도가 처형될 때, '후미에에 침을 뱉고 성모는 매음녀'라고 외치고 화를 피했으며, 또 산속에서 방황하던 로드리고를 배신하고 상금을 챙겼다. 그런데 왜 그는 일본의 상황을 그토록 두려워하면서 마카오에 머물지 않고 다시 돌아오고자 했을까. 또 거듭 배신행위를 하면서 어째서 가톨릭교도들을 떠나지 못하는 것일까.

　그는 자신이 '약한 자'라고 울부짖었고, '하느님은 왜 자신을 이다지도 약한 인간으로 만들어놓고는 감당하기 힘든 핍박의 어려운 시대를 살게 했느냐'고, '왜 아무 잘못도 하지 않는 자신들에게 하나님은 이토록 엄청난 고통을 주시는 것'이냐고 항변한다. 이유 있는 항변이지 않은가.

예수의 12사도 가운데 '시몬'이라는 이름의 어부는, 예수로부터 '반석'이라는 뜻의 이름을 받은 베드로. 예수가 붙잡혀 있는 곳에 찾아갔다가 관계를 추궁 당하자 '나는 예수를 알지 못한다'고 닭이 울기 전에 세 번이나 부인한 베드로. 위험한 줄 알고 있었지만 막상 일에 닥치자 두려움에 신념을 버리고 만 베드로. 엔도는 기치지로를 베드로와 같은 인물로 그렸다고 한다.

인간이란 바로 그런 존재라고, 도망갔지만 다시 돌아오는 존재라고 그는 말한다. 베드로가 돌아와 제 1 사도가 되고, 기치지로가 계속 신도들에게 돌아오는 것, 그것은 단순한 호기심 때문이 아니라 마음의 보상작용, 즉 그것은 마음속에 무언가를 요구하고 있기 때문이라는 것이다. 그것이 무엇일까.

이런 생각을 하노라니 내가 대학생이었던 20대 초가 떠올랐다. 세상을 알아야겠다고, 진실을 알아야겠다고 마음먹은 후, 군부독재의 실정과 광주항쟁의 진실을 접하고 더 나은 사회를 위해 투신해야겠다고 결심하면서 나는 두려움에 시달려야 했다. 당시 80년대 초는 새로이 집권한 신군부 정권의 서슬 퍼런 기세가 극도에 달한 삼엄한 시대였다. 많은 선배들과 친구들이 잡혀갔고, 군대에 끌려갔으며, 심지어 죽어나가기도 했다. 한마디로 나는 이런 상황이 무서웠다. 잡혀가는 것도, 고문당하는 것도, 감옥에 가는 것도 무서웠다. 게다가 늘 나의 어머니로부터 '너처럼 겁 많은 아이가 어떻게 데모를 한다는 거냐?'라는 걱정을 들을 정도로 나는 어릴 적부터 겁쟁이였다고 한다. 그네도 잘 못타고, 스케이트도 잘 못타고, 자전거 배우면서 100번도 넘게 넘어지는, 도무지 민첩한 구석이 없는 아이였다. 그러니 오히려 폐를 끼치는 존재가 되지 않을까하는 두려운 마음까지 더해졌으니, 당시 어린 마음이 얼마나 힘들었을지 지금 생각하면 가여운 생각이 든다.

그러면서 스스로 돌아본다. 그런데 어떻게 그 마음을 다스릴 수 있었던 것일까. 돌이켜보면 제일 큰 힘이 되었던 것은 '동지'들과 함께 한다는 것이었던 것 같다. 동지들과 이어져 있다는 연대의식은 그 무엇보다도 빛나고 힘나는 것이었다. 게다가 아무리 생각해 봐도 필요한 일이고, 옳은 일이며, 헌신할 가치가 있는 일이었다. 마음속에의 당당함이 있었던 것 같다. 내 힘이 비록 모자라겠지만, 모자라면 모자란 대로 도울 수 있는 일이 있으리라 생각했고, 어려우면 어려운 대로 겪어나가리라 생각했다. 그러므로 '상상적 공포증'에 시달리는 것은 그만두고, 최선을 다해 실천하면서 부딪치는 대로 그렇게 겪어가자고 마음을 다졌던 것 같다. 하지만 알 수 없는 일. 로드리고가 스스로 '사제가 아니라 일반 신도였다면 이대로 도망쳤을지도 모른다'고 생각했던 것처럼, 더 큰 핍박을 받았다면 나 역시 어떻게 되었을지 장담할 수 없는 노릇이다.

그러면 엔도가 말한 다시 반드시 돌아오게 하는 그 마음의 욕구는 어떤 것일까. '약한 인간이라서 배교하긴 했지만 나는 여전히 기독교인이다. 고문을 견디지 못해 배교하긴 했지만 그것은 본심이 아니었다'는 것이 아닐까. 본심이 아니었음을 스스로에게 확인시키는 것은 어떤 자존심과 연결되는 것은 아닐까. 최소한의 자신을 지탱해줄 수 있는 자존심 같은 것이 아닐까. 영국의 역사학자로, 평생 동안 공산당원으로 남아 있던 에릭 홉스봄은 자서전 『미완의 시대』에서 이렇게 말한다. 자신이 공산당에 남은 것은 '아무도 등을 떠밀지 않았을 뿐더러 나가야만 하는 불가피한 이유도 없었기' 때문이며, 한 마디로 하면 '그것은 자존심'이었다고. 어찌 보면 그는 별다른 핍박이 없었기에 자존심을 지킬 수 있었던 것인지도 모른다. 기치지로 역시 떠나지 않을 수 있었다면 떠나지 않았을 것이라는 자기 마음을 지키고 싶었던 것이 아닐까.

『침묵』을 읽은 많은 사람들이 엔도에게 이렇게 말했다고 한다. '기치지로는 저 자신입니다' 키가 큰 것이나 작은 것, 용모가 출중한 것이나 독특한 것, 성격이 별나거나 평범한 것, 마음이 굳세거나 여린 것 등은 모두 태어날 때부터 가지고 나오는 어쩔 수 없는 개성이다. 기치지로의 말에 따르면 '하나님이 그렇게 창조하신 것' 아닌가. 그래서 예수님은 가장 낮은 자리에 있던 못나고 더럽고 아름답지 않은 자들만 찾아다니시며, 그들에게 위로와 구원의 손길을 주신 것이 아닐까. 예수가 어찌 더러운 것을 일부러 찾았겠는가. 깨끗한 것이나 더러운 것이나 평등하게 보는 마음에서 더 아프고 힘든 이들을 어루만진 것이 아닐까. 자신의 손길을 더욱더 필요로 하는 존재들이었으므로. 엔도는 말한다. '나는 소설을 쓰면서 나 자신의 약한 심리를 기치지로에게 투영할 수 있었다'고.

— 심문관 이노우에

 감옥에 갇힌 로드리고는 처음 며칠간은 일본에 온 이후 처음으로 조용하고 평화로운 날들을 보내다가, 9일째부터 신도들이 취조와 고문을 받는 모습을 보며 심한 고통에 시달린다. 그러다가 마카오에서 '기독교인들에게 가장 위험한 인물'이라는 평을 받은 심문관 이노우에를 만나게 된다. 로드리고는 이노우에가 창백하고 음험한 얼굴을 지닌 남자일 것이라 예상했지만, 뜻밖에 그는 사물에 대한 이해심이 넓을 것 같은 온화한 인물이었다. 이노우에는 한때 기독교인이었다가 후일 기독교를 버린 인물이다. 뛰어난 인텔리였으며, 도쿠가와 시대에 전장에 한 번도 나가지 않고서도 다이묘가 된 최초의 관료였을 정도로 우수한 두뇌를 가진 사나이였다. 그런 그가 기독교인이 될 때나 또 그것을 버릴 때 여러 가지 문제에 대해 깊이 생각했을 터.
 그는 '기독교 신앙 자체의 옳고 그름을 따지는 것이 아니라, 다만 그 가르침이 일본에 무익하다고 판단하는 것일 뿐'이라며 로드리고를 설득하려 한다. 이에 로드리고가 '옳다는 것은 보편적인 것이므로 어떤 나라 어떤 시대에도 통하는 것이어야 옳다고 할 수 있다'며 반박하자, '가톨릭이 서양에서 무성하게 꽃피웠다 해도 흙이 다르고 물이 다른 일본에서는 다르다. 잎이 시들어 봉우리 하나 맺지 못할 것'이라고 말한다. 몇 차례 심문이 진행되는 동안 동료 신부 가르페와 신도들이 그의 눈앞에서 죽어나간다.
 두 번째 심문에서 이노우에는 비유를 든다. '스페인, 포르투갈, 네덜란드, 영국 등 제각기 이름 있는 여자들이 있을 때, 일본 남성이라면 누구를 정실로 선택하겠는가. 같은 나라에서 태어나 서로의 마음을 잘 아는 일본 여성과 결합하는 것이 최상이 아니겠느냐'고.

옳고 그름을 따지는 것이 아니라, 맞고 안 맞고의 '적합성'을 따진다는 이노우에의 말을 들으며 나는 과연 '실제적인 판단'이라는 생각이 들었다. 무언가 절대적이고 보편적인 진리나 이념에 대한 지향보다는 실제적인 편리와 적합성을 우선시한다는 것인데, 이 대목에서 박경리 선생의 말이 떠올랐다. '그들 일본인에게는 투철하게 진실을 탐구하는 지성이 없다'는 말이. 그것은 바로 이렇게 실용성만을 우선시하는 태도에서 비롯된 것이 아닐까. 선생은 『일본산고』에서 '일본에는 불교도 유교도 들어가면 빈 상자가 되어버리는데, 그것은 일본인들이 추구하는 것이 종교나 도덕의 본질이 아니라, 적시적소適時適所에 써먹은 도구에 불과하기 때문'이라고 한다. 일본인들의 이런 태도는 로드리고를 향해 던진 이노우에의 마지막 말에서 그대로 나타난다. 그는 이렇게 말한다.

> 그대는 일본이라는 진흙 밭에게 진 것이다. 이 나라는 기리시단의 가르침과는 어울리지 않는다. 기리시단의 가르침은 뿌리내리지 않는다. 일본이란 그런 나라다. 어쩔 수가 없다.

적합하지 않으므로 도구로 쓸 수 없고, 그러므로 뿌리내리지 못한다는 것, 그것은 어쩔 수 없다는 것이다. 아무리 외국인 선교사들이 노력해도 표면적인 기독교라면 일본에 이식될 수 있지만, 기독교 배후의 본질적인 것은 자라날 수 없는 것이고, 표면에서는 꽃이 피어있는 것처럼 보일지 모르지만, 뿌리는 벌써 썩어버렸다는 뜻이라고 엔도는 말한다. 그렇다면 일본의 사고방식에 맞는 기독교는 무엇인가. 기독교를 믿은 당시의 사람들은 어떻게 자신들에게 맞지도 않는 이국의 종교를 믿을 수 있었는가, 이노우에는 로드리고를 설득하기 위해 한 배교자를 그에게 안내한다. 페레이라 크리스트반을.

― **로드리고, 페레이라를 만나다.**

페레이라는 사이쇼오지四勝寺라는 일본 절에서 까만 승복을 입고 그를 기다리고 있었다. 로드리고는 페레이라의 눈에서 비굴한 웃음과 수치스러운 표정이 엇갈리고 있는 것을 보았고, 그런 그를 보는 로드리고의 가슴속은 그리움, 노여움, 슬픔, 원망 등 여러 감정이 뒤얽혀 끓어오르며 격렬해지고 있었다. 억지로라도 웃으려 했으나, 마음과는 달리 한 줄기 눈물이 고여 흘러내렸다.

일 년째 그 절에 기거하며 천문학 책을 번역하고 있던 페레이라는 자신은 여전히 '이 나라에서 필요한 존재'라고 하며, 천문학이나 의학 분야에서 여전히 그들을 도울 수 있어서 보람을 느낀다며, '바로 그 유용함'이라고 강한 어조로 말한다. 그때 곁에 있던 통역이 '그렇지, 우리에게 유용하고말고'라고 말한다.

그는 사형당한 기독교인 사와노 추우안의 이름을 받고, 그의 처와 아이까지 떠맡아 살고 있었다. 그는 '배교를 권하도록 지시를 받았다'고 하며 고문 흔적을 보여주면서, '자네에게는 내가 선교에 패배한 노선교사의 모습'이겠으나 20년 넘는 선교활동을 통해 결국 알게 된 것은 이 나라에서 기독교는 결코 뿌리내리지 못한다는 사실이라고 말한다. 그리고 둘 사이에 본격적으로 토론이 이루어진다.

일본이라는 나라는 생각보다 훨씬 무서운 늪지대라고, 자신은 '어떤 묘목이라도 심으면 썩어버리는 늪지대에 기독교라는 묘목을 심은 것'이라고 말하는 페레이라를 향해 로드리고는 그 묘목이 자라서 잎을 맺었지 않았는가라고 하자, 그는 다시 그렇지 않다고, 그 무렵 이 나라 사람들이 믿은 것은 서양의 하나님이 아니라 그들만의 신이었다고, 일본인들은 서양의 하나님을 그들 식으로 바꾸고, 그렇게 굴절되고 변화시킨 하나님을 믿은 것이라고. 다시 '그래도 역시 우리 하나님이 아니냐'는 로드리고의 반문에 그는 '그것은 하나님이 아니라 거미줄에 걸린 나비, 겉모습은 나비이지만, 실체를 잃어버린 시체가 되어버린 나비'라고. 순교자들이 많았다고는 하나, 그들이 믿었던 것은 기독교의 하나님이 아니며, 일본인들은 지금까지 하나님의 개념을 갖고 있지 않으며 앞으로도 가질 수 없을 것, 이라고 단호하게 말한다.

필요, 쓸모, 유용성…… 이 단어들은 모두 같은 뜻이고, 그들에게는 이것보다 중요한 것이 없다는 것이다. 하나님의 개념을 갖고 있지 않다는 것 그리고 앞으로도 가질 수 없다는 것이 무슨 의미이겠는가. 눈에 보이는 것 너머에 있는 '어떤 것', 이른바 형이상形而上의 것을 생각할 수도 이해할 수도 없다는 것이 아닐까. 손에 잡히는 것만을 믿고, 쓸모가 있는 것만을 가치 있다고 여기는 사고방식. 이어서 페레이라는 '일본인은 인간을 초월한 존재를 생각할 힘'을 갖고 있지 않다고 하며, '인간을 미화하거나 확대시킨 것을 신'이라고 부른다고 하면서 그래서 자신에게는 선교의 의미가 없어졌다고 한다. 페레이라의 이 마지막 말에는 고통스러운 체념이 깃들어 있었다. 박경리 선생이 말한 '단 한 번의 기회를 놓친 이유'가 바로 여기에 있는 것이 아닐까.

─ 로드리고, 고뇌하다

페레이라를 만나고 돌아온 로드리고는 고뇌한다. '그가 말한 것은 어디까지가 진실인가?' 자신의 나약함과 과실을 변명하기 위한 것은 아닌지 의심하면서도 진실일지도 모른다는 불안에 사로잡힌다. '기독교가 멸망한 것은 금지하거나 박해한 탓이 아니라, 이 나라에는 기독교를 받아들일 수 없는 그 무엇이 있었던 것'이라는 페레이라의 말이 계속 로드리고의 귀에 와서 박힌다.

하지만 로드리고는 자신의 두 눈으로 본 농민들, 비참한 순교자들을 떠올리며, 인간은 거짓 믿음으로 자신을 희생할 수 없다고 확신한다. 그러면서 페레이라의 비애를 깨닫는다. 가난한 일본 순교자들에 대한 이야기를 피하던 그, 자신과 다른 강자들을 무시하고, 자신과 같이 나약한 자를 한 사람이라도 늘리려고 한 그의 비애와 고독을.

관헌은 계속 찾아와 로드리고에게 배교를 권한다. 진심으로 배교하라고는 하지 않겠다고, 다만 표면상으로만 배교한다고 말해달라고, 그 다음은 좋도록 하라고 하면서. 계속 로드리고가 거부하자 다음날 선교사가 체포되면 처형되기 전 군중들에게 보이기 위해 끌고 다니는 관례에 따라 말에 태워져 거리를 돌 때, 로드리고는 자신을 따라오는 기치지로의 눈과 마주친다. 통역은 '이노우에가 당신은 오늘밤 반드시 배교할 것'이라고 했다며 다시 로드리고를 가둔다. 방에 갇힌 로드리고는 벽면에 새겨진 라틴어 글자들을 손가락으로 발견하고 더듬어 읽는다. LAUDATE EUM(찬양하라, 주를). 이 글자에 얼굴을 대고 마음속에 그리스도의 얼굴을 상상하며, 그 얼굴이 '네가 괴로워할 때…… 나도 괴로워하고 있다. 최후까지 네 옆에 내가 있다'고 말하는 듯 느낀다. 그러면서 계속 옆방에서 누군가 코고는 소리가 심하게 그의 신경을 긁고, 그만하라고 힘주어 벽을 두드리자, 통역이 나타난다. 왜 벽을 두드리느냐고. 배교하겠느냐고. 코고는 소리를 멈춰달라고 했더니, 통역은 놀라며 '저게 코고는 소리로 들리느냐'며 '사와노님이 가르쳐주는 것이 좋겠다'고 한다. 페레이라가 통역과 함께 온 것이다.

그 소리는 코고는 소리가 아니었다. 구멍 매달기라는 고문을 당하는 신도의 신음소리였다. 페레이라는 자신도 이 방에 갇혀 있었다고, LAUDATE EUM 라는 라틴어는 자신이 쓴 것이라고, 그리고 자신도 똑같이 신도들이 고문당하는 소리를 들었노라고 말한다. 그러면서 자신이 배교한 것은 고문이 고통스러워서가 아니라, 캄캄한 방안에서 저 고통 받는 신도들을 위해서 하나님께 필사적으로 기도했지만, 하나님은 아무것도 하시지 않았기 때문이라고, 그의 침묵 때문이었다고 말한다. 그런데 하나님은 진정 침묵하신 것인가.

― 침묵 속에서 말씀하시는 하나님

고문당하는 신도들의 신음소리가 들리는 캄캄하고 차가운 방에서, 배교를 권하는 페레이라의 말은 계속된다. '만약 그리스도가 여기 계신다면, 확실히 그는 그들을 위해 배교했을 것이다. 그들에 대한 사랑' 때문에. 그 말을 곱씹으며 오랫동안 고뇌한 후 로드리고는 '내 영혼에 깊게 새겨져 세상에서 가장 아름답고 가장 고귀한 존재가 되어 나의 가슴에 살아 있는 당신을 나는 이 발로 밟으려 합니다'라고 하며 후미에를 밟았고, 그 때 성화 속 그리스도는 슬픈 듯한 눈길로 로드리고를 바라보며 이렇게 말씀하셨다. '밟아도 좋다. 네 발의 아픔을 내가 제일 잘 알고 있다. 밟아도 좋다. 나는 너희에게 밟히기 위해 이 세상에 태어났고, 너희의 아픔을 나누기 위해 십자가를 짊어진 것이다.'

배교 후에도 로드리고는 계속 고뇌한다. 자신의 배교가 네덜란드 무역상인들에 의해 알려져 이미 선교회에서 추방되었을 뿐 아니라 신부로서 모든 권리가 박탈되었을 것이고, 다른 성직자들에게 자신은 수치스러운 오점으로 남았을 것이라고. 그러면서 다시 생각한다. 그러나 '그것이 무슨 상관이란 말이냐. 내 마음을 심판하는 것은 그들이 아니라 오직 주님뿐이다.' 그러면서 알게 된다. 로드리고는 자신이 싸워온 것이 일본인도 아니고 교회도 아니고, 바로 자신의 믿음이었다는 것을.

그의 머릿속에는 성화를 밟던 기억이 낙인처럼 남아 있었다. 동판 위 그분은 위엄과 자랑스러움을 지닌 그리스도의 얼굴도, 아름답게 어려움을 견디는 얼굴도, 유혹을 물리친 강한 의지가 넘치는 얼굴도 아니었다. 그분의 얼굴은 '여위고 지친 얼굴이었다.' 너무 많은 일본인들이 밟았기 때문에 우묵하게 들어간 그의 얼굴이 괴로운 듯이 로드리고를 보며 호소하고 있었다. '밟아도 좋다. 너희에게 밟히기 위해 나는 존재한다.'

로드리고는 계속 따지고 들며 매달린다.

— 주여, 당신이 언제나 침묵하고 계시는 것을 원망하고 있었습니다.
— 나는 침묵하고 있었던 게 아니다. 함께 고통을 나누고 있었을 뿐이다.
— 당신은 유다에게, '가라, 가서 네가 할 일을 이루어라'고 하셨습니다. 그렇다면 유다는 어떻게 되는 것입니까.
— 나는 그렇게 말하지 않았다. 너에게 성화를 밟아도 좋다고 말한 것처럼 유다에게도 네가 하고 싶은 일을 이루라고 말했던 것이다. 네 발이 아픈 것처럼 유다의 마음도 아팠을 테니까.

— **인시(因是), 로드리고의 하나님**

침묵을 통해 하나님은 말씀하셨고, 로드리고는 그 말씀을 듣고 새로운 믿음으로 다시 태어난다. 그런데 그 말씀은 어디에서 온 것이겠는가. 그것은 로드리고의 내면 깊은 곳에서 나오는 '신의 소리'가 아니었을까. 나는 이 부분에서 크게 감탄했다. 그 내용이 갖는 설득력도 컸지만, 바로 장자가 말한 인시因是가 이런 것이 아닌가, 하는 생각이 들었기 때문이다. '인시'란 〈제물론〉에 여러 차례 등장하는 개념인데, 옛 주석가들이 그다지 중요하게 여기지 않고 지나간 경우가 대부분이어서, 나는 홀로 이 개념에 대해 오랫동안 고민해야 했다. 그런데 바로 로드리고의 하나님을 통해 '인시'를 만난 것 같은 느낌이 들었다.

장자는 '존재의 실상에서 사물을 보는 성인聖人은 '이쪽' 혹은 '저쪽'이라는 제한된 자리에서 사물을 보지 않고 조지우천照之于天' 하는데, 이것이 바로 '인시因是'라고 말한다. 하늘의 입장에서 사물을 비춘다는 것이 무슨 의미일까. 그리고 그것이 어떻게 '각자의 옳음에서 말미암는' 인시로 연결되는 것일까. 우리는 무언가 보편적으로 공감하는 어떤 것이 있다고 여기지만, 실상 그 '보편적'인 것에 대해서조차 이쪽에서는 이렇게 해석하고 저쪽에서는 저렇게 해석한다. 누구나 자신의 입장是에서 사물을 바라보고 사태를 파악한다. '이쪽'에서 보면 상대는 '저쪽'이 되고, 저쪽의 상대 입장에서 보면 '이쪽(나)'이 저쪽이 되는 것.

그런데 하늘도 그럴까. 하늘에게도 '자신의 입장'이라는 것이 있을까. 하늘의 입장에서 본다는 것은 곧 자연의 존재과정天 전체에서 본다는 의미일 터이고, 그런 관점은 한쪽의 입장에서 말미암지 않기 때문에 대자연의 조화 속에서 각 개별자들을 있는 그대로 평등하게 보고 긍정한다는 것이 아닐까. 전체의 과정에서 보면 이것是과 저것彼은 동시적이고 시是와 비非 역시 동시적일 터. 이쪽에서 보면 이쪽이 옳고, 저쪽에서 보면 저쪽이 옳은 것. 현상적으로 시와 비가 있지만, 그 시비의 보편적 근거는 찾을 수 없는 것. 장자에 따르면 이것과 저것, 시와 비, 생과 사는 별개의 것은 아니지만不二 별개의 것으로 현상하는 것不一일 뿐. 그러니 우리는 이 둘을 동시에 보아야 한다는 것이 아닐까. 불일이불이不一而不二의 실상을. 이것이 바로 '조지우천', 즉 하늘의 입장에서 밝게 비추는 것이고, 하늘의 시각에서 볼 때 모든 존재자는 있는 그 자체로 온전하게 보이는 것일 테니.

  침묵을 통해 말씀하신 하느님(로드리고가 이해한 신)이 바로 '하늘'의 입장에서 본 것이 아닐까. 유다의 아픔과 로드리고의 아픔을 평등하게 보고, 그들 각각의 입장을 긍정한 것이 아닐까. 가서 스스로 이루어야 할 일, 즉 옳다고 생각하는 일을 하라고 말한 것이 그것. 바로 그런 '하늘'이기에 고통 받는 약자인 기치지로의 아픔까지도 어루만질 수 있는 것이 아니겠는가. 장자의 천부가 아무 말도 아무 주장도 하지 않는 것처럼, 신 역시 아무 말도 하지 않지만 바로 그 '아무 말 없음'에서 '말씀'을 찾아나가는 것은 바로 자기 내면의 신의 소리를 듣는 것이고 자기 믿음을 확인하는 것이 아닐까.

  이렇게 새로운 믿음을 얻은 로드리고는 말한다. 자신은 교회를 배반했을지 모르지만 결코 그분을 배반하지 않았다고. 지금까지와는 아주 다른 형태로 그분을 사랑하고 있다고. 이 사랑을 알기 위해서 오늘날까지 이 시련이 필요했던 것이라고. 결국은 로드리고처럼 우리는 각자의 방식으로 신을 이해하고, 그의 사랑을 이해하고, 실천하는 것이 아닐까. 그것을 장자는 인시라고 한 것이고.

어쨌든 하느님은 침묵을 통해 말씀하셨다. 그리고 그 말씀을 통해 로드리고를 비롯하여 고문과 폭력으로 신앙을 버리겠다고 한 자들은 사실 평생에 걸쳐 내면 신앙을 유지할 수 있었고, 비밀리에 그 신앙을 전할 수 있었다. 바로 가쿠레 기리시단(숨은 기독교인)이란 이름으로.

― 마리아 관음(觀音), 아버지 종교에서 어머니 종교로

일본의 사고방식에 맞지 않는다고 이노우에가 말한 기독교. 그런데 당시 사람들은 어떻게 맞지도 않는 이국의 종교를 믿을 수 있었던 것일까. 엔도는 이 문제에 의문을 품으면서 흥미로워한다. 바로 이 점에서 어머니가 선물로 주신 이국의 신앙인 '몸에 맞지 않는 양복'을 자신의 몸에 맞는 옷으로 만들 수 있는 가능성을 찾아낼 수 있다고 보았기 때문이다.

배교한 사람들 중에는 다시 자신이 기리시단인 것을 선언한 후 고문으로 순교한 자도 있고, 그대로 기독교로부터 멀어진 자도 있고, 불교로 개종한 이도 있었다고 한다. 그리고 또 한 부류가 있는데, 바로 엔도나 그의 어머니가 신앙을 가질 수 있도록 계속 비밀리에 신앙을 전한 이들, 가쿠레 기리시단이다.

이들의 신앙이 갖는 특징은 '마음의 빚을 진 자의 신앙'이라는 점인데, 그것은 승리자의 신앙이 아니라 패잔한 자의 신앙이라는 것. 강한 자들은 순교했고, 고문에 굴한 약자들이 마음의 가책을 견디기 어려운 나머지 자신이 버린 신앙에 남몰래 매달리며 유지해온 신앙.

엔도가 이해한 바에 따르면, 배교자, 약자라는 자각에서 시작한 이 신앙은 그 출발점부터 어두운 것이었다. 배교 후에도 1년에 한 번씩 후미에를 밟도록 강요받았고, 그 슬픔과 괴로움은 그들 영혼의 뒷면에 큰 상처를 남기게 되었다. 그들에게 신이란 노하는 신, 처벌하는 신, 그야말로 '무서운 신'이었을 터. 그래서 그들에게는 '마리아 관음'이 필요했다. 표면적으로는 불교도임을 가장하기 위해 관음상과 유사한 모습으로 만들어진 성모 마리아상. 엔도는 바로 여기에 주목한다. 이들이 마리아 관음에서 찾고자 한 것은 바로 자애로운 '어머니'의 이미지라는 것, '아버지 신'이 무서웠기 때문에.

엔도는 '나는 신이 무서운 신이라고 믿고 있다'라고 말한 마사무네 하쿠쵸(正宗白鳥, 1879-1962)라는 작가의 말을 인용하며 그가 자신과 똑같은 의문을 품고 있음을 알고 놀랐다고 한다. '왜 일본에 온 성직자들은 신도들에게 박해를 참으라고 강요했을까. 어째서 박해를 참으면서까지 천국에 가지 않으면 안 되는가. 만일 자비의 신이라면 이런 경우 배교했다 해도 벌을 주실 리는 없지 않은가', '순교를 신앙의 극치라고 여기며, 모든 박해를 견디는 것이 천국에 들기 위한 조건이라고 정해놓았다면, 그 종교라는 것은 너무 가혹한 것이 아닌가'

마사무네의 이런 생각은 기리시단 박해사를 읽은 일본인 대부분이 느끼는 두려움이라고 한다. 실제로 어떤 기록에서도 선교사들이 배교해도 괜찮다는 말을 결코 하지 않았고, 〈순교의 권유〉〈순교의 마음가

짐〉 등의 문서를 읽히며 약한 자들이 배교하지 않도록 경계했다는 것이다.

이런 엄격하고 가혹한 기독교는 배교자들에게 견디기 어려운 것이었는데, 아픔을 견딜 수 없는 배교자에게 길은 두 가지. 기독교를 증오하고 그것을 부정하는 일에 힘을 쓰는 것이거나, 여전히 기독교 안에 머물며 다른 출구를 찾아내는 것. 그들에게 필요한 것은 배교자에게 진노하고 책망하는 엄격한 '아버지' 대신에 자신들을 용서해주고, 그 상처를 같이 아파해주는 존재, 분노하는 아버지가 아니라 자상하고 부드러운 어머니였다. 바로 가쿠레 기리시단이 선택한 길은 두 번째 길이었다고.

그리하여 자기보다 큰 존재의 자비에 의지하려는 심리가 마리아 관음을 만들었다는 것인데, 관음이 어떤 보살인가. 관세음觀世音보살. 세상 사람들의 소리를 '보는' 보살이 아닌가. 그 소리를 귀로 듣는 것이 아니라 마음으로 보는 보살, 그야말로 '하늘의 입장'에서 심판하지 않고 있는 그대로 보아주는 보살. 장자가 말한 대로 '인시因是를 보는 눈'을 지닌 존재. 세상의 가장 낮은 자리에서 모든 물을 받아들이는 바다처럼, 그렇게 고통 받고 아파하는 중생들의 고뇌를 들어주고 위로하는 존재가 아닌가.

순교할 수 없었던 사람들, 평생 그 미안한 마음을 등에 짊어진 채 살아간 사람들, 사회적 경멸이 문제가 아니라, 자신을 경멸하지 않을 수 없었던 사람들. 그러나 그 사람들을 어루만지는 신이 진정한 신이라고. 그래서 엔도가 교회를 떠난 신부를 보며, 우리의 신은 자신감과 심판하는 강자를 위해서가 아니라 '버림받은 자의 슬픔'을 위해 존재한다고 생각한 것이 아닐까. 자신을 이해하기 위해 어머니를 이해하고, 신부를 이해하고, 나아가 조상 기독교인들을 이해하면서 신에 대한 이해의 지평을 넓혀간 엔도. 나는 그를 보며 어떤 선사의 말을 떠올렸다.

> 불속에서 피어난 연꽃이라야 火中生蓮
> 끝내 무너지지 않는다. 終不壞
>
> — 영가천각永嘉玄覺, 〈증도가證道歌〉

| 만남 5 |

알베르 카뮈

부조리한 세상에서
의미를 찾아 고뇌한 영혼

내가 초등학교에 다닐 때의 일이다. 교육부에서 전국의 모든 학교를 대상으로 어떤 정책을 시행한 모양이다. 난 당시 매우 어린 나이였기 때문에 그 내막을 자세히 알지 못했는데, 학교에서 책들의 목록을 주고 단체로 구입하게 한 후, 독후감을 쓰게 하여 잘 쓴 학생을 무슨 큰 대회에 나가도록 하는 것이었다. 그 대회가 '자유교양경시대회'라는 것은 나중에야 알았다. 목록은 학년별로 짜여 있었고, 그 범위가 다양하고 넓었는데, 위로 두 언니가 있었던 나는 나에게 배당된 책들보다 언니들 책을 더 흥미로워하며 관심을 가졌던 기억이 있다. 동화책과 이야기책 정도만 보던 나에게 그 책들은 퍽 새롭고도 어려운 것들이었다. 그 때 언니들 책을 빼앗아 본 것 중에 제일 재미있어 하면서 본 책으로 선명하게 남아 있는 것이 바로 『그리스 로마 신화』와 『아라비안나이트』이었는데, 바로 카뮈가 부조리를 논하며 중요하게 언급한 시시포스(시지프)를 희미하게나마 처음 알게 된 것도 바로 이때이다.

나중에 나이 먹고 이 책들을 다시 보면서, 그 때 본 책들은 퍽 손질이 가해져, 야한 부분은 많이 삭제되고, 복잡한 사건들은 단순화시킨 것이었음을 알게 되었는데, 매우 의아했던 것은 어릴 때 읽었던 것과 그 후에 읽은 것이 그 내용과 의미 모두 매우 달랐다는 점이다. 오랜 세월에 걸친 책과의 만남을 돌이켜 보면서, 그 각각의 만남이 갖는 의미를 나이대별로 돌아보는 것도 참으로 흥미로운 일인데, 문득 이것은 나에게 어떤 의미를 갖는 것일까 하는 생각이 들었다.

얼마 전 어떤 책을 새로 구입했다. 어릴 때부터 우리에게 고승대덕 高僧大德으로 이름이 높았던 성철스님이 스님들을 대상으로 100일 동안 진행한 법문을 녹취해서 기록한 『백일법문』이라는 책이다. 한 10여 년쯤 전 공책에 정리해가며 열심히 보면서 과연 명불허전 名不虛傳이로구나 하는 생각을 했었다. 정말 공부를 많이 하신 분이라고 감탄하면서. 앞부분에서 문자에 매이지 않는 선禪 수행에 대해 그리 강조하셨으면서도 정작 본인의 설법은 엄청난 경전공부를 바탕으로 하고 있는 것도 흥미로웠다. 그래서 읽을 당시 문자공부를 열심히 하는 것과 문자공부에 매이는 것은 다른 차원의 이야기로구나 하는 생각을 했던 기억이 있다. 그런데 최근 무슨 이유에서인지 다시 한 번 그 책을 보고 싶다는 생각이 강렬하게 들었다. 그래서 열심히 책 무더기 속에서 그 책을 찾으려 했지만 가능하지가 않아서 새로 구입할 수밖에 없었는데, 그렇게 해서 세 권으로 된 깨끗한 책을 기분 좋게 손에 들고 읽어나가다가 놀라운 느낌이 들었다. 전에 읽었을 때와 이렇게나 다르다니. 불과 10여 년 사이에.

곰곰이 그 까닭을 생각해보지 않을 수 없었다. 그러면서 장자가 말한 '세상은 나와 함께 일어난다天地與我竝生'는 구절을 되새기며, 그것이 불교의 유식철학에서 말하는 유식무경唯識無境임을 자각하게 되었다. '오직 내 마음이 그려낸 세상일 뿐 대상 경계가 따로 있는 게 아니'라는 의미이다. 따라서 세상이 이러저러하다고 말하는 것은 세상을 보는 자신의 눈이 이러저러하다고 말하는 것과 다르지 않다는 것.

유식철학에서는 세상을 보는 나의 눈을 견분見分이라 하고, 나의 견분에 의해 드러난 세상을 상분相分이라고 한다. 다시 말해 내가 어떤 견분을 가지고 있는지 알 수 있는 방법은 내 눈에 비친 세상인 상분을 보는 것에서만 가능하다는 것이다. 예컨대 슬라이드 필름에 어떤 것이 있는지를 알아내려면 영사막에 비친 그림을 보아야만 아는 것처럼 말이다. 그리하여 자신에게 나타난 상분을 보며, '아, 나의 견분은 이렇구나'하며 자신을 다시 한 번 돌아보는 것을 자증분自證分이라고 한다. 말뜻만 보면 '자신의 견분을 스스로 증명해 보이는 것'이라는 뜻인데, 여기서 또 다시, 세상을 그렇게 보는 '자신'을 보는 '자신'을 다시 돌아보는 것을 '증자증분增自證分'이라고 한다. 거듭되는 자기성찰을 의미하는 것인데. 이렇게 성찰하는 것을 장자는 비춘다照고 표현한다. 거울처럼 자기 마음에 비친 것에 붙잡히지도 매달리지도 않고 있는 그대로 비춘다는 것.

여하튼 내가 어떤 견분을 가지고 있는지를 보려면 나에게 보이는 세상이 어떠한가를 주의 깊게 살펴야 한다. 그런데 따져보니 내 마음이 가장 오래 머물고 있는 세상은 바로 '책속의 세상'이라는 데 생각이 미쳤다. 말하자면 나에게 보이는 세상의 변화가 가장 예민하고 섬세하게 드러나는 지점이 바로 책이라는 것인데, 그런 의미에서 10년 전의 『백일법문』과 지금 보는 그것, 즉 상분이 이렇게 다르게 나타나는 것은 다름 아닌 나의 견분이 달라졌음을 보이는 것이 아닌가 하는 생각이 들었다. 어쨌든 상분(백일법문)이 이렇게나 다르게 나타났으니, 무언가 나의 견분에 변화가 생긴 것 같다.

그런데 상분이 다르게 나타나는 것은 자기 견분의 달라짐에만 의지하는 것은 아닌 것 같다. 다른 사람의 견분에 의지해서 세상을 볼 수도 있는데, 뉴턴은 이것을 '거인의 어깨 위에 올라앉은 난쟁이'라고 했다. 말하자면 난쟁이라고 해서 멀리 볼 수 없는 것은 아니라는 것. 어쨌든 나로 하여금 그 어깨에 올라타고 내 견분이 미치지 못하는 세상을 볼 수 있게 해준 거인들, 그들에게 나이를 먹을수록 감사하는 마음이 더 크게 느껴진다. 그리고 그 작가들 가운데는 사상가라고 느껴질 만큼 깊은 고뇌와 높은 정신적 경지를 보여준 사람들이 있다. 바로 위대한 작가들이다. 알베르 카뮈(Albert Camus. 1913-1960), 그는 나에게 그런 존재로 다가왔다. 그는 어떤 견분으로 세상을 비추고 있는가.

― 시시포스, 카뮈의 어깨 위에서 다시 만나다

나에겐 그저 복잡하지만 흥미진진한 이야기로만 느껴지는 『그리스 로마 신화』가 서구에서는 그야말로 그들의 문화, 예술, 사상에 끊임없이 영감을 제공한 정신적 원천이었음을 알게 된 것은 어른이 되고도 한참 후의 일이었다. 르네상스 시대의 그림, 조각, 그리고 근대의 수

많은 문학작품, 심지어 레닌의 팸플릿 속에서도 신화 속의 인물과 사건을 접할 수 있었다. 이 올림포스의 신들은 그들에게 무섭고 위엄 있는 존재도, 어떤 섭리攝理를 보여주는 존재도 아니었다. 다만 인간보다 그 권능이 강했을 뿐 인간처럼 사랑하고 질투하고 모함하는 그런 존재들이었다. 그런 신들이 인간들과 얽혀서 욕망을 다투며, 인간들에게 헤어날 수 없는 운명의 굴레를 씌우고, 인간으로 하여금 운명의 굴레에서 벗어나려 격렬하게 투쟁하면서 고뇌하게끔 만들었다. 결국 그들에게 신화 속에 등장하는 신과 인간과 사건들은 '신과 인간'에 대해, 인간의 한계에 대해, 주어진 운명에 맞서는 인간들의 노력과 비극에 대해 부단히 성찰하게 만드는 그런 보고寶庫였다.

내가 『그리스 로마 신화』에서 만난 시시포스(Sisyphus. 카뮈는 '시지프'로 표현)는 교활하고 자기 이익을 취하는 데 천재적 계략을 발휘하기로 유명한, 일설에 오디세이의 생부라고 알려진 코린토스 왕인데, 하도나 신들을 많이 속여서 그 벌로 지옥에서 무거운 바위를 올려야 하는 형벌을 받은 자 정도로 기억되어 있었다.

그런데 카뮈의 철학 에세이 『시지프의 신화』를 읽으며 감탄했다. 시시포스의 이야기에서 이런 생각을 이끌어낼 수도 있다니! 카뮈를 이렇게 각별하게 느낀 데에는 내가 가진 선입견도 다소 작용했던 것 같다. 대학시절 나를 비롯한 주변 친구들의 독서범주는 대체로 일정한 방향성을 지닌 것이거나, 다소 편향된 것이었다. 정치경제학, 변증법적 유물론과 사적 유물론 등을 위시하여 근현대사, 혁명사와 관련된 것들이 대부분이었고 내가 좋아하는 가볍고 말랑말랑한 것들은 그 안에 거의 포함되어 있지 않았다. 그 외의 것으로 당시 널리 읽힌 것은 크리슈나무르티의 『아는 것으로부터의 자유』나 에릭 프롬의 『소외론』과 『자유로부터의 도피』정도였던 것으로 기억하는데, 이 역시 가벼운 책들은 아니었다. 게다가 술자리에서 노래라도 부를라치면 시대를 고뇌하는 노래 이외의 남녀상열지가男女相悅之歌는 다소 제한을 받았을 정도로 당시 우리들의 문화는 경직되어 있었고, 모두들 비장한 표정에 날이 서 있었다.

  그럴 즈음 어느 선배의 방에서 사르트르의 『존재와 무』라는 책을 발견했는데, 선배는 그것이 카뮈와 함께 프랑스 실존주의를 대표하는 철학자의 책이라고 말해주었다. 당시의 나는 지적 호기심이 왕성한 때였던지라 일단 펼쳐들고 읽기 시작했다. 하지만 도무지 읽어나갈 수가 없었다. 세상에! 무슨 이런 책이 있을까. 어떻게 몇 장 넘기는 것도 어려울 수가 있을까 하는 생각만 들 뿐이었다. 번역의 문제도 있었겠지만 현대철학이라는 이름이 붙은 서유럽 쪽의 책들은 대체로 그렇게 난해의 정점을 찍고 있는 것들이 많았다. 도대체 사르트르를 비롯하여 어떤 철학자의 책이라도 접근하기 어려웠다. 그래서 이른바 현대철학이라는 부류의 책들에 대해서는 마음에서 읽기를 포기하고 있었다. 내 능력으로는 읽을 수 없는 것이라고 치부하는 한편, 알아먹을 수 없는 관념의 유희(?)는 내 쪽에서 사양해주겠다는 치기稚氣어린 자존심도 좀 작용했던 것 같다.

  그런데 바로 그 때 카뮈를 처음 만난 것이다. 카뮈는 내가 읽고 이해할 수 있는 언어와 문장으로 자신의 생각을 이야기하고 있었다. 부조리한 세상에 대해, 부조리한 인간의 감정에 대해, 부조리한 인간실존에 대해. 그리고 그런 세상에서 어떻게 살아가는 것이 정직하고 바람직한 것인가에 대해. 그리고 그렇게 논변해나가는 이야기의 중심에는 바로 신화 속 인물 '시지프'가 있었다. 『시지프의 신화』의 첫 문장은 이렇게 시작한다.

> 참으로 중대한 철학적 문제는 오직 하나뿐이다. 그것은 자살이다. 인생이 살 가치가 있느냐 없느냐를 판단하는 것이야말로 철학의 근본 문제에 답하는 것이다.

첫 문장부터 깊은 데에 있는 무언가를 이끌어내는 말로 시작하고 있었다. 간결하지만 머리를 거치지 않고 바로 가슴을 찌르고 돌아오는 말이라고 생각했다. 그러면 '삶의 의미'를 찾고 판단하는 문제와 시지프의 형벌이 어떤 관계가 있는가.

신들은 자신들을 기만했다는 죄를 물어 시지프에게 바위를 산꼭대기까지 끊임없이 굴려 올리는 형벌을 내렸다. 시지프는 얼굴에 경련을 일으키며, 진흙 덮인 돌덩이를 어깨로 떠받치고 한쪽 다리로 바위를 고여 버티며 흙 묻은 두 손으로 힘겹게 바위를 산정으로 올려놓는다. 그러나 그 바위는 자체의 무게 때문에 산꼭대기에서 다시 굴러 떨어져버리곤 했다. 끝이 보이지 않는 무의미한 일. 신들은 이 무용하고 희망 없는 노동보다 끔찍한 형벌은 없다고 보았다. 정상에 돌을 올리는 순간, 시지프는 돌이 순식간에 아래로 다시 떨어지는 것을 목격한다. 그리고 또 다시 밀어올리기 위해 들판으로 내려가야 한다. 그렇게 다시 올려놓으면 또 떨어지고 마는 돌을 올리기 위해 다시 또 내려가야 하고.

호메로스에 의하면 시지프는 인간들 중에서 가장 현명하고 신중한 자였다고 한다. 그런 그가 지옥에서 무용한 노역의 벌을 받은 원인에 대해서는 의견이 구구하지만 어쨌든 신들을 기만한 죄가 가장 큰 것이었다고 한다. 그리하여 그는 부조리한 상황에 던져졌다. 아무것도 성취할 수 없는 일에 전 존재를 바쳐야 하는 형용할 수 없는 형벌을 받게 된 것이다. 그런데 이 시지프의 이야기를 통해 카뮈는 무슨 말을 하고자 하는 것일까.

— 부조리한 세상, 부조리한 인간

어떤 것에 대해 '그것은 부조리하다'고 말할 때, 그것은 '있을 수 없는 일이다' 혹은 그것은 '모순이다'라는 의미라고 카뮈는 말한다. 카뮈의 견분에 비친 상분은 부조리의 세상이다. 그러면 무엇이 어떻게 부조리한가. 시지프가 처한 부조리한 상황은 무의미 그 자체인 노동을 전력을 다해, 전 생애를 걸고 해나가야 한다는 것. 그리고 결말은 허무 그 자체. 끝도 시작도 없는 되풀이. 그러면 우리의 삶은 어떠한가. 아침에 일어나서 밥 먹고, 일하고, 잠자는 똑같은 리듬으로 반복되는 월, 화, 수, 목, 금, 토, 일의 행로. 똑같은 무대장치에서 매일 반복되는 기계적으로 생활하는 광채 없는 삶. 태어나서 성장하고, 세상에 적응하고 그 안에서 성취를 위해 다투고 사랑하고 고통 받고 슬퍼하다가 결국 병들고 쇠약해져 '죽음'에 이르게 되는 예정된 경로. 결국 평생에 걸친 무의미한 노역勞役의 대가가 굴러 떨어지는 돌덩이처럼 허무한 '죽음'이라는 귀결뿐이라는 것인데, 카뮈는 이렇게 말한다.

> 썩어 없어질 이 두 다리로 무엇 때문에 이렇게 살려고 발버둥치는 것이냐.

우리는 이 문제에 답해야 한다고 그는 말한다. '삶의 의미'야말로 모든 질문들 가운데 가장 절박한 질문이며, 인생이 살 가치가 있느냐 없느냐를 판단하는 것이야말로 철학적 근본문제에 답하는 것이라고.

젊은 시절 카뮈의 이런 문제의식은 참으로 마음에 와 닿는 것이었다. '의미 없음'의 문제에 대한 고뇌. '의미 없음'은 나에게 곧 '가치 없음'으로 느껴졌는데, 공부하고 성취하고 안정된 직업을 얻고, 결혼하고 자식 낳고 키우며 늙어가는 것, 그러다가 곧 죽어가는 것, 이렇게 눈에 보이는 예정된 코스가 그다지 나에게도 의미 있어 보이진 않았다. 무언가 의미 있고, 가치 있는 어떤 것이 필요했다. 고결하고 성스러운 어떤 것, 열정적으로 몸과 마음을 불사를 수 있는 높은 가치를 지닌 것. 하지만 당시 카뮈의 이런 문제의식에 대한 공감은 이후 대학 시절에 만난 여러 사건들과 그 이후 삶의 행로에서 머릿속이 너무 복잡해지고 바빠진 나머지 흐릿해져버린 것 같다.

그런데 나중에 학문의 길에 들어서고, 장자 연구로 논문을 쓰면서 나는 놀라지 않을 수 없었다. 카뮈의 이런 문제의식이 장자가 제기하는 문제와 너무나 흡사했기 때문이다. 장자는 〈제물론〉에서 이렇게 말한다.

> 우리는 한 번 몸이라는 형체를 받고 태어나면, 죽을 때까지 ('나'라는 몸을) 잊지 않고 살아가는데, 그렇게 살면서 무언가를 소유하기 위해 서로 해치고 다투면서 몸과 마음을 상하게 하는 것이 마치 말달리는 것 같아 막을 수가 없으니 슬프고, 또 종신終身토록 노역을 당하다가 그 성공을 보지도 못하고 시달리다 죽게 되니, 허무하지는 않은가.

말하자면 우리가 자신의 의지와 무관하게 일시적으로 세상에 던져진 몸을 '나'로 여기는 자의식을 가지고, 세계와 타자를 '나'의 것으로 소유하려고 하는데서 우리의 고뇌가 발생한다는 것, 이런 상태에서는 불가피하게 타자와 더불어 소유를 놓고 경쟁할 수밖에 없고, 죽을 때까지 시달리지만 끝내는 성공을 보지 못한다는 것, 아무리 성공인 듯 보이는 것이라도 일시적인 것일 뿐더러 세상은 소유할 만한 실체가 아니기 때문에 성공이 아니라는 것, 그런 무의미하고 무가치한 일에 몸과 마음을 다 쓰다가 피곤해져도 돌아가 마음을 쉴 곳이 없으니, 인간의 삶이란 슬프고 허무하다는 것이다.

장자의 눈에 비친 인간의 삶과 카뮈의 눈에 비친 시지프의 삶이 놀랍도록 유사하게 느껴졌다. '썩어 없어질 두 다리로 발버둥 치며 살아온' 평생에 걸친 노역의 대가가 성공을 보지 못하는 죽음이라는 결말이라는 것. 하지만 카뮈와 장자 모두 비관적인 허무주의와는 거리가 먼 듯하다. 두 사람 모두 돌파의 출구를 찾아내기 때문인데, 부조리 속에서도 비관과 허무에 빠지지 않는다는 것. 이것은 매우 중요한 것 같다. 세상이 아무리 구속해도 구속되지 않는 인간 마음의 힘을 보여주는 것이 아닌가.

카뮈는 『시지프의 신화』에서, 우리는 부조리에서 벗어날 수 없는가, 어떻게 벗어나야 하는가에 대해 논하며, 인간의 실존조건과 삶의 태도에서 부정의 얼굴과 긍정의 얼굴을 이끌어낸다. 그리고 흥미롭게도 장자 역시 『장자』에서 이런 삶에서 벗어날 수는 없는가, 이런 상황을 해결하고 치유하는 것은 불가능한가를 논하며 해법을 제시하고 있다. 그들의 해법은 과연 어떻게 같고 어떻게 다를까.

카뮈는 1957년 노벨상 수상 연설에서, 자신은 처음 시작 때부터 자신의 작품 세계에 대한 정확한 계획을 가지고 있었다고 말한다. 그는 먼저 부정을 표현하고자 했는데 그것이 소설로는 『이방인』이고, 또 긍정을 표현하기로 예정하고 있었는데, 그것은 소설로 『페스트』라는 것. 또 출판사에 보낸 『시지프의 신화』의 〈작가의 말〉에서 그는 '이 책은 인간으로 하여금 부정否定을 안고 살며, 그것을 발전의 원칙으로 삼을 것을 제안한다'고 말한다. 그의 말을 빌면, 부정의 '지옥'에서 누리는 행복을 찾기 위해 발전해 보자는 것. 어떤 면에서 부조리의 자각은 불교에서 말하는 고성제苦聖諦와 닮았다. 고苦를 자각하는 것이 진리의 문에 들어서는 시작이라는 것인데, 그리하여 괴로움이 괴로움에서 끝나지 않고 진리를 향해 나아간다는 의미를 갖게 된다. 그러면 카뮈가 말하는 부정은 무엇이고, 그것을 발전의 원칙으로 삼는다는 긍정은 무엇일까.

─ 부정의 얼굴, 「이방인」의 뫼르소

카뮈가 29세 때 발표한 『이방인』은 1942년 독일군에게 점령된 파리에서 앙드레 말로(Andre Malraux, 1901-1976)의 추천으로 출간되었다. 한창 건강한 축구선수로 활약하던 중 17세에 발병한 폐결핵으로 까뮈의 진로에 큰 변화가 생기는데, 가장 크게 영향을 미친 것은 교수자격시험 응시가 거부된 것과 입대가 거부되어 2차 대전에 참전하지 못한 것. 그 대신 카뮈는 레지스탕스에 참여하여 수없이 많은 동지들의 참혹한 죽음을 눈앞에서 목도하는 일을 겪는다. 워낙 키에르케고르 이래 하이데거나 야스퍼스, 사르트르 등 실존주의 철학자들의 중심문제가 '죽음과의 대면'과 '주체적 결단'이긴 하지만, 카뮈에게는 이 '죽음'의 문제가 더욱더 절실한 인간 실존의 문제로 다가온 듯하다.

카뮈는 '사람들이 마치 죽음 같은 것은 '전연 몰랐다'는 듯이 살고 있는 것은 놀라고도 남을 일'이라면서, 그것은 죽음을 체험한다는 것은 있을 수 없는 일이기 때문이라고 한다. 기껏해야 우리가 말할 수 있는 것은 타인의 죽음에 대한 경험일 뿐이라고. 사실 죽어보기 전에 죽음은 알 수 없는 것이고, 죽은 후에는 죽은 자가 죽음에 대해 말할 수는 없다. 그러므로 죽음은 살아있는 자들의 문제일 뿐이다. 모든 인간은 죽게 마련이고, 삶의 끝에서 기다리고 있는 것은 확실히 '죽음'이라는 것, 카뮈의 표현을 빌면 '시간의 부조리'이다. 우리는 모두 반드시 죽음으로 가게 되는 '시간'에 속해 있다. 그런 의미에서 그의 말에 따르면 인간은 모두 '사형수'인데, 사형수는 죽음과 정면으로 대면하면서 비로소 삶의 가치를 깨닫는다고 한다. 그러므로 살아 있는 자들이 '죽음'에 대해 고뇌하는 것의 적극적인 얼굴은 죽음을 두려워하는 것이 아니라 죽음을 통해 '삶의 의미'를 찾고자 하는 것이다. 죽음에 대해 이야기하다 보면 삶의 의미에 대한 물음에 이르게 마련이기 때문이다. 그러니 카뮈가 말하는 부정과 긍정의 두 얼굴이란 결국 '죽음'을 논하며 '삶의 의미'를 찾아내고자 하는 것이 아닐까.

〈엄마의 죽음, 자연사〉

'부정을 표현하고자' 했다는 작품 『이방인』에서, 카뮈는 세 가지 형태의 죽음을 보여준다. 주인공인 뫼르소 엄마의 죽음, 뫼르소에 의해 살해된 아랍인의 죽음, 그리고 그로 인해 사형선고를 받고 곧 맞게 될 뫼르소의 죽음. 그러면 이 각각의 죽음은 어떤 의미로 해석될 수 있으며, 이 죽음들을 통해 카뮈가 말하고자 하는 것은 무엇일까. 『이방인』의 첫 문장은 이렇게 시작된다.

> 오늘 엄마가 죽었다. 아니 어쩌면 어제. 양로원으로부터 전보를 한 통 받았다. '모친 사망, 명일 장례식, 근조謹弔' 그것만으로써는 아무런 뜻이 없다. 아마 어제였는지도 모르겠다.

이 말을 하는 뫼르소는 알제리의 선박회사 사무원인데, 이 말 자체에서 어떤 느낌이 전해진다. 엄마의 죽음이 매우 건조하게 묘사되어 있다는 느낌이. 여기에는 슬픔도 회한도 충격도 없다. 그는 사장에게 휴가를 청해야 하는 일을 번거롭게 여기고, 좋지 않은 기색을 하는 사장에게 그건 자기 탓이 아니라고 말하며, 두 시간 동안 버스를 타고 장례식에 가야하는 일을 성가시게 느낀다. 그는 영안실에서 엄마의 시신을 보려하지 않고, 그 곁에서 담배를 피우고 커피를 마시며, 함께 밤을 새워주기 위해 들어온 엄마의 친구들을 '하도 말이 없어서 실제로 존재하는 사람들이라고 믿기 어려울 지경'이라고 생각하면서, '그들이 자신을 심판하기 위해 거기 와 있다'는 인상을 받는다.

주인공 뫼르소는 장례식 날, 푸르고 흰 하늘에서 쏟아지는 빛을 견딜 수 없어 하며, 녹아 갈라터진 아스팔트에서 드러난 콜타르의 속살과 엄마의 관 위로 떨어지는 핏빛 흙덩이를 무감동하게 본다. 그리고 집으로 돌아와 앞으로 열 두 시간 동안은 실컷 잘 수 있겠다고 기뻐하며, 다음날 해수욕장으로 놀러갔다가 한 여자와 데이트를 즐긴 후, 엄마의 장례식도 이제 끝났고 내일은 다시 일을 시작해야겠다고, 결국 달라진 것은 아무것도 없다는 생각을 한다.

뫼르소에게 엄마의 죽음은 어떤 것인가. 엄마의 죽음을 슬퍼하기보다는 장례식절차를 귀찮아하고, 장례식이 끝나자 이제 다시 자기생활로 돌아갈 수 있음을 기뻐하면서도, 엄마의 친구들이 '자신을 심판하러 와 있는 것' 같다고 느끼는 아들. 카뮈는 사르트르의 『구토』에 대한 서평에서 '좋은 소설에는 철학이 송두리째 이미지로 변해 있다'고 말하는데, 이 장례식 묘사 부분에는 유독 이미지가 많이 등장한다. 푸르고 흰 하늘과 갈라터진 검은 아스팔트길의 흔적, 엄마의 관 위로 떨어지는 핏빛 흙덩이. 뫼르소는 엄마의 죽음을 '아무 일도 없었던 것'이라고 느낄 정도로 무감동하다. 그런데 푸르고 흰 하늘과 검은 아스팔트의 이미지는 무엇을 말하려는 것일까. 그리고 이후에도 계속 나오는 견디기 힘든 강렬한 햇빛은 어떤 문학적 장치일까.

카뮈에게 세계는 빛과 어둠, 기쁨과 고통, 긍정과 부정의 양면이 맞물려 공존하는 곳이다. 이 양면을 뚜렷하게 의식하는 그에게 삶의 종점인 죽음은 세상을 무의미하게 만들지 그 반대로 만들지를 생각하게 하는 중심문제이다. 그런 의미에서, 푸르고 흰 하늘과 검은 아스팔트길의 대비는 아마도 이 공존하는 양면, 즉 '삶과 죽음'을 표현한 것이 아닐까. 그리고 핏빛 흙덩이는 바로 삶과 죽음의 사이에서 진행되는 과정을 이미지화한 것이 아닐까. '푸르고 흰' 것으로 표상되는 삶과 '검은' 것으로 대표되는 죽음. 그러나 그 하늘(삶)에서 쏟아지는 강렬한 햇빛은 견디기 어려운 것이고, 죽음을 표현한 갈라 터진 검은 길은 무섭고 흉하다. 결국 삶도 죽음도 견디기 어려운 것이며, 서로 맞닿아 있는 양면이라는 것임을 말하는 것이 아닐까. 핏빛 열정과 고뇌를 가지고 살지 않을 수 없는.

─ 이방인으로서의 느낌, 낯설다는 것

그렇다면 무감동해하면서도 그들에게 심판받는 느낌이 든다는 것은 무엇일까. 카뮈는 『작가수첩1』에서 이런 말을 한다.

> 3월. 이 어두운 방에서 갑자기 낯설어진 한 도시의 소음을 들으며, 이 돌연한 잠 깨임은 무엇을 의미하는가. 그리하여 모든 것이 낯설다. 나는 이곳 사람도 아니고 다른 곳 사람도 아니다. 세계는 내 마음이 기댈 곳을 찾지 못하는 알지 못할 풍경에 불과하다. 이방인.

'이곳 사람도 아니고 다른 곳 사람도 아니'라는 것. 마음이 기댈 곳을 찾을 수 없다는 것, 그것이 바로 '이방인'으로서의 느낌이라는 것인데, 한 마디로 이방인의 의식에는 세상이 돌연 '낯설게' 느껴지는 것이다. 그런데 바로 그런 변화가 뫼르소에게 일어난다. 엄마의 죽음은 겉보기와는 달리 자신도 모르게 그를 변화시킨다. 별다른 변화를 보이지 않지만 달라진 그의 시선은 모든 대상을 변모시킨다. 그의 눈에 보이는 세계는 낯설고 이상한 곳으로 변해버린다.

언제 어디서 우리는 낯설음을 느끼는가. 낯설게 느껴진다는 것은 어떤 것인가. 도무지 이해할 수 없는 상황에 놓여있을 때, 그리고 사람들이 타인처럼 느껴질 때가 아닐까. 낯설음은 친숙하지 않음이요, 대상세계와의 단절이 일어날 때 일어나는 것이다. 이곳에도 속하지 못하고 저곳에도 속하지 못한다는 것이 곧 세상과의 단절. 그러면 낯설게 느껴진다는 것은 무엇인가. 단절이란 '이어져 있지 못함'이다. 그러니 이어져 있을 때 느껴지는 것과는 반대의 어떤 것이 느껴질 때 낯설음을 경험할 터.

우리는 이어져있을 때 어떤 느낌을 받는가. 대상화되지 않고 그대로 수용되고 인정받는 느낌, 관심과 이해를 받고 있다는 느낌, 그리하여 소통의 연대와 사랑의 유대로 함께 한다는 느낌일 것이다. 그러면 그 반대의 느낌은 어떤 것일까. 관심받지 못하고 이해받지 못한다는 느낌. 즉 무관심과 몰이해, 나아가 심판받는다는 느낌일 것이다. 세상도 나에게 무관심하고 나 역시 세상에 무관심하다. 어머니의 죽음에도 무심하고, 여자 친구와 사랑을 나누면서도 무심하고, 심지어 자기에게도 무관심하다. 자신조차 하나의 물건처럼 대상화하여 바라본다. 세상도 사랑하지 못하고 자기 자신조차도 사랑할 수 없어서 일어난 단절. 이른바 카뮈가 말하는 '절연絶緣'이다. 그는 부조리의 원인은 바로 이 절연에서 비롯된다고 하는데, 곧 의미 있는 유대의 단절이다.

양로원에서 밤샘을 할 때, 그의 주위에 둘러앉은 엄마의 친구들은 마치 일종의 '법정'을 형성하는 인상을 준다. 아무 말 없지만 마치 그의 행동 하나하나에 마땅히 해야 하는데 안 하는 행동이나, 하면 안 되는데 하는 행동 따위를 재판하고 단죄하는 듯한 분위기를 만든다. 심판이란 무엇인가. 바로 관심과 이해라는 이어진 느낌의 가장 대척점에 서 있는 행위가 아닌가. 가장 첨예하게 상대를 대상화시키는 행위. 이 심판은 앞으로 이어질 사건에서 비롯되는 '사회적 재판'을 예고한다.

〈아랍인의 죽음, 살인〉

낯설어진 세상에서 뫼르소는 세상에 대해 무관심하고 즉흥적이고 우발적인 행동으로 응해나간다. 세상도 부조리해지고 뫼르소의 감정도 부조리해진다. 사장이 파리 근무를 제안하며 생활에 변화를 줄 것을 권하자, 사람이란 결코 생활을 바꿀 수 없으며, 어느 쪽 생활이든 다 그게 그거고, 이곳에서의 생활에 조금도 불만을 느끼지 않는다고 답한다. 그러면서 아무리 곰곰이 생각해봐도 스스로 불행하지 않다고 느낀다. 여자 친구 마리가 찾아와 결혼할 마음이 있느냐고 묻자, 아무래도 상관없지만 그녀가 원한다면 결혼하겠다고, 아무 의미 없는 말이지만 아마도 사랑하지 않는 것 같다고 답한다. 그리고 알제리의 별장으로 오라는 친구의 초대에 응하면서 사건은 일어난다.

알제리의 해수욕장 모래에는 햇빛이 수직으로 쏟아져 내리고, 그가 바다에서 반사되는 섬광을 견딜 수 없어할 때, 친구와 얽힌 한 무리의 아랍인들과 싸움이 벌어지고 칼부림이 난다. 상처를 수습하고, 다시 태양이 세차게 찍어 누르는 듯 내려 쪼이는 해변으로 나왔을 때 또다시 그 아랍인들과 마주친다. 뫼르소가 태양과 침묵 그리고 졸졸 흐르는 샘물, 모든 것이 이 침묵 속에서 정지해 있는 것처럼 느끼는 순간, 친구가 건네준 총으로 그들을 쏠 수도 있고 안 쏠 수도 있다고 생각하는 순간, 아랍인들은 도망쳐버린다. 그들을 찾아 산책하던 중, 또다시 그 아랍인을 만나고, 여전히 모래 위에는 '태양이 내려쪼여 뜨거운 햇볕에 뺨이 타는 듯' 한데, 뫼르소는 그 태양이 엄마의 장례식 때와 똑같은 태양이라고 느낀다. 아랍인이 꺼내든 단도의 칼날에 반사된 햇빛이 자신을 찌르는 것 같고, 온 하늘이 열리며 비 오듯 불이 쏟아지는 것 같다고 느낄 때, 짤막하고 요란한 소리와 함께 뫼르소는 땀과 태양을 떨쳐버렸다. 다섯 방의 총소리. 그 소리는 마치 불행의 문을 두드리는 짧은 노크소리 같았다.

뫼르소의 행동은 그야말로 도무지 앞뒤가 맞지 않는다. 어떤 합리적인 설명이나 일관성은 추호秋毫도 찾아볼 수 없다. 카뮈의 말을 빌면, '있을 수도 없고, 모순적인' 그 자체로 부조리한 일이다. 과거에 대한 추억도 미래에 대한 계획도 없이 즉흥적으로 행동한 뫼르소. 아무 이유 없이 즉흥적으로 행동한다는 것은 무엇인가. 바로 세상에 대한 무관심과 자신에 대한 무관심. 자신의 행위에 대해 어떤 필연적인 이유도 찾을 수 없는 무의미한 행위를 하는 것. 일종의 소외이고 부조리한 행동이다. 그리고 뫼르소가 자신의 행동에 대해 느끼는 감정 상태는 그야말로 마른 나무枯木 같고 꺼진 불死灰과 같다는 생각을 하면서 장자에 나오는 어떤 인물을 떠올렸다. 고목과 사회는 바로 그 인물에 대한 묘사인데, 외양은 비슷하지만 그 내면은 뫼르소의 그것과 정반대에 있다. 어떻게 다를까.

어느 날 남곽자기南郭子綦라는 인물이 안석에 기대어 앉아있는데, 그 모습이 마치 짝을 잃은 듯했다고 한다. 그래서 제자 안성자유顔成子游가 깜짝 놀라며 스승의 모습이 마치 마른 나무 같고, 마음은 죽은 재

같으니, 예전 스승의 모습이 아니라고 말하자, 스승은 '나는 지금 나를 잃었다吾喪我'고 답한다.

짝을 잃었다는 것과 고목 같고 사회 같다는 것은 무슨 뜻인가. '짝'이란 대상화된 타자 혹은 세계이다. 그러니 그것을 잃었다는 것은 대립적인 상대의 소멸을 나타내는 상징적 은유인데, 무엇이 말라버리고 죽어버린 것일까. 아마도 '나'라는 고정된 자의식일 것이다. 그것을 스승은 '오상아'라고 표현한 것. 고목과 사회를 액면 그대로 해석하면 신경마비 환자정도가 되겠지만, 장자의 관점에서 보면 개별자가 세상과 이어지면서 자아를 세우지 않는 것을 의미한다. '상아喪我'란 글자 그대로 '나'를 잃는 것인데, 물리적인 자아를 죽여 없애는 것이 아니라 세상과 그대로 이어져 '나'라고 할 만한 경계를 세우지 않음을 말한다. 그렇게 '나'를 세우지 않으면 그 상대인 물物도 성립하지 않는다. 즉 '나'를 잊는 것은 필연적으로 물아양망物我兩忘으로 귀결된다. 보는 자와 보는 바, 즉 주체와 객체의 이분법적 경계가 소멸되고 '나'는 '세계'와 하나로 연속된다. 나는 세계와 관계적으로만 존재하게 되는 것이다.

그런데 흥미로운 것은 '상아'의 상태는 무감각한 돌덩이가 되는 것이 아니라, 오히려 세상의 모든 소리, 즉 천뢰天籟를 빠짐없이 들을 수 있는 귀를 갖게 되고, 모든 사물을 놓치지 않고 보는 눈을 갖게 되며, 모든 것을 샅샅이 느낄 수 있는 촉감을 갖게 된다는 것이다. 맑은 거울처럼 느낄 뿐(비출 뿐) 동요하지 않고, 들을 뿐 휘둘리지 않으며, 볼 뿐 사로잡히지 않는다. 그것이 자기 몸의 연장일 뿐 대상적 실체가 아님을 알기 때문이다. 그런 면에서 보면, 외양은 뫼르소와 유사하지만 그 내용은 양극단의 차이를 보인다. 뫼르소는 단절로 인하여 목석이 되었고, 남곽자기는 이어짐으로 인하여 '고목'이 되고 '사회'가 되었다.

어쨌든 뫼르소는 전혀 살해할 이유가 없는 남자에게, 심지어 이름조차 알지 못하는 사람에게, 그저 아무 생각 없이 충동적으로 다섯 발의 총을 발사한다. 그리고 이런 부조리한 행동의 절정에는 '햇빛'이 함께 한다. 삶의 상징이었던 그 '햇빛'. 뫼르소는 '길에 나서면 그 뜨거운 햇볕에 따귀라도 맞는 것' 같이 느꼈고, 햇빛의 강렬한 섬광이 자신을 찌르는 것 같다고 느꼈으며, '마치 태양이 비 오듯 쏟아지는 불'처럼 느껴진다고 생각한다. 계속 뫼르소를 공격하는 어떤 것으로 작용하다가 이후에는 뫼르소로 하여금 타자에 대한 공격성을 유발케 하는 장치로서의 이 햇빛, 어머니의 장례식부터 등장하는 이 햇빛은 의미심장한 문학적 장치로서의 의미를 갖는다. 세상의 모든 것을 살리는 태양이 역으로 뫼르소를 견디기 힘들게 만드는 부조리한 것으로 의미가 전화된다. 공격적이고 견디기 힘든 광물질의 칼날 같은 삶의 무게로 그를 덮치면서. 뫼르소는 체포되고 법정에서 재판을 받게 된다.

〈뫼르소의 죽음, 사형〉

이제 뫼르소는 살인범으로 사법장치 속에 맡겨졌다. 그에 대한 여러 가지 정보가 수집되고, 그의 생활과 행동 하나하나가 모두다 해석의 대상이 된다. 그리고 그것이 어떻게 해석될지를 깨닫게 하는 것은 변호사이다. 그러면서 어머니의 장례식 날 느꼈던 피로와 불편했던 기분이 돌연 무신경으로 바뀌어버린다. 눈물을 흘리지 않은 것도 사실이고, 어머니의 시신을 보려 하지 않은 것도 사실이고, 담배를 피운 것도 사실이다. 그리고 그것이 법정에서 대상화되어 '심판'하는 눈에 의해 해석된다. 그러나 뫼르소에게 이러한 모든 절차는 '장난처럼' 보인다.

심문이 시작되어도 뫼르소는 그 심문의 의미를 제대로 깨닫지 못한다. 그리고 아무도 자기에게 관심을 갖고 있지 않다고 느낀다. 왜 엄마를 양로원에 보냈느냐는 질문에 '부양할 능력이 없어서'라고 답하고, 왜 무기를 들고 아랍인을 죽였느냐는 질문에 '우연'이라고 답한다. 검사가 '어머니가 사망한 다음날 정사에 골몰했던 바로 그 사람이 하찮은 이유로 치정사건을 정리하려고 살인을 한 것'이라고 주장하고, 변호사가 '대체 피고가 어머니를 매장한 것으로 기소된 것이냐, 살인한 것으로 기소된 것이냐'고 반문하며 논쟁을 벌이자, 둘 사이에 오가는 자신에 대한 이야기를 피고석에 앉아 듣는 것이 흥미롭다고 여기며, '나의 범죄에 대해서보다 나 자신에 대해 더 많은 이야기를 하고 있다'고 생각한다. 실제로 법정의 도마 위에 오른 것은 다만 사건에 대한 정의와 사법만이 아니었다. 뫼르소의 삶 전체가 법정에 서 있었던 것이다. 어떤 의미에서 카뮈는 뫼르소의 재판을 통해 당시 상황에서 전개된 '재판에 대한 재판'을 하고 있는 것.

심문과 재판에 임하는 뫼르소의 태도에서 주목할 만한 것은 그가 자신의 재판을 마치 '남의 일'을 보듯 한다는 것이다. '그에게는 영혼 같은 것은 있지도 않고 인간다운 정도, 인간들의 마음을 지켜주는 도덕 원리도 찾아볼 수 없다'는 검사의 말에, 그는 '더위와 놀라움으로 어리둥절해하면서', '확실히 말할 수 있는 것은 엄마가 죽지 않았으면 좋았을 것'이라 생각하지만 그만 귀찮아져서, 그리고 무관심해져서 입을 다물어버리고 만다.

우리는 언제 누구에게 입을 다물어버리는가. 사방이 벽으로 단절된 듯 소통할 수 없다고 느낄 때일 것이다. 어떤 의미에서 이런 '무관심'은 단절된 마음의 표현이다. 뫼르소는 모든 것들이 자신과는 무관하다고 느낀다. 즉 이것과 저것의 차이를 인식하지 못한다. 결혼하는 것과 안하는 것, 승진하는 것과 안하는 것, 슬퍼하는 장례식과 건조한 장례식 등은 그에게 의미 있는 차이를 주지 못한다. 심지어 재판 변론 중에도 그는 어찌되든 어서 일이 끝나서 자신의 감방으로 돌아가 잠잘 수 있기만을 고대한다. 그런데 더 놀라운 것은 사태에 대한 자신의 반응에조차도 무심하다는 것이다. 즉 자기 스스로의 감정에 대해서도 이방인이라는 것. 그의 감정은 그가 체험하는 감정과 괴리가 있기라도 한 듯, 그 감정들은 그저 스쳐가기만 할 뿐, 아무런 흔적을 남기지 않는다. 어쩔 도리가 없는 것이라면서. 슬픔이건 기쁨이건 불안감이든 안도감이든 그에게는 모두 무관할 뿐이다.

결국 법정은 그가 엄마의 장례식에서 울지 않았다는 이유로 그를 무심한 인물이라고, 살인을 저지르고도 후회하는 태도를 보이지 않았다는 이유로 도덕원칙이 결여된 인물이라고, 그러나 자신이 하고 있는 행동이 어떤 것인지 알고 있는 똑똑한 인물이라고 판단한다. 그리하여 최종적으로 사형을 선고한다.

― 반항의 시작

몇 가지 불편을 제외하면 그다지 불행하지 않다고 느끼며 수감생활에 적응해 가던 뫼르소는 사형선고를 받고나서 문득 어떤 '의식'의 자각을 체험하게 된다. 수감된 지 여러 달 이래 처음으로 자신의 목소리를 똑똑히 들으며, 그것이 오래전부터 자신의 귀를 울리고 있던 소리라는 것을 알아차리고, 그동안 줄곧 혼자서 이야기하고 있었다는 것을 깨닫는다. '정말 빠져나갈 길이 없는 것'이라고. 그러면서 어떤 일을 당할지 모르는 상황에서 갑자기 당하는 것보다 거기에 대한 준비가 되어 있는 편이 낫다고 생각하며, 그는 죽음에 대해 생각한다. '인생이 살 만한 가치가 없다는 것은 누구나 알고 있는 일, 서른 살에 죽든 예순 살에 죽든 별 차이가 없는 것, 분명한 것은 지금이건 이십 년 후건 언젠가 죽게 될 사람은 자신이라는 것, 죽을 바에야 어떻게 죽든 언제 죽든 문제가 아니며, 죽을 수밖에 없는 것은 명백한 일'이라고.

그때 사제가 들어와, 자신은 그의 편인데, 그가 모르고 있으니 그를 위해 기도드리겠다고 말한다. 바로 그 때 뫼르소 안에서 무언가 툭 터져버리고, 말없던 그가 고함을 지르며 기쁨과 분노가 뒤섞여 솟구치는 것을 느끼며 사제에게 쏟아내기 시작한다.

내 생각은 옳았고, 지금도 옳고, 또 언제나 옳다…… 나는 이렇게 살았으나 또 다르게 살 수도 있었을 것이다…… 아무것도 중요한 것은 없다. 나는 그 까닭을 알고 있다. 내가 살아온 이 부조리한 전 생애 동안, 내 미래의 저 밑바닥부터 항시 한줄기 어두운 바람이, 아직 오지도 않은 세월을 거슬러 내게로 불어오고 있었다…… 그 바람이 불고 지나가면 아무 차이가 없는 것으로 만들어 버리는 것이다. 다른 사람들의 죽음, 어머니의 사랑, 그런 것이 내게 무슨 중요성이 있단 말인가.

뫼르소가 삶의 부조리를 자각한다. 인생이란 살 만한 가치가 없다고 생각하고, 빠져나올 길이 없는 부조리한 상황에 놓여 있음을. 그리고 그 부조리한 생애 내내 어두운 한줄기 바람이 불어오고 있었음을 알아차린다. '어두운 바람'이란 무엇이겠는가. 바로 누구에게나 공평하게 찾아와 모든 사람을 평등하게 만들어주는 '죽음'일 터. 그 죽음이 쓸어가 버리면 모든 것이 아무 차이가 없어진다. 피할 수 없는 것. 인간은 모두 사형수이고, 삶의 끝에는 죽음이 기다리고 있다는 확신은 우리 모두를 사형수로 만든다. 사형수는 죽음과 정면으로 대면하면서 비로소 삶의 가치를 깨닫는다. 필연적인 죽음의 운명 때문에 삶의 무의미함에 자살해야 하는 게 아니라 한정된 삶을 더 치열하게 살아야 한다는 것이다. '자살은 삶의 진가를 몰라서 저지르는 부조리에 대한 굴복'이다. 카뮈는 이를 부조리에 대한 반항이라고 이름한다.

뫼르소의 고함에는 왜 기쁨과 분노가 뒤섞였던 것일까. 아마도 부조리에 대한 분노와 부조리를 자각한 것에 대한 기쁨이었을 터. 죽음조차도 '주체적'으로 받아들인다는 부조리에 대한 반항이 아닐까. 카뮈는 삶의 부조리를 확인하는 것은 목표가 아니라 시작이라고 한다. 속임수를 쓰지 않는 사람이라면 자신이 진실이라고 믿는 바에 따라 행동해야 하고, 삶이 부조리하다고 믿는 사람이라면 마땅히 그 믿음에 따라 행동해야 하는데, 유일하게 일관성 있는 태도는 '부조리를 벗어나지 않은 채 부조리 속에서 버티는 것', 곧 반항이다. 반항은 인간 자신의 어둠과 부단히 대면하는 것, 이 반항이 삶에 가치를 부여하고 삶의 위대함을 회복한다는 것이다. 중요한 것은 죽더라도 치열하게 죽는 것이지 기꺼이 받아들이면서 죽는 것이 아니라는 것. 이런 자각에 이른 뫼르소는 비로소 마음에 평정을 얻고 해방감을 느낀다.

사제가 떠나고, 잠시 잠이 들었다 깬 그의 눈에는 별이 보이고, 밤 냄새, 흙 냄새, 소금 냄새가 그를 시원하게 해주었다. 여름밤의 희한한 평화가 밀물처럼 그의 속으로 흘러들었다. 그러면서 참으로 오랜만에 처음으로 엄마를 생각했다. 그러면서 이런 생각을 한다.

> 그리고 나도 또한 모든 것을 다시 살아 볼 수 있을 것 같은 생각이 들었다. 커다란 분노가 나의 고뇌를 씻어주고 희망을 가지게 해주었다는 듯, 별들이 가득한 밤을 앞에 두고 나는 처음으로 세계의 정다운 무관심에 마음을 열고 있었다…… 마침내 형제 같다는 것을 깨달으며 나는 전에도 행복했고 지금도 행복하다는 것을 느꼈다.

뫼르소에게 죽음은 삶의 가치를 더욱 돋보이게 하는 배경이자 거울이 되었다. '다시 살아 볼 수 있을 것 같은 생각'이 들었으며, 처음으로 세계의 정다운 무관심에 마음을 열고, '형제 같다'는 것을 깨달으며 세계와 이어진다.

— 지옥에서 찾은 행복, 시지프

뫼르소의 죽음은 비극적이긴 하지만 음산하지는 않다. 부조리(부정)에 대한 자각과 반항에서 오는 기쁨과 행복이 있었기 때문에. 그리하여 그는 '다시 살아볼 수 있을 것 같은 생각'을 하게 되었지만 다시 살아볼 기회는 갖지 못했다. 카뮈는 『시지프의 신화』에서 '부조리를 안고 살면서 그것을 발전의 원칙으로 삼아볼 것을 제안'했다. 『이방인』의 뫼르소는 부조리를 자각했지만 이 부조리에 대한 자각은 목표가 아니라 시작일 뿐. 이제 카뮈의 안내를 받아 부조리의 긍정의 얼굴을 보아야 한다. 무엇이 긍정일까. 지옥에서 찾는 행복이란 무엇일까. 어떻게 우리는 부조리의 지옥에서 삶의 의미를 찾을 수 있을까.

힘들게 올렸지만, 허망하게 다시 굴러 떨어질 돌을 다시 올리기 위해 전력을 기울여야 하는 부조리한 상황에 놓인 시지프. 그는 어떻게 부조리에서 빠져나올 수 있는가, 이것이 문제이다. 시지프가 카뮈의 관심을 끄는 것은 산꼭대기에서 내려올 때, 그 잠시의 휴지休止의 순간 때문이라고 한다. 아무리 해도 끝장을 볼 수 없는 부조리에 고뇌하며, 굴러 떨어진 돌을 다시 올리기 위해 들판으로 걸어 내려오는 시지프. 부조리를 회피할 수 있는 방법은 오직 두 가지이다. 희망을 갖는 것과 자살하는 것. 하지만 희망은 기만적인 것이고 자살은 부조리의 해결이 되지 않는다. 두 가지 모두 회피일 뿐. 선택의 여지가 없을 때 쓰라림은 시작된다. 부조리로부터 이끌어낼 수 있는 귀결은 오직 하나. '부조리를 벗어나지 않은 채 그 속에서 버티는 것' 이라고 카뮈는 말한다.

그러면 시지프는 어떻게 이 지옥을 버티면서 의미를 찾아낼 것인가. 부조리와 대결하며 그것을 넘어서는 것. 부조리의 운명에 굴복하는 것이 아니라 부조리에 도전하여 의미를 찾아내는 것이 그것. 이 신화가 비극적인 것은 주인공의 의식이 깨어 있기 때문이다. 한 걸음 한 걸음 옮길 때마다 성공과 희망이 보인다면 무엇 때문에 고통스러워하겠는가. 무력하고 반항적인 시지프는 그 비참한 조건의 넓이를 안다. 그가 산에서 내려올 때 생각하는 것은 바로 이 조건이다. 이 조건은 그에게 고뇌를 안겨주는 동시에 그것을 넘어서는 힘을 제공한다. 카뮈는 말한다. '멸시로 응수하여 극복되지 않는 운명이란 존재하지 않는다'고.

이 부분에서 나는 감탄하지 않을 수 없었다. '멸시로 응수한다'는 것. 무슨 말인가. 반항하고 도전하고, 그리하여 대결하면서 운명을 넘어선다는 것. 표현은 각기 다르겠지만, 이런 상황을 하이데거는 '던져져 있음'thrownness, Geworfenheit과 기획투사project, Entwurf로 설명하고, 불교의 유식학에서는 집지식執持識과 이숙식異熟識으로 설명한다. 우리 의지와 무관하게 우리의 실존조건으로 세팅된 상황들. 하이데거식으로 말하면 이 상황에 우리는 '던져진 것'이고, 유식학적으로 말하면 우리가 태어나면서부터 '가지고 나온 업'에 따라 사는 것이다. 하이데거식으로 볼 때 '던져진 것'을 어찌하겠는가. 일단 그것을 보고 수용하는 일밖에 할 수 있는 일이 있는가. 그러나 거기서 그치지 않는 것. 바로 그 상황에 자신을 투사하고 변화시키는 것이 그 다음의 일. 곧 기획투사이고, 그것이 바로 진정한 자유라고 하이데거는 말한다. 유식학에서도 역시 우리가 태어날 때부터 가지고 나온 업은 자기 전생의 삶에서 비롯된, 그 누구의 탓도 아닌 자기의 것이니 그대로 받아들일 수밖에 없다. 하지만 역시 거기서 끝나지 않는다. 바로 '바꾸고 성숙시키는' 이숙식이 있다는 것. 그 이숙식을 통해 이번 생의 업을 닦고 새로운 공덕을 쌓는다는 것.

카뮈는 '멸시'라고 표현했지만, 그것은 바로 '던져진 상황'에 그대로 매이거나 굴복하지 않고 도전하고 대결하면서 새로운 자유를 얻는다는 것, 즉 기획투사이고 이숙식이다. 그러면 시지프는 어떻게 자유를 얻게 되었을까. 이 이야기를 하기 위해 카뮈는 오이디푸스의 이야기를 거론한다.

오이디푸스가 누구인가. 아버지를 죽일 것이라는 예언 때문에 태어나자마자 친부로부터 버려졌다가, 나중에 아무것도 모르고 친부를 죽이고 자기 어머니와 결혼하여 아이를 낳은 자 아닌가. 처음에는 영문을 모르는 채 운명에 복종하다가, 사실을 아는 순간부터 비극은 시작되고, 스스로를 벌하기 위해 눈을 찌르고 유랑한 자. 절망한 오이디푸스를 이 세상에 비끄러매 놓은 유일한 끈은 바로 그의 딸 안티고네.

그런 그에게 내면에서 기막힌 소리가 들려온다. '그 많은 시련에도 불구하고 나의 노력과 나의 영혼의 위대함은 나로 하여금 모든 것이 좋다고 판단하게 만든다'는 말이.

카뮈는 '모든 것이 좋다'는 말은 신성하다고 본다. 이 말은 신을 추방하고, 운명을 인간의 문제로, 인간 사이에서 처리해야 할 문제로 만드는 것인데, '주체성'을 강조하는 카뮈가 보기에 시지프의 기쁨은 바로 여기에 있다. 그의 운명은 그의 것이다. 그의 바위 역시 그의 것이다. 이렇게 부조리한 인간이 자신의 고통을 자기 것으로 응시할 때 모든 우상은 침묵하고, 경이에 찬 작은 목소리들이 대지로부터 솟아오른다는 것. '개인적인 운명은 있어도 인간을 능가하는 운명이란 없으며', 그것을 자각할 때 인간은 스스로 자신이 살아가는 날들의 주인이라는 것을 알게 된다는 것이다.

그리하여 시지프는 신들을 부정하며 바위를 들어 올리는 고귀한 성실성을 보여주며, '그 역시 좋다'고 판단한다는 것. 어둠 가득한 산 자체가 하나의 세계를 형성하고, 산정을 향한 투쟁 그 자체가 시지프의 마음을 채워주기에 충분하다는 것. 그러므로 우리는 '행복한 시지프의 마음'을 그려보지 않으면 안 된다는 것이다.

바로 그것 아닌가. 자신에게 던져진 삶의 과제를 받아들이고 묵묵히 껴안고 가는 것. 자신의 업보를 그대로 겪으며 그 속에서 자신을 찾는 것. 매우 용맹하고 치열한 정신만이 해낼 수 있는 일이긴 하지만, 하여간 이렇게 해서 시지프는 지옥에서 행복해졌다. 투쟁 그 자체를 자신의 삶의 과제로 수용하고 의미를 부여하면서 상황은 달라졌다. 시지프의 마음이 달라졌다. 그리하여 지옥에서 새로운 삶이 시작된다. 의미 있는 돌파를 통하여 그는 자기 삶의 주인이 되고 영웅이 되었다.

─ 자신에게 던져진 삶 껴안고 가기

뫼르소와 시지프의 상황을 보면서 나는 또 나의 젊은 시절을 떠올릴 수밖에 없었다. 내가 겪었던 부조리와 낯설음에 대하여. 그리고 그 부조리에서 어떻게 빠져나오고 낯설음을 극복할 수 있었는지에 대하여.

1989년 세밑의 어느 날이었다. 아, 벌써 세밑이구나, 한 해가 가는구나 하고 생각하다가 문득 어떤 생각이 엄습했다. 아, 한 해가 가는 게 아니라 10년이 가고, 격동의 20대가 가는 것이로구나. 그러면서 그 생각에 사로잡혔고, 다만 돌아보는 것이 아니라 완전히 뒤돌아서서 지나간 20대를 바라보고 있었다. 참으로 정리할 것이 많은 10년이었다. 머릿속 정리를 하면서 이것저것 튀어나오는 것이 많았다. 그 가운데 가장 힘든 것은 스스로 옳다고 믿었던 신념체계가 무너져버린 '철학적 파산'의 문제와 10년 간 이렇게 저렇게 얽혀 돌아간 '사람인연'이었다.

그리하여 철학적 파산 문제는 일단 내 가슴에 담아두고, 사람 인연의 문제를 정리하기 위해 나섰다. 입학하던 해부터 한 해씩 한 해씩 정리했다. 그러면서 그 과정에서 내 인생에 중요한 영향을 주었던 인물들을 하나하나 찾아다니며, 감사를 표하기도 하고, 유감 있었던 일에 대해 사과하기도 하고 용서를 구하기도 하면서 연말을 모두 보낸 기억이 지금도 생생하다.

당시에 나는 마치 옛 이야기책에서 읽은 '어떤 나무꾼' 같은 처지에 있었다. 어느 날 나무를 하러 갔다가 길을 잃었는데, 어떤 동굴을 발견하고 거기서 웬 신선 같은 사람을 만나 얼마간 이야기를 나누며 함께 지내다가, 동굴에서 나와 마을에 돌아가니 시간이 몇 십 년 흘러버려 가족들은 벌써 저 세상으로 가버리고 낯선 동네에 혼자 우두커니 있었다는 옛 이야기. 카뮈의 표현을 빌면 이방인. 그 나무꾼처럼 나에게는 사람도 세상도 온통 낯설게 느껴졌다. 10년 동안 내가 옳다고 생각했던 신념에 따라 살다가 문득 내면으로부터 신념체계가 서서히 무너져 내림을 느꼈고, 세상이 다른 방식으로 나에게 다가왔다. 나는 스스로 '철학적 파산'에 놓였다고 생각했다.

내가 부정하면서 버린 세상이 이제 역으로 나를 부정하며 버리고 있는 느낌이었다. 낯선 곳에 던져진 이상한 상태. 카뮈 말대로 '이곳에도 속하지 않고 저곳에도 속하지 않는' 절연된 상태를 나는 겪고 있었다. 나는 자신만의 진리에 사로잡혀 있었고, 세상은 나와 무관하게 돌아가고 있었다. 카뮈의 표현을 빌면 '이어져 있던 것의 끊어짐.' 또 한 번 막막한 혼란을 경험해야 했다. 그러면서도 내가 확실하게 느끼고 있는 것, 부정할 수 없는 것, 버릴 수 없는 것이 있었다. 세상에 대한 합리적이고 통일적인 이해에 대한 욕구와 내가 어떻게 살아야 옳은가에 대한 답을 얻는 것, 이 문제가 온통 머릿속을 차지하고 있었고, 그런 내면 상태가 나에게는 너무 복잡하고 힘들게 느껴졌다. 무의미한 일상은 나에게 아무런 힘도 주지 않았다. 그야말로 마음 깊은 곳에서 넘어져버렸다. 일어나야 하고 일어나고 싶은데, 내적인 동력이 생기지 않았다. 마음의 깊은 바닥에 엎어진 채로 도무지 의미를 찾을 수 없는 내 삶에 좌절했고, 그리하여 오랫동안 마음을 앓고 있었다. 나는 시지프와 같이 '그 역시 좋다'는 생각을 할 수가 없었다. 당시 내가 처한 상황을 받아들이지 못하고 있었기 때문에.

그러면서 30대에 진입했고, 그 때부터 10년간 나는 지난 10년의 이념문제와 철학문제를 정리하는데 용맹정진 애쓰지 않을 수 없었다. 이리 찾고 저리 찾고 허해진 속을 채우기 위해 게걸스럽게 책을 보고 공부하고, 무언가 답을 줄 것 같은 사람을 만나면 열심히 찾아가 묻고 배웠다. 그러면서 여러 스승을 만나고, 철학자들을 만나고, 불법을 만나고 장자를 만났다.

그러던 어느 날, 법회에서 스승(선지식)의 법문을 듣고 있을 때, 갑자기 어떤 말씀이 뒤통수를 때리는 충격으로 다가왔다.

어느 물결 하나 바다 아닌 게 있으리오.

이른바 수파불이水波不二이다. 물결과 바다가 서로 다른 게 아니니, 모든 물결은 본래 바다를 떠난 일이 없는 것처럼, 모든 존재자는 이미 진리의 바다에 거居하고 있으니, 우리 눈의 어리석음을 걷어내면 모든 존재자가 지니고 있는 두두물물頭頭物物의 법성을 볼 수 있다는 법문이다. 그런데 그 법문을 들을 때, 나는 거대한 바다에서 물결치는 그 물결이 마치 나의 삶과 같다고 생각했다. 보잘것없고 혼란에 빠져 있는 내 삶 역시 크게 보면 진리의 바다에 속하는 하나의 물결이라는 것에 생각이 미쳤고, 그것에 큰 위로를 받았다. 그리고 환희심이 밀려왔다. 무언가 빛을 본 것 같았다. 그리하여 그 빛의 힘에 의지하여 정리된 생각을 논문으로 종합하면서 뫼르소가 '세계의 다정한 무관심'을 느끼며 '형제 같다'고 생각하며 세상과 이어진 것처럼, 나 역시 다시 바다와 이어진 물결로서 세상과 편안하게 이어질 수 있었고, 내 삶을 있는 그대로, 그 자체로 의미 있는 것으로 받아들이고 '껴안고 갈 수' 있었다. 지금까지 내가 내 삶에 대해 부렸던 어리광과 미성숙한 연민이 또렷하게 보였다. 그래서 생각했다. 나에게든 타인에게든 너그럽고 욕심 부리지 않고 천천히 걸어가는 여유를 가져야겠다고. 어떻게 만나는 인연사든 모두 만날 만해서 만난 것이고 겪을 만해서 겪는 것이니 모두 큰 바다에 속하는 물결로 볼 일이라고.

― 긍정의 얼굴, 「페스트」의 리유

부조리에 반항하면서 부조리를 자각하고, 삶의 마지막 순간 '세계의 정다운 무관심'을 느낀 무의미의 화신 뫼르소와 부조리에 도전하고 대결하며 '행복'을 만들어낸 시지프는 카뮈가 창조해낸 부조리의 영웅이다. 긍지와 무관심과 경멸로 떠받쳐진 뫼르소는 교수대보다 강하고, 영원히 계속되는 노력의 헛됨을 알면서도 '그 역시 좋다'고 생각하는 시지프는 바위보다 강하다. 이 두 영웅은 각기 자신의 삶에서 의미를 찾고 지키기 위해 개인적으로 투쟁을 한 자들이다. 카뮈에 따르면 인간의 의무는 영원한 부조리에 대항해 싸우는 것이고 그 과정에서 행복을 찾는 것, 나아가 행복을 만들어내는 것이다. 이제 개인 삶의 부조리를 넘어서, 공동체에 닥친 부조리에 항거하며 싸운 세 번째 영웅들, 『페스트』의 영웅들의 이야기가 시작된다.

— 페스트 발생하다

알제리 해안에 면한 프랑스의 한 도청 소재지 오랑에서 사건이 일어났다. '초목도 없고 넋도 없는' 도시 오랑의 의사 베르나르 리유가 어느 날 아침 진찰실을 나서다가 '죽은 쥐' 한 마리를 보았는데 저녁 무렵 피를 토하며 쓰러져 있는 쥐를 또 발견한다. 다음날 도처에서 죽은 쥐들이 발견되고, 점점 많은 쥐들이 죽기 시작하고 하루에 수천 마리의 쥐가 수거된다. 그러다 죽은 쥐의 숫자가 줄어 사람들이 안도의 한숨을 쉴 무렵, 목과 겨드랑이와 사타구니에 통증을 호소하는 사람들이 병원을 찾기 시작하고, 최초로 통증을 호소한 (죽은 쥐를 처리하던) 수위 영감이 사망한다. 감염된 사람이 늘어가서 여기저기서 페스트라는 말이 나오기 시작한다. 페스트는 곧 전쟁 발발의 다른 표현. 페스트나 전쟁이나 사람들은 이에 대해 속수무책. 너무 큰 재앙에 대해 사람들은 여간해서는 실감하지 못한다. '오래가지 않겠지. 전쟁은 너무 어리석은 짓이야'라고 말하며 사람들은 재앙을 믿지 않는다. 재앙이란 인간의 척도로 이해할 수 있는 것이 아니라서, 사람들은 재앙을 비현실적인, 그저 지나가는 악몽에 불과한 것으로 여기기 때문이다.

의사 리유는 역사상 알려진 약 서른 차례에 걸친 대규모 페스트가 일억에 가까운 인명을 앗아갔음을 떠올린다. 전신 마비와 눈의 충혈, 두통, 가래톳, 격심한 갈증, 전신반점 증세를 보이다가 '맥박이 실낱같이 미약해지면서 겨우 몸을 움찔하다가 숨이 끊어져 버리는' 이 무서운 전염병. 도청에서는 이 병이 페스트냐 아니냐를 놓고 회의가 열리고, 아직 실정을 모르는 도시는 어둠과 함께 활기를 띠고, 자유의 유쾌하고 향기로운 소음과 젊은이들의 웅성거리는 소리가 거리를 메운다. 봄이 오고, 시장의 수천 송이의 장미꽃의 달콤한 향내가 시가지를 감돌고, 겉으로는 아무 변화가 없는 것처럼 전차가 다니고 영화관 앞에 사람들이 줄지어 섰지만, 갑자기 병이 급속도로 퍼지기 시작하여 하루에 백 명 이상씩 사망자가 나오면서 당국에서 지시가 내려온다.

  페스트 사태를 선언하고 도시를 폐쇄하라.

 페스트가 발생했다는 것은 곧 2차 세계대전(1939)이 터졌다는 것이다. 사실상 전쟁은『페스트』착상의 기폭제가 된 사건인데, 당시 알제리에 있으면서 전쟁 소식을 제대로 들을 수 없었던 26세의 카뮈에게, 이 '부조리한 사건'을 불신하고 회피하는 분위기와, 한가하고 습관적인 삶 속에 예고 없이 들이닥친 전쟁은 페스트로 표현된 질병만큼이나 어처구니없고 이해할 수 없는 '부조리'였다. 부조리한 상황에 던져진 카뮈가 가야할 길은 무엇인가.

 그는 '부조리로부터 이끌어낼 수 있는 것은 세 가지 귀결'이라고 말한다. 반항, 자유, 열정이 그것인데, 그는 자신이 옳다고 생각하는 신념에 따라 입대하고자 했으나 폐결핵으로 입대가 거부되어, 레지스탕스 지하운동에 참여한다. 자유를 위해, 열정을 다해서, 부조리에 반항하기 위하여. 후일 사르트르는 『상황』에서 카뮈에 대해 '한 인물과 하나의 행동과 하나의 작품이 절묘하게 결합되어 있는 존재'였다고 회고한다. 말하자면 작가와 작가의 지하운동 참여와 작품에서의 메시지가 모두 '부조리에 대한 반항과 대결'이라는 것. 카뮈는 작품 안에서의 주장에만 그친 것이 아니라, 실제로 자기 내면에 시대의 갈등을 요약하고 있었고, 그 갈등을 자유를 위한 열정과 치열함을 통해 극복하고 있었기 때문인데, 그런 의미에서 카뮈는 그 스스로가 부조리의 영웅이다.

작품 『페스트』는 본문이 시작하기 전, 다니엘 디포의 말을 이렇게 인용하고 있다.

> 한 가지 감옥살이를 다른 한 감옥살이에 빗대어 표현하는 것은, 실제로 존재하는 그 무엇을 존재하지 않는 그 무엇에 빗대어 표현하는 것과 마찬가지로 합당한 일이다.

본격적인 이야기가 시작되기 전에 제시된 이 문장은 작품이해를 일정한 방향으로 유도하려는 작가의 의도를 엿보게 한다. 처음 『페스트』의 제목을 『수인囚人』, 즉 '도시에 갇혀버린 사람들'이라고 했다는 것이나, 존재하지 않는 페스트를 실제로 존재해버린 전쟁 상황에 빗댄 것은 모두 '부조리한 삶' 자체를 표현하는 데 합당하다는 것. 그러면 전염병(전쟁)으로 인해 감옥에 갇힌 사람들은 이 부조리를 버티며 어떻게 대결하여 행복을 찾을 것인가.

― 도시폐쇄, 감옥에 갇힌 사람들

'시'가 폐쇄되자 사람들은 모두 '독안에 든 쥐'가 되어버렸다. 그 중 가장 큰 고통은 아무런 마음의 준비도 없이 당한 사람들과의 이별. 서신교환마저 금지되고, 유일하게 허용된 것은 전보. 그것도 사망, 출산, 결혼 등 긴급한 일에만 허용되었는데, '이해와 정과 살로 맺어졌던 사람들이 고작 전보'로 밖에는 소통할 수 없었던 것. 그러면서 사람들은 이전에 몰랐던 새로운 면모를 드러내기 시작한다. 어머니에게 무관심하던 사람이 불안과 후회를 느끼고, 배우자를 믿고 사랑하던 사람이 문득 질투심에 사로잡힌다. 감옥과 다름없는 환경에서 과거와도 원수가 되고 미래마저 박탈된 시민들. 시민들이 갑작스런 귀양살이와 타협해보려고 노력하는 동안 폐쇄된 오랑시의 모든 무역은 중단된다. 식량보급은 제한되고 휘발유는 배급제로. 생필품만 겨우 반입되는 상황에서, 페스트는 더욱 성해져 일주일에 사망자가 천 명을 육박하게 된다. 문이란 문은 모두 닫혀버린, 밀폐된 침묵의 도시. 페스트가 스며든 여름 하늘의 태양은 모든 빛깔의 광채를 꺼버리고 모든 기쁨을 쫓아버렸다. 오직 더위와 햇빛과 죽어나가는 사람들의 끝없는 물결이 거리에 넘쳐흐를 뿐.

'이해理解와 정과 살로 맺어진 사람들'이라는 묘사를 보며 나는 카뮈에게 조금 감동했다. '이해利害관계로 맺어진 것'이 아니라, '이해와 정과 살로 맺어졌다'는 인간관계에 대한 그의 관점에. 그는 세상을 부조리하다고 보았지만, 인간에 대한 깊은 이해나 정감 있는 묘사를 보면 세상에 대한 부정의 시선은 보여도, 비관의 시선은 보이지 않는다. 오히려 인간에 대한 강고한 '신뢰'를 느끼게 된다. 어찌 보면 그에게 부조리와 정면 대결할 수 있다는 믿음을 갖게 한 것은 인간에 대한 애정에서 비롯된 것일지도 모른다. 부조리에 함께 저항하는 동지애. 그는 '우리에게는 오직 하나의 사치가 있을 뿐이니, 그것은 다름 아닌 인간관계의 사치'라고 말한다. 약하고 상처 받기 쉬운 이 세계에서 인간적인 것은 무엇이든 뜨거운 의미를 갖게 된다는 것, 긴장된 얼굴들, 위협받는 동지애, 상호간의 지극히 강하고 수줍은 우정, 이런 것들이야말로 진정한 부富라고 그는 말한다.

카뮈에게서 내가 발견한 나와의 공통점은 바로 이 점이었던 것 같다. 사람에 대한 깊은 관심과 믿음, 그리고 상대의 미덕을 찾아내려는 깊은 눈. 한 평론가의 말에 따르면 사르트르와 달리 '카뮈에게 타자는 지옥이 아니라 구원'이었다고 한다. 말하자면 실존적인 '절연'의 부조리 상황을 극복할 수 있는 힘을 얻을 수 있는 것은 인간들 간의 근본적인 이어짐임을 알았다는 것. 젊은 시절의 나 역시 이상하게도 세상에 대해 힘들고 질리고 역겨움을 느낄 때가 많았으면서도, 동지들에 대한 애정과 신뢰는 거둬본 적이 없는 것 같다. 실망과 갈등이 없었던 것은 아니지만, 10년 간 저항운동을 하면서 한결같이 동지적 결속으로 묶여 있던 동료들, 그 유대에 얼마나 마음 든든하고 두려움 없이 나갈 수 있는 힘을 얻었던가. 그 후 철학적 파산으로 저 깊은 마음의 바닥에 엎어져 있을 때, 말만 시작하면 눈물이 따라 흐르던 나를 곁에서 지켜보며 밥 사주고 눈물 닦아주던 선배. 머릿속이 혼란해져 생각이 갈피를 잡지 못하고 있을 때, 새벽까지 싫은 기색하나 없이 이념적인 여러 문제에 대하여 진지하게 끝까지 토론해준 친구들, 가슴이 터질 것 같은 분노와 답답함에 발광하듯 쏟아내는 나의 말을 인내하며 들어준 벗들, 혼자 책상에 앉아 무거운 마음을 달래고 있을 때 술 사주겠다며 불러내 위로해준 선배 등등. 그들이 없었다면 내가 내 삶을 포기하지 않고 지금까지 올 수 있었을지 자신 없을 때가 많다. 나에게 구원으로 다가왔던 고마운 인연들. 세상과 이어진다는 것은 결국 사람들과 이어지는 것이 아닐까.

어쨌든 그래서인지 『이방인』의 뫼르소와 달리, 『페스트』의 인물들은 각기 고뇌에 시달리며 각자의 방식으로 공동의 재난에 대처해 나가며 동지애를 발휘해 간다. 신문기자 랑베르, 예수회 신부 파늘루, 그리고 의사 리유. 타루와 그랑.

─ 동지가 되어 재난과 싸워나가다

연대기 형식의 이 글을 적어나간 서술자는 의사인 리유로, 페스트 사건의 시작부터 끝까지 중심적인 역할을 하는 인물이다. 그는 체념하고 페스트(부조리)를 용인하는 것은 미친 사람이나 눈먼 사람이나 비겁한 사람의 태도라고 생각하며, 하루에 20시간씩 환자들을 위해 헌신한다. 무의미하게 타인의 죽음을 구경하거나 자신의 죽음을 기다려서는 안 된다고 생각하며, 동료가 된 타루가 '신도 믿지 않으면서 왜 그렇게까지 헌신적인가'하고 묻자 '만약 전능한 신을 믿는다면 수고와 노력을 그만두고 신에게 맡겨버릴 것이지만, 자신은 창조되어 있는 그대로의 세계를 거부하며 투쟁함으로써 진리의 길을 걸어갈 것'이라고 답한다. 그는 묵묵히 헌신적으로 환자들을 진단하고, 격리하고 수송하는 일을 담당하면서 '재난 속에 있으면 인간들 속에는 경멸할 것보다도 찬탄할 것이 더 많다는 것'을 알게 된다면서 오직 '공감'만이 우리를 평화로 이끌 수 있다고 생각하며, 주위 사람들을 동지로 끌어들이고 그들에 대한 깊은 이해와 사랑을 보인다.

리유는 시청공무원인 그랑과 함께 일하며, 그를 항상 자기 마음씨에서 오는 용기를 간직하고 있는 사람이자 〈보건대〉를 살아 움직이게 하는 조용한 미덕의 대표자라고 평가하며, 그처럼 명예롭게 일하는 겸손한 관리를 찾아볼 수 있는 이 도시에 재앙(페스트)이 퍼지는 것을 믿을 수 없어 한다. 페스트의 와중에도 계속 글쓰기 작업을 하며 '마음먹은 것을 시원하게 표현할 수 있는 법'을 배웠으면 좋겠다며 표현 문제로 고민하는 그랑의 이야기를 진지하게 들으면서 '상상력을 발휘해가며' 그를 이해하려 노력한다.

또, 우연히 오랑에 취재차 들렀다가 갇혀 버린 신문 기자 랑베르를 보며, 결단성 있는 얼굴에 눈이 맑고 총명해 보이는 자유분방한 인물이라 여긴다. 자신은 '기사를 쓰려고 세상에 태어난 것이 아니라 어떤 여자와 살기 위해 세상에 태어난 것'이어서, 연인과의 생이별을 참을 수 없고, 또 자신은 '이 고장 사람이 아니'니 나가게 해달라는 그의 외침에 대해 리유는 '지금부터는 선생도 이 고장 사람'이라고 단호하게 말한다. 그가 다시 리유를 향해 '당신은 하나의 관념을 위해 죽을 수도 있지만', '나는 관념 때문에 죽는 사람들에게 신물이 나고, 영웅주의를 믿지 않으며', '내가 흥미를 느끼는 것은 사랑하는 것을 위해 살고 사랑하는 것을 위해 죽는 일'이라고 말하자, 리유는 담담히 말한다. '인간은 하나의 관념이 아니'라고. 그 후 '나와는 상관없다'고 주장하던 랑베르는 재앙은 모든 사람에게 관계된 것, '혼자만 행복해지려 하는 것은 부끄러운 일'이라며 리유의 옆에서, 그의 동지가 되어 페스트를 이기기 위해 열심히 일을 한다.

'인간은 하나의 관념이 아니다'라는 리유의 말은 오랫동안 내 귀를 울렸다. 관념을 위해 죽는다는 것은 무얼 의미하는 것일까. 카뮈는 사회주의자였다. 공산당에 입당했다가 나중에 탈당하지만 그는 오랫동안 자신의 사상을 유지했다. 그러니 관념을 위해 죽는다는 것은 아마도 당시 서유럽을 강타한 사회주의 이념과 그 반대이념들 간의 싸움에 목숨을 거는 행위를 가리키는 것일 터. 그런데 왜 이 말이 오랫동안 내 귓전을 맴돌았던 것일까.

대학 시절 사회주의 사상과 혁명사를 공부하면서 나에게 가장 설득력 있게 다가온 것은 누구나 인간답게 대접받는 무계급의 평등사회를 이룩한다는 이상적 이념이었고, 반면에 가장 받아들이기 힘들었던 것은 '폭력혁명론'과 '프롤레타리아 독재론'이었다. 전자는 아름다운 이상이고, 높은 가치를 지닌 것으로 다가왔다. 그러나 후자는 논리적으로는 정합적이고 그럴 듯했지만, 인간을 위한다는 사상이 '살기 위해 태어난' 인간을 파괴하고 죽음에 이르게 하는 '폭력'을 주요한 수단으로 본다는 것을 받아들일 수 없었고, 또 프롤레타리아 독재를 내세우는 것 역시 나에게는 '보편적 인간애'가 빠져버린 또 다른 형태의 계급 이기주의로 보였다. 노동자와 농민만 인간이란 말인가, 답답한 생각이 들었다. 요컨대 이 사상에서 '인간'은 추상적인 관념으로 전락해 마치 하나의 기계적인 대상이 되어버린 느낌이 들었다. 사실 논리만으로 본다면 노동자와 농민은 사회주의를 지지하고 나아가 사회주의자가 되어야 맞다. 그러나 실제로 그러한가.

옥중의 그람시(Antonio Gramsci, 1891-1937)가 '왜 이딜리아에서는 가난한 노동자와 농민이 무솔리니의 파시스트 독재를 더 지지하는가'라는 문제의식에서 시작하여 '왜 선진 자본주의 국가에서는 혁명이 일어나지 않는가'의 문제로 확대되는 옥중수고를 쓴 것은 어째서인가. 이성적이란 말은 곧 합리적 논리적이라는 것, 논리적으로 설명할 수 없다는 것 아닌가. 그렇기 때문에 그는 '이성이 비관한 일을 의지로 낙관하라'고 말했던 것이 아닐까. 사실 이 말은 당시 회의에 빠져 있던 나에게 매우 위로가 되고 힘이 돼주었지만, 결국 '이해와 살과 정으로 맺어진 사람들'이라는 카뮈의 말대로 인간은 그렇게 '논리'로만 설명할 수도, 또 해서도 안 되는 그런 섬세하고 복잡다단한 존재임을 말하는 것이 아닌가.

이런 의미에서 '인간은 하나의 관념이 아니다'라는 카뮈의 말은 이 부조리한 세상에서 어떤 당위적 이념이나 논리적 사상보다 더 중요한 것은 바로 눈앞에 살아있는 구체적 현존으로서의 인간이고 그 인간의 가치라는 의미인 듯하다. 그래서 랑베르의 입을 빌어 '사랑하는 것을 위해 살고 사랑하는 것을 위해 죽어야 하는 것'의 의미를 강조한 것이 아닐까.

그런데 바로 이렇게 신을 절대적 관념으로 이해한 한 신부가 부조리한 상황에 직면하여 고뇌에 빠진다. 바로 박식하고 열렬한 예수회신부로 종교문제에 무관심한 사람들 사이에서도 대단히 존경받는 파늘루 신부. 교단에서 각별한 지위를 얻고 있는 그는 페스트로 혼란에 빠진 시민들을 향해 힘차고 정열적인 목소리로 설교한다. '지금 형제 여러분은 불행을 겪고 있지만, 그 불행은 겪어서 마땅한 것', 왜냐하면 '이 재앙이 역사상 처음 나타난 것은 하느님 뜻을 거역한 애굽 왕을 굴복시키기 위한 것'이었던 것처럼, '오늘 페스트가 이 도시에 찾아온 것은 사람들이 반성할 때가 되었기 때문'이니, 사악한 자들이 두려움에 떠는 것은 당연한 일이지만 선한 사람들이 두려워할 일이 아니라는 것, '이제 반성을 통해 마침내 근본으로 돌아와 그리스도의 말과 사랑을 하늘을 향해 외치면, 그 나머지 일은 신이 하시리라는 것'이다.

그런데 이 모든 재앙이 '죄의 값'이라고 여기는 신부의 믿음을 크게 흔드는 사건이 일어난다. 예심판사 오통의 어린 아들의 죽음을 목도한 것이다. 죄 지을 시간조차 없었던 이 아이의 죽음을 보며 도대체 이 아이는 무엇에 대해 벌을 받은 것인가. 그는 고뇌하기 시작한다.

리유를 도와 〈보건대〉에 들어와 페스트 최전선에서 신의 뜻을 전하며 환자들을 돕던 그의 내면에 변화가 일어난 것. 그는 결국 갈등과 고뇌 속에서 냉정을 잃고 고통받다가 발병한다. 페스트는 아니었지만 증세가 위험하여 살아날 가망이 보이지 않았다. 결국 병명미상으로 그는 죽음에 이른다.

신부의 이야기를 보면서 가슴이 저려왔다. 신부는 페스트에 걸리지도 않았으면서 왜 살아날 가망이 없는 병을 얻게 되었고, 결국 죽음에 이르게 된 것일까. 자신이 옳다고 생각했던 신념이 내부로부터 붕괴되면서 받은 충격 때문일까. 나는 그의 고통이 조금은 이해될 것도 같았다. 그 신부에게 비할 것은 아니지만 그와 유사한 경험을 해본 적이 있기 때문이다. 그러면서 장자의 〈좌망坐忘〉이 떠올랐다.

좌망이란 어느 것에도 집착하지 않고 매이지 않는 마음인데, 마음속에 지니고 있던 것을 더 이상 지니지 않는 잊음忘을 통해 대상에 매이지도 개의하지도 않는 그런 상태로 세계와 이어지는 것을 말한다. 장자는 이를 동어대통同於大通이라 했다. 어느 날 안회顏回가 스승 공자를 찾아와 자신의 공부에 진전이 있음을 고하는 데서 이야기는 시작한다.(물론 장자가 꾸며낸 허구적 우화이다) 안회는 어떤 공부의 진전을 통해 좌망에 이르게 되었을까.

그는 먼저 인의를 잊었고忘仁義, 다음으로 예악을 잊었으며忘禮樂, 그리고 나서 마침내 팔과 다리를 버리고墮肢體, 총명을 몰아내고出聰明, 형形을 떠나고 지知를 버려 동어대통同於大通하는 좌망에 이르렀다고 한다. 그리하여 물속에서 물고기가 가장 자유로운 것처럼, 인간은 존재의 실상實相 속에서 자유로워질 수 있는 것, 그 결과 세계라는 그물망 속에 연속되어 노니는 동어대통에 이르렀다는 것이다.

그런데 여기서 주목되는 것은 망인의이다. 인의를 잊는다는 것은 인의가 그르거나 인의를 실천하지 말라는 의미가 아니라, 인의로 대표되는 당위적 이념에 구애되지 말라는 것인데, 그러면 이것이 왜 문제가 되는가. 우리가 무언가 '옳은 것'의 기준을 세워 '당위적 범주'를 한정하게 되면 그 옳은 것 너머의 실상을 보기 어려워지게 된다. 인의를 내세우면 필연적으로 불인不仁과 불의不義를 마주 세워 배척하거나 단죄하게 되기 때문이다.

어떤 이념이든 절대화되고 도그마가 되어버리면, 그 이외의 것들은 보지 못한다. 그리하여 그 속에서 인간이 '추상적 관념'으로 전락하는 것은 피할 수 없게 된다. 그것을 신神으로 이름 하든 과학적 사회주의나 역사적 필연법칙으로 이름하든, 아니면 도道로 이름하든, 어떤 사상이나 종교적 철학이든 그것을 절대화하게 되면, 그렇게 절대화한 만큼 인간은 그것의 도구가 된다. 그리고 그 사상이나 철학이 내면에서 붕괴될 때 도구로 쓰였던 인간 역시 함께 붕괴할 위험이 크다. 극심하고 격렬한 자기와의 투쟁을 통해 거듭나지 않는 한 무력해지고 스스로를 포기하게 되어버릴 가능성이 큰 것. 이 가여운 신부는 바로 그런 자기와의 투쟁에서 스스로를 포기해버린 것이 아닐까.

파늘루 신부의 죽음을 묵묵히 바라보며 리유는 이렇게 생각한다. '무릎 꿇고 모든 것을 포기해선 안 된다. 어둠 속에 더듬거리면서라도 전진을 계속 해야만 하고, 선을 행하도록 노력해야 한다.'고.

— 페스트 물러가다

겨울이 되고, 12월에 페스트는 계속 사람들 가슴에 타올랐다. 사람이란 기다림에 지치면 아예 기다리지 않게 되는 법. 도시 전체는 미래의 희망 없이 살고 있었다. 그러던 어느 날, 4월 이후 보이지 않던 쥐들이 거리에서 발견되기 시작한다. 살아 있는 쥐들이 좋은 징조라며 사람들은 기뻐하고, 병세는 서서히 후퇴하기 시작한다.

이렇게 페스트가 물러갈 무렵, 그야말로 끝 무렵에 새로운 발병자가 나와 사망하면서 리유에게 충격을 준다. 바로 리유의 동지가 되어 헌신적으로 페스트 퇴치를 위해 노력하던 장 타루. 타루라는 인물은 페스트가 발병하기 몇주 전 오랑에 자리 잡고 호텔에서 생활하던 자로, 정상적인 쾌락이라면 무엇이든 좋아했지만 그런 것의 노예가 되지 않았으며, 오랑에 도착하던 날부터 무언가 열심히 수첩에 기록하는 일종의 '작가'였다. 그의 수첩에는 리유가 '중키에 딱 벌어진 어깨와 직사각형에 가까운 얼굴을 가진 서른다섯쯤 돼 보이는 사나이. 색이 짙고 곧은 두 눈에 굳센 콧날이 고르며, 햇볕에 그을린 피부와 검은 털, 어딘가 시칠리아 농부 같은 인상을 주는데…… 마치 세상사를 훤히 다 꿰뚫어보고 있는 듯한 표정을 하고 있다'고 기록되어 있다. 〈보건대〉를 조직하여 페스트 퇴치를 위해 매우 힘든 일을 하면서도 항상 친절하고 자상하게 사람들을 대해 언제나 리유에게 위로가 되어준 존재. 리유가 '무엇 때문에 그리 힘쓰는가'하고 묻자 자신의 '윤리관' 때문이라고 답하고, 어떤 윤리관이냐는 물음에 그는 '이해하자는 것'이라고 답한다. 그러면서 리유를 향해 길게 자신의 이야기를 펼쳐 놓는다. 사람은 제각기 자기 속에 페스트, 즉 부조리를 지니고 있다고. 세상 그 누구도 그 피해를 입지 않은 사람은 없으며, 페스트 환자가 된다는 것은 피곤한 일이고, 죽음 이외에 그들을 해방시켜 줄 것 같은 것은 없어 보인다는 것. 그리하여 자신이 관심을 갖는 것은 이런 부조리 속에서 어떻게 하면 제 3의 범주(기만적인 희망을 품거나 자살하는 것을 제외한 길), 즉 마음의 평화에 도달하는 길을 찾을 수 있는가를 탐구하는 것이고, 그 길은 물론 '공감'이며, 유일한 관심사는 어떻게 하면 그 길을 찾아 성인聖人이 되는가, 신 없이 성인이 되는가에 있다고.

나는 타루의 이야기를 들으며 카뮈가 타루의 입을 빌어 자신의 이야기를 하고 있다는 생각이 들었다. '진리가 너희를 자유롭게 하리라'고 한 예수의 말처럼 우리는 존재의 실상을 알고 받아들일 때 자유로울 수 있다. 카뮈의 견분에 따르면 존재의 실상은 '부조리'. 그 부조리를 피하지 않고 버티면서 그 속에서 '공감'적 이해를 통해 사람들과 이어지면서, 마음의 평화를 얻어 부조리를 이겨내는 '성인聖人'이 되겠다는 것인데, 바로 장자가 말한 영녕攖寧이 아닌가.

앞서 장자가 말한 동어대통은 연속된 세계의 변화에 따르라化其道는 것인데, 그리하여 결과적으로 경험하게 되는 '하나 됨'이란 똑같아짐同一性의 경험이 아니라 '이어짐連續'의 경험이다. 이런 연속성은 우리에게 어떤 감정을 수반하는 경험으로 전환되는데, 예컨대 타자에 대한 사랑이나 타자의 고통에 대한 아픔으로 나타날 수 있고, 특히 '고통'의 공유는 '사랑'이라는 관념보다 더욱더 연속의 경험을 강화시키는 형태가 될 수 있다. 그리고 이 두 가지가 통합되면 일종의 '자비'라는 하나의 태도로 정립된다.

리유가 '재앙의 소용돌이 속에서 배운 것'을 기록하기 위해 이 연대기를 쓸 결심을 했다고 하며, 그 배운 것이란 '인간에게는 경멸할 것보다는 찬양해야 할 것이 더 많다는 사실'이라고 한 것에서 이 자비의 태도가 느껴진다. 카뮈 자신이 겪은 고통의 무게가 인간에 대한 애정과 신뢰의 크기에 반영되어 있는 것이 아닐까. 아마도 2차 대전 당시 지하운동을 한 카뮈의 경험이, 고난 속에서 얻은 동시애와 인간에 대한 속 깊은 이해가 이런 결론을 내리게 한 것이 아닐까. 장자는 동어대통을 하게 되면 거기에서 바로 '얽힌 채로 편안한 상태'인 영녕攖寧에 도달하게 된다고 말한다. 마치 바람이 그물에 걸리지 않고 통과하는 것처럼 영녕의 마음은 복잡한 세상에 복잡하게 얽힌 채로 '편안'할 수 있다는 것. 카뮈가 '부조리를 떠나지 않고 버티면서 그 속에서 마음의 평안을 찾는 길'을 모색하는 것에서 나는 장자의 얼굴을 본다.

그러면 장자에게는 죽음조차도 편안한 것인가. 카뮈가 '시간의 부조리'라고 표현한 것처럼, 자연세계에 존재하는 생명체는 어느 것 하나 예외 없이 죽음을 맞이한다. 그런데 장자에 따르면 죽는 것은 죽는 것이 아니라 자연스러운 존재의 변화物化이고, 자연스러운 유기체의 소멸일 뿐이다. 그 실상을 수용해야 한다. 죽음을 자연으로 받아들이든 않든 우리가 죽음을 향해가고 있음은 달라지지 않는다. 오직 그 존재과정의 실상을 거부하는 우리 마음이 형벌과 같은 고통遁天之刑을 받을 뿐이다. 그러니 둔천배정遁天倍情 하지 말라는 것. 그러면 우리는 왜 죽음을 두려워하는가. 장자는 죽음 자체를 두려워하는 것이 아니라 소유하고 있는 것을 잃을까 두려워하는 것이라고 말한다. 자기 목숨조차도 자신의 소유물로 여기는 사유. 하지만 우리가 세상에 나온 것도, 세상을 떠나는 것도 우리 뜻이 아니다. 자연일 뿐. 그러므로 죽음에 대한 두려움을 극복할 수 있는 유일한 길은 오직 하나. 삶을 소유물로 간주하지 않는 것, 삶을 실체로 보고 집착하지 않는 것이다. 세상에 올 때가 돼서 왔다가 갈 때가 돼서 가는 것이다. 그러니 자연의 변화과정을 거울처럼 비추는 마음상태爐心로 '때를 편안히 여기고 따르면安時處順', 슬픔과 즐거움이 끼어들 데가 없다哀樂不能入고 한다. 장자는 그것을 현해懸解라고 이름하는데, 현해란 거꾸로 매달린 것에서 풀려난다는 뜻. 죽음을 피하여 실상을 등지지 말고, 자연의 과정으로 수용하는 것, 이것이 바로 거꾸로 매달린 상태에서 해방되는 길이라는 것이다.

  카뮈가 '부조리를 떠나지 않으면서 부조리를 버텨야 한다고 한 것, 그리고 그 속에서 마음의 평안을 찾는 길을 모색하는 것'은 어렵지만 의미 있는 길이다. 부조리를 떠나지 않음이 곧 죽음을 피할 수 없는 실존조건, 즉 자연으로 받아들이는 것이요, 그리고 그 속에서 평안의 길을 찾는다는 것이 곧 '현해'의 길을 가는 것이 아닐까. 치열하게 고뇌하는 카뮈의 모습에서 장자의 마음이 느껴진다.

1년 가까이 동지로 함께 하며 큰 의지가 되었던 타루의 죽음을 '패배의 침묵'이라 보며 리유는 그 죽음의 의미에 대해 생각하고 자신에게 그것이 무엇인가에 대해 생각한다. 단지 페스트를 겪었고, 그것에 대해 추억을 가진다는 것, 우정을 알게 되었으며 그것에 대한 추억을 가진다는 것, 애정을 알게 되었으며 언젠가는 그것에 대해 추억을 갖게 되리라는 것, 그것만이 자신이 얻은 점이라고. 그럴 즈음 요양 중이던 아내가 죽었다는 전보가 도착한다. 소식을 들은 리유는 자신의 고통이 새삼스러운 것이 아니라는 것을 생각한다. 이미 여러 달 전부터 아니 그 이전부터 계속되어왔던 아픔이라고.

 두 달 후, 2월의 화창한 날 아침, 도청에서 환호 속에 페스트가 끝나고 도시가 다시 개방되었음을 선포하고, 성대한 축하행사가 열린다. 시내 교회의 종이 울리고, 사람들은 그 동안 비축했던 생명감을 마음껏 펼친다. 행복한 얼굴로, 페스트에 승리한 듯한 얼굴로 그간의 비참함을 잊어버린 사람들이 너무도 태연하게 거리에 쏟아진다. 하지만 리유는 생각한다. 이름도 없는 구덩이에 허망하게 묻혀버렸거나, 화장터의 잿더미에 녹아 없어진 사람과 더불어 삶의 기쁨을 송두리째 잃어버린 어머니들, 배우자들, 애인들에게 페스트는 계속되고 있는 것이라고, 그러나 누가 그 고독을 생각해주겠느냐고.
 리유는 죽어간 사람들을 생각하며, 인간은 늘 똑같은 것, 기쁨에 기뻐하고 슬픔에 슬퍼하는 존재이며, 그것이 바로 인간의 힘이고 순진함이라고, 적어도 가끔씩은 기쁨이란 게 찾아와서 인간이라는 것만으로도 만족을 느끼는 사람들에게 보람을 주는 것은 정당한 일이라 생각한다. 하지만 어두침침한 항구에서 터지는 축하불꽃 놀이를 보며, 리유는 입 다물고 침묵하는 사람들의 무리에 속하지 않기 위해, 페스트에 희생된 사람들에게 유리한 증언을 하기 위해, 적어도 그들에게 가해진 불의와 폭력에 대해 추억만이라도 남기기 위해, 그리고 최종적으로 재난 속에 배운 교훈, 즉 인간에게는 찬양해야 할 것이 경멸해야 할 것보다 많다는 사실만이라도 말해두기 위해 이 글을 쓴다고 의미를 밝힌다.

리유의 입을 통해 전해진 카뮈의 생각을 보면, 그에게서 어떤 구도심求道心 같은 것이 느껴진다. 매우 치열하게 용맹정진하는 어떤 정신이. 그는 부조리의 귀결은 오직 반항과 자유와 열정이라고 말하는데, 이 세 가지가 바로 지옥에서 행복을 만들어내는 유일한 길이라는 것. 그러나 이 행복은 주어지는 것이 아니라 스스로 만들어 나가는 행복이다. 시지프가 돌산에서 벗어나지 않으면서도 행복해진 것처럼, 행복은 세상의 부조리한 실상에서 탈출하면서 얻어지는 것이 아니라 스스로의 마음을 바꾸면서 얻어지는 것이다. 마치 '구별되지만 차별되지 않는 조화의 질서 세계'인 장자의 제물齊物의 세계가 별도의 세계로 따로 존재하는 것이 아니라 우리 마음이 허심虛心이 될 때 그 마음에 현현하는 세계인 것처럼, 법성을 자각한 깨달은 마음에 현현하는 세계가 화엄의 법계인 것처럼 그렇게 나타나는 것이다. 이런 생각을 하면서 나는 '희망이란 외래어外來語일까'라고 의문한 어느 시인의 시

구절이 떠올랐다.

> 희망이란 말도 엄격히 말하면 외래어일까.
> 비를 맞으며 밤중에 찾아온 친구와 절망의 이야기를
> 나누며 새삼 희망을 생각했다.
> ……
> 그렇다면 희망에 관해서 쫓기는 유태인처럼
> 밤새워 이야기하는 우리는 이미 절망한 것일까,
> 아니면 아직도 희망을 잃지 않은 것일까.
> ……
> 그렇나.
> 절망의 시간에도 희망은 언제나 앞에 있는 것.
> 어디선가 이리로 오는 것이 아니라
> 누군가 우리에게 주는 것이 아니라,
> 싸워서 얻고 지켜야 할 희망은 절대로 외래어가 아니다.
> ― 김광규, 〈희망〉

엄밀하게 말하면 카뮈는 희망을 부정한 것이 아닌 것 같다. '희망이 기만적'이라는 것은 부조리의 실상 자체가 변화될 수 없음을 표현한 것일 뿐, 그 부조리 상황에 대처하는 사람들 마음속 희망 자체를 부정하지는 않았다. 인류의 역사에서 언제 정의가 실현된 적이 있던가. 부조리하지 않은 적이 있던가. 죽음을 맞이하지 않은 인간이 있던가. 붓다의 말대로 생로병사의 굴레는 이미 인간의 실존적 실상. 그런 상황에서 희망은 밖에서 오는 것이 아니라, 치열한 정진을 통해 스스로에게서 나오는 것, 카뮈의 말을 빌면, '정신이 스스로에게 부과한 규율과 불속에서 통째로 단련해낸 의지로 부조리와 정면대결'하면서, 부조리한 세계에서 삶의 의미를 찾는 것이다. 그는 말한다. 삶의 의미란 무엇이겠는가. '주어진 모든 것을 남김없이 소진하겠다는 열정 이외에 아무것도 아니다.'라고.

스스로를 불사르는 그의 치열한 정신을 보며 아픔을 겪고 고통 속에서 피어난 꽃이 생각났다. 봄에 피는 화사한 꽃이 아니라, 꽃과 이별하고 여름의 무더위의 고통과 싸우며 결국 서리를 맞으며 찬연하게 붉은 빛을 자랑하는 홍엽紅葉. 당唐대의 한 시인은 봄꽃보다 아름다운 서리 맞은 단풍을 이렇게 노래했다.

> 경사진 돌길 따라 추운 산에 멀리 오르니 遠上寒山石徑斜
> 흰 구름 이는 곳에 인가가 있구나. 白雲生處有人家
> 수레를 멈추고 늦 단풍을 아끼노라니 停車坐愛楓林晚
> 서리 맞은 단풍이 이월의 봄꽃보다 붉구나. 霜葉紅於二月花
>
> — 두목杜牧,〈산행山行〉

후기, 혹은 변명

우리는 살면서 이런저런 상처를 받기도 하고 또 주기도 한다. 때로는 상처를 준 사람도 없는데 스스로 받기도 하고, 스스로도 역시 누구에게 상처 줄 의도가 전혀 없었는데 상대에게 상처받았다는 아픔을 주기도 한다. 알고 지은 죄, 모르고 지은 죄. 성찰과 치유를 필요로 하는 상처가 우리 삶에는 얼마나 많은 것인가. 별 것도 아닌 것 같으면서, 만만하지도 않은 우리들의 삶.

이야기 하나.
20세기 가장 뛰어난 철학자중 한 사람으로, 러셀로부터 '철학사에 거대한 진전을 가져올 것'이라는 기대를 받았던 언어철학자 비트겐슈타인의 이야기. 그는 젊은 시절 스위스의 한 초등학교에서 라틴어 선생으로 일했는데, 이때 그는 학생들에게 매우 엄격하고 혹독하게 대했던 모양이다. 한 제자의 증언에 따르면, '그는 머리를 후려치거나 뺨을 때리는 데 인색하지 않았고, 피가 날 정도로 세게 때린 적'도 있다고 한 것을 보면 말이다. 훗날 비트겐슈타인이 암 선고를 받고 수술을 거부한 후, 죽음을 앞두고 옛날 그 제자들을 찾아다녔다고 한다. 아마도 자신이 그들에게 상처를 주었다고 생각했던 것 같다. 거의 40명에 달하는 제자들을 그는 한 명 한 명 찾아다니며 용서를 빌었다고 하는데, 하시만 결과는 부참하게도 한 명의 제자도 용서해주지 않았다는 것.

이 일화는 퍽 유명한 이야기인 모양이다. 나는 이 이야기를 두 번이나 서로 다른 책에서 보았다. 하나는 『비트겐슈타인은 왜?』라는 책이고 다른 하나는 폴 오스터의 『브루클린 풍자극』이라는 소설인데, 이야기가 거의 흡사하게 서술되어 있는 것을 보면, 그들 문화에는 널리 알려진, 실제 사실에 기초한 이야기인 듯하다.

같은 이야기를 두 번이나 만나면서, 나는 비트겐슈타인에 대해 매우 오랫동안 생각한 적이 있다. 그가 도무지 뇌리에서 떠나주질 않았기 때문이다. '사물의 핵심을 꿰뚫는 정신을 소유'하고 있었고, 주변에 마음에 들지 않는 것이 있으면 '거의 병적인 고통'을 느꼈으며, 항시 정확성을 추구했고, 누군가 '조금이라도 얼버무리거나 잘난 척 하는 말을 하면 당장 혹독한 비판을 가했다'는 비트겐슈타인. 자신을 지적 상속자로 인정해 준 러셀을 향해, '별다른 실력도 없으면서 세상으로부터 인정받을 수 있다는 것을 보여주는 사례'라고 말하고, 자신의 논문을 심사하는 교수를 향해, '당신이 이 논문을 제대로 이해나 할 수 있는지'라고 거침없이 발언했다는 사람. 그러면서도 세계는 그 자체로 알 수 없으며 오직 언어로 이해되고 구성된 세계만 알 수 있을 뿐이지만, 그러나 언어로 표현될 수 없는 것 너머에는 더 큰 진실이 있음을 시사했던 심오한 통찰력을 보여준 큰 철학자.

나는 비트겐슈타인의 입장이 되어서 생각해보기도 하고, 그 상대편이 되어서 생각해보기도 했다. 과연 그는 그렇게 행동하고 싶어서 그렇게 한 것일까. 그런 결과(상대를 자극하거나 상처를 주는)를 만들어낼 의도를 가지고 그런 것일까. 거짓을 싫어하고, 자신을 속이는 것은 더 싫어했으며, 언제나 정확한 것과 그렇지 않은 것을 칼같이 구분했다는, 그가 지닌 성격이 스스로 원했거나 의도한 것일까.

그에게는 그것이 자연이 아니었을까. 스스로도 어쩌지 못하는, 태어날 때부터 그랬고, 살면서 성찰과 전환의 기회를 갖지 못한 채 강화된 것이 아닐까. 유대인으로 태이니 유대인인 것을 증오하고, 위로 자살한 세 형을 두었으며, 평생 자살 충동에 시달리면서 자신을 학대하며 살았던 그의 삶이 그런 성향을 더더욱 강화한 것은 아닐까.

그는 다만 자기 식으로 살았던 것일 뿐인데, 그것이 세상의 질서나 관계의 윤리에 저항과 마찰을 일으킨 것이 아닐까. 결국 그의 문제는 인간들이 만들어낸 '시각'과 그것에 적응하거나 배려하지 못한 것의 문제가 아닐까. 아니면 혹 몰랐거나, 알았더라도 그렇게밖에는 할 수 없었던 것일지도 모른다.

얼마나 그 상처가 컸으면 직접 찾아와 용서를 비는 스승을 한 명의 제자도 용서해주지 않은 것일까. 치유란 그렇게도 어려운 일. 나 역시 종종 무언가를 하다가 문득 저 구석에 쪼그리고 앉아 울고 있는 누군가를 보는 경우가 있다. 그런데 자세히 보면 그 아이가 바로 나 자신임을 알고 놀라게 된다. 어떤 때는 왜 울고 있는지 모르면서 울고 있는 경우도 있다. 그런 게 아닐까. 알게 모르게 상처를 받고 그것이 상처인 줄도 모르고 있다가 살면서 불쑥불쑥 튀어나오기도 하는 그런 것. 누가 준 것도 아닌데 스스로의 마음이 그것을 개운하게 정리하지 못하여 표면에 떠오르기도 하는 그런 것.

그런 의미에서 나는 이 글을 쓰면서 스스로 자각 못했던 내 삶의 어떤 부분을 정리할 수 있었다. 이런저런 기회를 빌려 말로 한 적은 있어도 글로 정리해보기는 처음인데, 위화라는 작가가 '자신은 글을 쓰면서 확실히 좋아졌고 구원받았다'고 한 말이 조금 이해되는 기분을 느꼈다. 그래서 나는 독자들에게 한 가지를 고백해야 한다. 이 글은 독자들을 염두에 두고 쓴 글이 아님. 독자에 대한 배려도 없고, 독자들을 의식하고 쓴 글도 아님을. 마음이 시키는 대로 그저 써지는 대로 쓰면서 해당 작가와 작품 속 인물에 편승하여 나 자신의 이야기를 정리하면서 결과적으로 스스로 도움을 받고 만 글임을.

만일 독자들을 염두에 두고 썼다면 나는 '그토록 풍부하게 지적 향연을 베풀어준' 『푸코의 진자』를 쓴 움베르토 에코나 '삶이 철학적 모험임을 보여주며 말년에 성숙한 풍모'를 보여준 『달의 궁전』과 『뉴욕

삼부작』 등의 작품을 쓴 폴 오스터나, 유머와 위트를 섞어 자신이 속한 사회의 문제를 예리하게 파헤치며 인간 군상들의 삶의 핵심을 짚어 묘사한 『인생』과 『허삼관매혈기』를 쓴 위화나, 200년간 제국을 이루며 존재했다가 기록도 없이 사라져버린 하자르 제국에 대해 충격적일 정도의 상상력과 문학적 장치를 구사하며, 시공을 넘나드는 인간의 꿈에 대해 묘사한 『하자르 사전』의 밀로라드 파비치 등에 대해 썼을 것이다. 왜냐하면 그들은 심대하게 나를 지적으로 자극했고, 그 결과 인식의 지평을 크게 넓혀준 작가들이기 때문이다.

  하지만 그렇게 하지 못했다. 이번 책에서 쓴 작가들은 모두 나의 심금을 울린 사람들로 집약되어 있다. 쓰고 나서 돌이켜보니, 아마도 내가 위로 받고 싶어서 그랬던 것이 아닌가 하는 생각이 든다. 어차피 거친 자갈과 가시투성이의 인생길을 피할 도리는 없는 것. 자기 마음에 튼튼하고 질긴 가죽신을 신고 활달하게 살아보는 것 외엔 방법이 없다는 생각을 하게 된다. 이렇게 저렇게 피할 수 없이 만나게 되는 막힘과 걸림, 상처와 아픔을 서로 위로하고 치유해가면서. 그런데 어떻게 마음의 가죽신을 챙겨 신을 것인가. 각자의 방식으로 고민해볼 일이지만, 아마도 가장 필요한 것은 마음의 '전회轉回'가 아닐까.

어떤 면에서 비트겐슈타인이 이해되는 면도 있다. 서양 철학자들이나 문학가들 가운데는 말년에 매우 불행해져버리는 사례를 종종 보게 된다. 어째서 그렇게나 많은 연구와 성찰을 거듭했으면서도 자기 인생을 편안하게 정리하지 못하는 것일까, 하는 의문이 든 적이 한두 번이 아니다. 그런데 늦은 나이에 서양철학을 본격적으로 접하면서 조금 안 것도 같았다. 서구의 철학은 인간의 마음을 만져주는 학문이 아니라는 것이 그것. 늘 본체나 본원을 '이성'과 '논리'를 도구로 하여 '밖'에서 찾는다. 그러니 그걸 찾지 못하면 '허무주의'에 빠지게 되는 것은 필연. 이에 반해 동양 쪽의 철학은 그 중요한 것을 '내면'의 마음에서 찾는다. 리理라는 본체를 상정하는 성리학조차도 그 리가 마음의 본성性으로 이어진다고 본다. 그래서 성즉리性卽理인 성리학이다. 마음의 문제를 만져주면서, 마음의 전회를 통해 세상을 보는 눈을 변화시킨다는 것은 알팍한 관념론이 아니다. 어쩌면 비트겐슈타인의 말대로 '삶의 확실성' 속에서 우리가 체험할 수 있는 세상의 실상을 보는 것인지도 모른다. 나는 이 동양의 선지식善知識들에게서 나의 가죽신을 챙겨 신는 데 큰 도움을 받았고, 나아가 소중하게 이어진 사람들과 제대로 이어지는 것의 중요함도 배웠다.

그러면 각자의 가죽신은 어떻게 장만할 것인가. 사상의학의 이제마 선생은 가장 좋은 약은 '어진 마음과 밝은 지혜'라고 하고, 장자는 허심의 칼로 인간세를 헤쳐 나가라고 하며, 붓다는 세상이 공空임을 알고 수행에 정진하여 두두물물頭頭物物에 존재하는 부처를 보는 평등한 마음을 가지라 권하며, 예수는 원수까지도 사랑하는 마음을 가지라고 한다. 어느 길 하나 쉬운 것은 없다. 쉽지 않으니 우리는 고뇌해야 하고 고뇌 속에서 자기만의 길을 찾을 수 있지 않을까. 독자들에게 이 책에 나오는 작가와 작품 속 인물, 그리고 간간히 나오는 철학자들의 이야기와 나 자신의 이야기가 조금이나마 위안을 주었으면 하는 바람을 버릴 수 없다. 나의 욕심이라는 것을 알면서도.

장자, 고뇌하는 인간과 대면하다

초판 1쇄 발행 2018년 6월 11일
초판 4쇄 발행 2023년 12월 1일

지은이 | 정용선
펴낸이 | 박유상
펴낸곳 | 빈빈책방(주)

디자인 | 기민주
표지일러스트 | 신동준

등　록 | 제2021-000186호
주　소 | 경기도 고양시 덕양구 중앙로 439 서정프라자 401호
전　회 | 031-8073-9773
팩　스 | 031-8073-9774
이메일 | binbinbooks@daum.net
페이스북 /binbinbooks
네이버 블로그 /binbinbooks
인스타그램 | @binbinbooks

ISBN 979-11-962780-2-1 03100

· 이 책은 저작권법에 따라 보호를 받는 저작물이므로 무단 전재와 복제를 금합니다.
· 책값은 뒤표지에 있습니다. 잘못 만들어진 책은 구입하신 곳에서 교환해드립니다.